Simon Werthwein
Das Persönlichkeitsrecht im Privatrecht der VR China

Schriften zum chinesischen Recht

SZCHR - Band 4

Schriften zum chinesischen Recht

Herausgegeben von

Professor Dr. Uwe Blaurock, Freiburg
Professor Dr. Ulrich Manthe, Passau
Dr. Knut Benjamin Pißler, Hamburg
Professor Dr. Christiane Wendehorst, Wien

im Auftrag der

Deutsch-Chinesischen Juristenvereinigung e.V.
(DCJV)

SZCHR – Band 4

W DE G RECHT
De Gruyter Recht · Berlin

Das Persönlichkeitsrecht im Privatrecht der VR China

Eine Studie unter besonderer Berücksichtigung der juristischen Personen

Von

Simon Werthwein

W DE G RECHT

De Gruyter Recht · Berlin

Gedruckt mit Unterstützung der Johanna und Fritz Buch Gedächtnis-Stiftung, Hamburg

♾ Gedruckt auf säurefreiem Papier,
das die US-ANSI-Norm über Haltbarkeit erfüllt.

ISBN 978-3-89949-704-5

Bibliografische Information der Deutschen Nationalbibliothek

Die Deutsche Nationalbibliothek verzeichnet diese Publikation in der Deutschen Nationalbibliografie; detaillierte bibliografische Daten sind im Internet über http://dnb.d-nb.de abrufbar.

Printed in Germany
Umschlaggestaltung: Christopher Schneider, Laufen
Datenkonvertierung/Satz: jürgen ullrich typosatz, Nördlingen
Druck und Bindung: Hubert & Co., Göttingen

Meinen Eltern

Vorwort

Die vorliegende Arbeit wurde in ihrer ursprünglichen Fassung im Wintersemester 2008/2009 von der Juristischen Fakultät der Universität Passau als Dissertation angenommen. Für den Druck wurde das im Mai 2008 abgeschlossene Manuskript ergänzt und im Wesentlichen auf den Stand von Dezember 2008 gebracht.

Bei der Themenwahl und der Durchführung des Projekts hat mein Doktorvater Professor Dr. Ulrich Manthe mir weitgehend freie Hand gelassen; zugleich hat er mich in jeder Phase der Arbeit sehr unterstützt. Dafür bin ich ihm herzlich dankbar. Zu Dank verpflichtet bin ich auch Professor Dr. Johann Braun für die äußerst zügige Erstellung des Zweitgutachtens.

Besonderer Dank gilt Professorin Dr. Chi Ying, LL.M., von der China University of Political Science and Law, die mich von Beijing aus großzügig mit chinesischer Literatur versorgt hat. Sehr zuträglich war der Arbeit auch meine Tätigkeit an der Albert-Ludwigs-Universität Freiburg als wissenschaftlicher Mitarbeiter von Professorin Dr. Bu Yuanshi, LL.M., der ich für vielfältige Unterstützung danke. Für wertvolle Hinweise sehr verbunden bin ich Dr. Knut Benjamin Pißler, M. A. (Max-Planck-Institut für ausländisches und internationales Privatrecht, Hamburg). Die von der Deutschen Forschungsgemeinschaft geförderte Nationallizenz für die Datenbank „China Academic Journals" schließlich hat mir den Zugang zu einer Vielzahl chinesischer Quellen eröffnet.

Dieses Buch hätte nicht entstehen können ohne diejenigen Menschen, die mein Interesse an der chinesischen Sprache und am chinesischen Recht geweckt und auf verschiedenste Weise gefördert haben. Ich beschränke mich hier darauf, ihnen allen gemeinsam meinen Dank auszusprechen.

Es freut mich sehr, dass diese Arbeit in der Reihe „Schriften zum chinesischen Recht" erscheinen kann. Mein Dank gilt sowohl den Herausgebern für die Aufnahme in die Schriftenreihe als auch den Kuratoren der Johanna und Fritz Buch Gedächtnis-Stiftung, Hamburg, die die Veröffentlichung durch Übernahme eines beträchtlichen Teils der Druckkosten gefördert hat.

Freiburg i. Br., im Juni 2009 *Simon Werthwein*

Inhaltsübersicht

Inhaltsverzeichnis

Abkürzungs- und Fundstellenverzeichnis

Seitenangaben bezeichnen die erste Seite der jeweiligen Fundstelle. Das angegebene Datum ist grundsätzlich das der Bekanntmachung; wird stattdessen das Datum des Inkrafttretens angegeben, so ist dies ausdrücklich vermerkt.

AGZ	Allgemeine Grundsätze des Zivilrechts der VR China (中华人民共和国民法通则) vom 12.4.1986, Ggb 1986, S. 371, FLFGQS S. 149; deutsch in CR 12. 4. 86/1.
AGZ-Ansichten	Versuchsweise durchgeführte Ansichten des Obersten Volksgerichts zu einigen Fragen der Anwendung der Allgemeinen Grundsätze des Zivilrechts der VR China (最高人民法院关于贯彻执行《中华人民共和国民法通则》若干问题的意见 [试行]) vom 2. 4. 1988, FLFGQS S. 160; deutsch in CR 2. 4. 88/1.
AMUntReg	Ausführungsmethode zur Verwaltung der Registrierung von Unternehmensbezeichnungen (企业名称登记管理实施办法) vom 8. 12. 1999 i. d. F. v. 14. 6. 2004; chinesisch-englisch in CCH BR ¶13–503.
ArbeitsG	Arbeitsgesetz der VR China (中华人民共和国劳动法) vom 5. 7. 1994, Ggb 1994, S. 678, FLFGQS S. 1694; deutsch in CR 5. 7. 94/2.
AuslBest	Bestimmungen des Obersten Volksgerichts über die justizielle Auslegung (最高人民法院关于司法解释工作的规定), in Kraft getreten am 1. 4. 2007, ZRFGb 2007, S. 25; chinesisch-deutsch in ZChinR 2007, Nr. 3, S. 322.
AuslBest 1997	Einige Bestimmungen des Obersten Volksgerichts über die justizielle Auslegung (最高人民法院关于司法解释工作的若干规定) vom 23. 6. 1997, ZRFGb 1997, S. 96; deutsch in NDCJ 1997, Nr. 4, S. 130.
AWVG	Außenwirtschaftsvertragsgesetz der VR China (中华人民共和国涉外经济合同法) vom 21. 3. 1985, Ggb 1985, S. 217.
BehindertenSchG	Gesetz der VR China zum Schutz der Behinderten (中华人民共和国残疾人保障法) vom 28. 12. 1990, Ggb 1990, S. 1116, FLFGQS S. 1645.
BGH	Bundesgerichtshof
BGHZ	Entscheidungen des Bundesgerichtshofes in Zivilsachen, hrsg. v. den Mitgliedern des Bundesgerichtshofes und der Bundesanwaltschaft (zitiert unter Angabe von Band und Seitenzahl).
BVerfGE	Entscheidungen des Bundesverfassungsgerichts, hrsg. v. den Mitgliedern des Bundesverfassungsgerichts (zitiert unter Angabe von Band und Seitenzahl).
CCH BR	*CCH Asia Pacific* (Hrsg.): CCH China Laws for Foreign Business, Business Regulations, Volume 1–5, Hongkong 1985 ff.
chBeurkG	Gesetz der VR China über die öffentliche Beurkundung (中华人民共和国公证法) vom 28. 8. 2005, FLFGQS S. 751; chinesisch-deutsch in ZChinR 2007, Nr. 2, S. 211–223, deutsch in CR 28. 8. 2005/1.
chMarkenG	Markengesetz der VR China (中华人民共和国商标法) vom 23. 8. 1982 i. d. F. v. 27. 10. 2001, FLFGQS S. 216; deutsch in CR 23. 8. 82/2.

chStGB	Strafgesetz der VR China (中华人民共和国刑法) vom 1. 7. 1979 i. d. F. v. 14. 3. 1997, Ggb 1997, S. 419, FLFGQS S. 1794; deutsch in *STRUPP*, Strafgesetzbuch S. 99.
chUmwSchG	Umweltschutzgesetz der VR China (中华人民共和国环境保护法) vom 26. 12. 1989, FLFGQS S. 1008; deutsch in CR 26. 12.89/1.
chUrhG	Urheberrechtsgesetz der VR China (中华人民共和国著作权法) vom 7. 9. 1990 i. d. F. v. 27. 10. 2001, Ggb 2001, Nr. 33, S. 10, FLFGQS S. 187; deutsch in CR 27. 10.01/1.
chUWG	Gesetz der VR China gegen den unlauteren Wettbewerb (中华人民共和国反不正当竞争法) vom 2. 9. 1993, Ggb 1993, S. 983, FLFGQS S. 172; deutsch in CR 2. 9. 93/1.
chVerbrSchG	Gesetz der VR China zum Schutz der Rechte und Interessen der Verbraucher (中华人民共和国消费者权益保护法) vom 31. 10. 1993, Ggb 1993, S. 1160, FLFGQS S. 175.
chVerf	Verfassung der VR China (中华人民共和国宪法) vom 4. 12. 1982 i. d. F. v. 14. 3. 2004, Ggb 2004, Nr. 13, S. 5, FLFGQS S. 1; chinesisch-englisch in CCH BR ¶4–500. (Die Vorschriften der chVerf werden nicht als „§§“, sondern als „Art.“ zitiert. Dies ist lediglich ein Zugeständnis an die Gewohnheit deutscher Juristen; im chinesischen Text wird wie in den einfachgesetzlichen Normen das Zeichen 条 [§] gebraucht.)
CR	Chinas Recht. Übersetzungen aus dem Recht der VR China. Loseblattsammlung, hrsg. v. *Frank MÜNZEL*, Hamburg. Im Internet zugänglich unter http://lehrstuhl.jura.uni-goettingen.de/chinarecht/ (eingesehen am 5. 5. 2009).
EheG	Ehegesetz der VR China (中华人民共和国婚姻法) vom 10. 9. 1980 i. d. F. v. 28. 4. 2001, Ggb 2001, Nr. 21, S. 11, FLFGQS S. 302; deutsch in CR 10. 9. 80/1.
ErbG	Erbrechtsgesetz der VR China (中华人民共和国继承法) vom 10. 4. 1985, Ggb 1985, S. 339, FLFGQS S. 314; deutsch in CR 10. 4. 85/1.
et al.	et alii (und andere)
FGHB	Sammlung von Gesetzen und Verordnungen (法规汇编) 1981.
FIE-Umwandlungs-Best	Bestimmungen über die Verschmelzung und Spaltung von mit ausländischen Direktinvestitionen gegründeten Unternehmen [Foreign Invested Enterprises, abgekürzt FIE] (关于外商投资企业合并与分立的规定) vom 23. 9. 1999 i. d. F. v. 22. 11. 2001, chinesisch-englisch in CCH BR ¶13–415. (Chinesischer Text auch auf der CD-ROM zu *LI/TAN*, Enterprises with Foreign Investment.)
FLFGQS	Collected Edition of Laws and Regulations [of the People's Republic of China] (中华人民共和国法律法规全书), Beijing 2007.
FrauenSchG	Gesetz der VR China zum Schutz der Rechte und Interessen der Frauen (中华人民共和国妇女权益保障法) vom 3. 4. 1992 i. d. F. v. 28. 8. 2005, Ggb 2005, Nr. 30, S. 27, FLFGQS S. 1661.
FrauenSchGÄnd-Beschl	Beschluss des Ständigen Ausschusses des NVK zur Änderung des FrauenSchG (全国人民代表大会常务委员会关于修改《中华人民共和国妇女权益保障法》的决定) vom 28. 8. 2005, Ggb 2005, Nr. 30, S. 23.
FZRB	Rechtszeitung (法制日报)
GeschGeheimnisBest	Einige Bestimmungen zum Verbot Geschäftsgeheimnisse verletzender Handlungen (关于禁止侵犯商业秘密行为的若干规定) vom 23. 11. 1995

	i.d.F. v. 3. 12. 1998, http://www.whhd.gov.cn/news/ oldnews/103855431105558400.html (eingesehen am 5. 5. 2009).
GesG	Gesellschaftsgesetz der VR China (中华人民共和国公司法) vom 29. 12. 1993 i.d.F. v. 27. 10. 2005, Ggb 2005, Nr. 34, S. 13, FLFGQS S. 321; chinesisch-deutsch in ZChinR 2006, Nr. 3, S. 290, deutsch in CR 27. 10. 2005/1.
GesRegVwVO	Verordnung der VR China über die Verwaltung der Registrierung von Gesellschaften (中华人民共和国公司登记管理条例) vom 24. 6. 1994 i.d.F. v. 18. 12. 2005, FLFGQS S. 342; deutsch in CR 18. 12. 2005/1.
Ggb	Amtsblatt des Staatsrates (国务院公报)
GGG	Gesetzgebungsgesetz der VR China (中华人民共和国立法法) vom 15. 3. 2000, Ggb 2000, Nr. 13, S. 7, FLFGQS S. 66; deutsch in CR 15. 3. 00/2.
GOG	Gesetz der VR China über die Organisation der Volksgerichte (中华人民共和国人民法院组织法) vom 5. 7. 1979 i.d.F. v. 31. 10. 2006, Ggb 2007, Nr. 2, S. 5, FLFGQS S. 35.
GRUR Int.	Gewerblicher Rechtsschutz und Urheberrecht/Internationaler Teil
h.M.	herrschende Meinung
i.d.F. v.	in der Fassung vom
InstBezVwM	Vorläufige Methode zur Verwaltung der Bezeichnungen der von Bürgern organisierten nichtkommerziellen Institutionen (民办非企业单位名称管理暂行办法) vom 28. 12. 1999, http://www.most.gov.cn/zcfg/kjzc/200312/t20031210_8342.htm (eingesehen am 5. 5. 2009).
InstRegVwVO	Vorläufige Verordnung über die Verwaltung der Registrierung der von Bürgern organisierten nichtkommerziellen Institutionen (民办非企业单位登记管理暂行条例) vom 25. 10. 1998, Ggb 1998, S. 1036.
InterpretationsBeschl	Beschluss des Ständigen Ausschusses des NVK über die Stärkung der Gesetzesinterpretation (全国人民代表大会常务委员会关于加强法律解释工作的决议) vom 10. 6. 1981, Ggb 1981, S. 366, FGHB S. 27; deutsch in *Heuser*, Rechtskultur S. 202.
JP	Juristische Person
JurUntRegVwVO	Verordnung der VR China über die Verwaltung der Registrierung juristischer Unternehmenspersonen (中华人民共和国企业法人登记管理条例) vom 3. 6. 1988, FLFGQS S. 411; deutsch in CR 3. 6. 88/1.
LandwGenG	Gesetz der VR China über die Berufsgenossenschaften der Landwirte (中华人民共和国农民专业合作社法) vom 31. 10. 2006, FZRB v. 2. 11. 2006 (http://www.legaldaily.com.cn/2007rdlf/2006–11/02/ content_600423.htm [eingesehen am 5. 5. 2009]).
LandwGenReg-Ansichten	Einige Ansichten zur Verwaltung der Registrierung der Berufsgenossenschaften der Landwirte (关于农民专业合作社登记管理的若干意见) vom 21. 6. 2007, http://www.gov.cn/gzdt/2007–06/23/content_659137.htm (eingesehen am 5. 5. 2009).
LandwGenRegVwVO	Verordnung über die Verwaltung der Registrierung der Berufsgenossenschaften der Landwirte (农民专业合作社登记管理条例) vom 28. 5. 2007, http://www.gov.cn/ziliao/flfg/2007–06/06/content_638590.htm (eingesehen am 5. 5. 2009).
MinderjährSchG	Gesetz der VR China zum Schutz Minderjähriger (中华人民共和国未成年人保护法) vom 4. 9. 1991 i d.F. v. 29. 12. 2006, Ggb 2007, Nr. 5, S. 5.

NDCJ	Newsletter der Deutsch-Chinesischen Juristenvereinigung
NJW	Neue juristische Wochenschrift
NVK	Nationaler Volkskongress (全国人民代表大会)
OGEVVwM	Verwaltungsmethode zur Veröffentlichung von Entscheidungen des Obersten Volksgerichts (最高人民法院判决文书公布管理办法), in Kraft getreten am 15. 6. 2000, ZRFGb 2000, S. 118.
PartnerschaftsUG	Gesetz der VR China über Partnerschaftsunternehmen (中华人民共和国合伙企业法) vom 27. 8. 2006, Ggb 2006, Nr. 29, S. 20; chinesisch-deutsch in ZChinR 2006, Nr. 4, S. 407.
ProduktqualiätsG	Produktqualitätsgesetz der VR China (中华人民共和国产品质量法) vom 22. 2. 1993 i. d. F. v. 8. 7. 2000, Ggb 2000, Nr. 24, S. 13, FLFGQS S. 1598; deutsch in CR 22. 2.93/1.
Qi Yuling-Antwort	Schriftliche Antwort des Obersten Volksgerichts [auf die Frage, ob] die zivilrechtliche Haftung übernommen werden muss, wenn mittels einer Verletzung des Rechts am Namen das durch die Verfassung geschützte Grundrecht des Bürgers auf Ausbildung verletzt worden ist (最高人民法院关于以侵犯姓名权的手段侵犯宪法保护的公民受教育的基本权利是否应承担民事责任的批复) vom 28. 6. 2001, ZRFGb 2001, S. 152; deutsch (Auszug) in *Zhou*, Grundrechtsbindung der Gerichte S. 12.
RiG	Richtergesetz der VR China (中华人民共和国法官法) vom 28. 2. 1995 i. d. F. v. 30. 6. 2001, FLFGQS S. 58.
Ruf-Antworten	Antworten des Obersten Volksgerichts auf einige Fragen zur Verhandlung von Fällen zum Recht am Ruf (最高人民法院关于审理名誉权案件若干问题的解答) vom 7. 8. 1993, ZRFGb 1993, S. 102.
SachenrechtsG	Sachenrechtsgesetz der VR China (中华人民共和国物权法) vom 16. 3. 2007, FZRB v. 20. 3. 2007; chinesisch-deutsch in ZChinR 2007, Nr. 1, S. 78.
SeelSE-Auslegung	Auslegung des Obersten Volksgerichts zu einigen Fragen der Feststellung der Haftung auf Ersatz seelischer Schäden bei zivilrechtlichen Rechtsverletzungen (最高人民法院关于确定民事侵权精神损害赔偿责任若干问题的解释) vom 26. 2. 2001, ZRFGb 2001, S. 51; deutsch in CR 8. 3. 2001/1.
SicherheitenG	Gesetz der VR China über Sicherheiten (中华人民共和国担保法) vom 30. 6. 1995, Ggb 1995, S. 725; deutsch in CR 30.6.95/2.
SJDQ	Gesamtausgabe der justiziellen Auslegungen des neuen China (新中国司法解释大全), hrsg. v. *Liang Guoqing* (梁国庆), Beijing 1990.
StaatsEntschG	Staatsentschädigungsgesetz der VR China (中华人民共和国国家赔偿法) vom 12. 5. 1994, Ggb 1994, S. 430, FLFGQS S. 128; deutsch in CR 12. 5.94/1.
Stiftungsmethode	Methode zur Verwaltung von Stiftungen (基金会管理办法) vom 27. 9. 1988, Ggb 1988, S. 779; deutsch in CR 27. 9.88/1.
StiftungsVwVO	Verordnung zur Verwaltung von Stiftungen (基金会管理条例) vom 11. 2. 2004; chinesisch-deutsch in ZChinR 2004, Nr. 4, S. 393.
StiftVwBest	Verwaltungsbestimmungen für Stiftungsbezeichnungen (基金会名称管理规定) vom 7. 6. 2004; chinesisch-deutsch in ZChinR 2004, Nr. 4, S. 406.
StPG	Strafprozessgesetz der VR China (中华人民共和国刑事诉讼法) vom 17. 3. 1996, Ggb 1996, S. 378, FLFGQS S. 1857.
Strafurteil-Antwort	Antwortschreiben des Obersten Volksgerichts über die Unanwendbarkeit der Verfassung für Schuldspruch und Strafzumessung in Strafurteilen

	(最高人民法院关于在刑事判决中不宜援引宪法作论罪科刑的复函) vom 30. 7. 1955, SJDQ S. 420.
TechVG	Technologievertragsgesetz der VR China (中华人民共和国技术合同法) vom 23. 6. 1987, Ggb 1987, S. 515.
UntLiz-Antwort	Antwort des Staatlichen Industrie- und Handelsverwaltungshauptamts auf Fragen in Bezug auf die Lizenzierung von Unternehmensbezeichnungen (国家工商管理总局关于对企业名称许可使用有关问题的答复) vom 7. 2. 2002, http://www.law-lib.com/law/law_view1.asp?id=41125 (eingesehen am 5. 5. 2009).
UntRegVwBest	Bestimmungen zur Verwaltung der Registrierung von Unternehmensbezeichnungen (企业名称登记管理规定) vom 6. 5. 1991; chinesisch-englisch in CCH BR ¶13–504.
UWG-Auslegung	Auslegung des Obersten Volksgerichts zu einigen Fragen der Gesetzesanwendung bei der Behandlung zivilrechtlicher Fälle [im Bereich des] unlauteren Wettbewerbs (最高人民法院关于审理不正当竞争民事案件应用法律若干问题的解释) vom 12. 1. 2007, http://law.chinalawinfo.com/newlaw2002/SLC/SLC.asp?Db=chl&Gid=83311 (Auszug) (eingesehen am 5. 5. 2009).
VereinsRegVwVO	Verordnung über die Verwaltung der Registrierung gesellschaftlicher Körperschaften (社会团体登记管理条例) vom 25. 10. 1998, Ggb 1998, S. 1028; chinesisch-deutsch in ZChinR 2008, Nr. 3, S. 257.
VersG	Versicherungsgesetz der VR China (中华人民共和国保险法) vom 30. 6. 1995 i. d. F. v. 28. 10. 2002, Ggb 2002, Nr. 33, S. 24, FLFGQS S. 434; deutsch in CR 30. 6. 95/1.
VertragsG	Vertragsgesetz der VR China (中华人民共和国合同法) vom 15. 3. 1999, Ggb 1999, S. 388, FLFGQS S. 252; deutsch in CR 15. 3. 1999/1.
VertragsG-Auslegung 1	Auslegung des Obersten Volksgerichts zu einigen Fragen der Anwendung des Vertragsgesetzes der VR China, Teil 1 (最高人民法院关于适用《中华人民共和国合同法》若干问题的解释 [一]) vom 19. 12.1999, FLFGQS S. 279; deutsch in CR 15.3. 1999/1.
VwPG	Verwaltungsprozessgesetz der VR China (中华人民共和国行政诉讼法) vom 4.4.1989, FLFGQS S. 1956; deutsch in CR 4.4.89/1.
WVG	Wirtschaftsvertragsgesetz der VR China (中华人民共和国经济合同法) vom 13. 12. 1981, geändert am 2. 9. 1993, Ggb 1981, S. 864.
ZChinR	Zeitschrift für Chinesisches Recht
ZGB	Zivilgesetzbuch
Zitierweisen-Antwort	Schriftliche Antwort des Obersten Volksgerichts zu [der Frage,] wie die Volksgerichte bei der Erstellung rechtlicher Urkunden normative [wörtlich: gesetzesvorschriftenartige] Dokumente zitieren sollen (最高人民法院关于人民法院制作法律文书应如何引用法律规范性文件的批复) vom 28. 10. 1986, SJDQ S. 1031.
ZivilGrBest	Bestimmungen (des Obersten Volksgerichts) zu Gründen in Zivilfällen (民事案件案由规定) vom 4. 2. 2008, ZRFGb 2008, S. 22.
ZPG	Zivilprozessgesetz der VR China (中华人民共和国民事诉讼法) vom 9. 4. 1991 i. d. F. v. 28. 10. 2007; chinesisch-deutsch in ZChinR 2008, Nr. 1, S. 31, deutsch in CR 9. 4.91/1.

ZPG-Ansichten	Ansichten des Obersten Volksgerichts zu einigen Fragen der Anwendung des Zivilprozessgesetzes der VR China (最高人民法院关于适用《中华人民共和国民事诉讼法》若干问题的意见) vom 14. 7. 1992, FLFGQS S. 1906.
ZRFGb	Amtsblatt des Obersten Volksgerichts der VR China (中华人民共和国最高人民法院公报)

Einleitung

In der Volksrepublik China wird seit geraumer Zeit an einem Zivilgesetzbuch gearbeitet. In diesem Zusammenhang wird unter anderem diskutiert, auf welche Weise die Persönlichkeitsrechte in dieser Kodifikation berücksichtigt werden sollen. Umstritten ist insbesondere, ob ein allgemeines Persönlichkeitsrecht der juristischen Personen in das Zivilgesetzbuch aufzunehmen ist.

Im Mittelpunkt der vorliegenden Arbeit über das Persönlichkeitsrecht im Privatrecht der VR China steht die Frage nach der derzeitigen und der denkbaren künftigen Reichweite des Schutzes durch das Persönlichkeitsrecht. Zu untersuchen ist zum einen die Reichweite des Schutzes in persönlicher Hinsicht, also die Frage, wer als Träger von Persönlichkeitsrechten in Betracht kommt. Zum anderen ist zu fragen, wie weit der Schutz dieser Träger der Persönlichkeitsrechte in sachlicher Hinsicht reicht, mithin welche Interessen unter dem Schutz des Persönlichkeitsrechts stehen.

Dagegen ist es nicht das Ziel dieser Arbeit, die verschiedenen denkbaren Modelle der gesetzestechnischen Umsetzung des Schutzes der Persönlichkeitsrechte zu vergleichen oder auch nur näher darzustellen. Auch die Frage, welche Arten von Ansprüchen sich im Einzelnen aus der Verletzung von Persönlichkeitsrechten ergeben, bleibt außen vor.

Im Rahmen dieser Themenstellung soll dem Leser ein Überblick über die derzeitige Rechtslage und den Stand der Diskussion in China vermittelt werden. Gleichzeitig sollen die Beiträge zu dieser Diskussion nicht lediglich wiedergegeben, sondern darüber hinaus auch kommentiert, bewertet und nach Möglichkeit durch eigene Gedanken vervollständigt werden.

Die Darstellung der Diskussion um die Persönlichkeitsrechte wird vorbereitet durch Hintergrundinformationen zu den Arbeiten an einem chinesischen Zivilgesetzbuch und zu einigen Besonderheiten des chinesischen Rechtssystems. Nach einer Einführung in die Grundfragen des Persönlichkeitsrechts wird zunächst der Meinungsstand hinsichtlich der Persönlichkeitsrechte der natürlichen Personen referiert. Auf dieser Grundlage erfolgt dann die vertiefte Auseinandersetzung mit der Frage nach den Persönlichkeitsrechten der juristischen Personen. Den Abschluss bildet die Untersuchung, ob es neben den natürlichen und den juristischen Personen noch andere Träger von Persönlichkeitsrechten geben kann.

Die wenigen eingestreuten Ausführungen zum zivilrechtlichen Persönlichkeitsschutz nach deutschem Recht sollen lediglich eine Orientierungshilfe bieten. Sie sind weder dazu gedacht noch in ihrer Knappheit dazu geeignet, als Grundlage für einen Rechtsvergleich zu dienen.

Einleitung

Die Arbeit stützt sich ganz überwiegend auf die chinesische Literatur. Daneben wurde auch ausländische Literatur zum chinesischen Recht berücksichtigt. Andere Literatur wurde nur herangezogen, soweit in chinesischen Quellen auf sie verwiesen wird oder sie einen sonstigen direkten Bezug zu den in China diskutierten Fragen aufweist. Eine Ausnahme bilden nur die Bemerkungen zur deutschen Rechtslage, für die selbstverständlich die deutsche Literatur (vereinzelt ergänzt durch chinesische Literaturstimmen zum deutschen Recht) ausgewertet wurde.

Bei Angaben chinesischer Namen steht der Familienname vorn. Sofern die Quelle selbst keine andere Umschrift verwendet, folgt die Umschrift den Regeln der in der VR China gebräuchlichen Lautumschrift Hanyu Pinyin 汉语拼音[1], jedoch ohne Tonzeichen. Soweit die Quelle den Namen in chinesischen Zeichen angibt oder die chinesische Schreibweise des Namens mir anderweitig bekannt ist, ist diese im betreffenden Literaturverzeichniseintrag in Klammern hinzugefügt.

1 Siehe dazu den „Plan für die Lautumschrift des Chinesischen" (汉语拼音方案) vom 11. 2. 1958, wiedergegeben in: Wörterbuch der modernen chinesischen Sprache (现代汉语词典), Beijing [5]2005, S. 1867–1869.

A. Grundlegendes

Den Hintergrund der Debatte um die Persönlichkeitsrechte bilden die bereits längere Zeit andauernden Bemühungen, ein chinesisches Zivilgesetzbuch zu schaffen, über die im Folgenden ein kurzer Überblick gegeben werden soll. Um das Verständnis der Diskussion um die Persönlichkeitsrechte zu erleichtern, sollen außerdem einige Besonderheiten des chinesischen Rechts erläutert werden.

I. Die Schaffung eines Zivilgesetzbuchs

Bis zum Beginn des 20. Jahrhunderts hatte China kein kodifiziertes Zivilrecht.[2] Die Bemühungen um die Schaffung eines Zivilgesetzbuchs ziehen sich durch das gesamte 20. Jahrhundert und sind bis heute nicht ans Ziel gelangt. Sie lassen sich in drei Phasen einteilen,[3] deren erste vom Anfang des 20. Jahrhunderts bis zu den 40er Jahren reicht und damit in die Zeit vor Gründung der Volksrepublik fällt. Sie soll daher unter 1. nur kurz dargestellt werden. Die beiden folgenden Phasen (50er/60er Jahre des 20. Jahrhunderts und die Zeit seit 1978) werden unter 2. etwas ausführlicher besprochen.

1. Vor Gründung der Volksrepublik

a) Der Qing-ZGB-Entwurf

Das große Gesetzbuch der letzten Dynastie, die „Gesetze und Erlasse der Großen Qing-Dynastie" 大清律例, war in erster Linie Strafgesetz; strafrechtliche Sanktionen erzwangen die Befolgung auch der meist nicht kodifizierten, gewohnheitsrechtlichen Normen des Privatrechts.[4] Die gegen Ende der Qing-Dynastie (1644–1911) angestrebte Modernisierung – und das bedeutet: Verwestlichung[5] – des Rechtssystems bezweckte die Abschaffung der Konsulargerichtsbarkeit und die Überwindung der Rückständigkeit Chinas.[6] Die Frage, ob die Bestrebungen zur Modernisierung des Rechts vorwiegend eine Reaktion auf interne Schwierigkeiten Chinas oder auf außenpolitischen Druck waren, wird uneinheitlich beantwortet.[7] Im Jahr 1908 begann man offiziell mit der Ausarbeitung eines

---

2 *Heuser*, Neue Rechtsordnung S. 896.

3 *Liang*, Rezeption S. 68–73.

4 *Manthe*, Rechtsentwicklung S. 3. – Nach *Buxbaum*, Civil Procedure and Practice S. 268 kamen in der *Praxis* allerdings auch zahlreiche rein zivilrechtliche Fälle vor, die keinerlei strafrechtliche Sanktionen nach sich zogen, vgl. den bei *Buxbaum*, Civil Procedure and Practice S. 267, 277/278 dargestellten Fall aus dem Jahr 1878.

5 *Spengler*, Modernität und Fremdbestimmung S. 200.

6 *Shao*, Rezeption S. 80.

7 Ersteres wird angenommen von *Wang*, Aufnahme S. 345 f.; die Gegenansicht vertritt *Spengler*, Modernität und Fremdbestimmung S. 200. Auch *Qin*, Kodifizierung eines Zivilrechts in China S. 42 betonte im Jahr 1907 das Motiv der Abschaffung der Konsulargerichtsbarkeit. – Ohne Stel-

ZGB-Entwurfs,[8] der 1910 fertiggestellt wurde.[9] Bevor er jedoch in Kraft gesetzt werden konnte, wurde die Kaiserherrschaft 1911 durch die Xin-Hai-Revolution gestürzt.[10]

b) Republik

(1) Entwurf eines Zivilgesetzbuchs

Nach der Gründung der Republik China im Jahr 1912 wurde auf der Grundlage des Qing-ZGB-Entwurfs bis 1925 der Entwurf eines Zivilgesetzbuchs der Republik erstellt.[11] Auch dieser Entwurf ist nie offiziell in Kraft getreten; immerhin wurden aber in einem Runderlass des damaligen Justizministeriums die Gerichte aufgefordert, den Entwurf bei der Rechtsprechung anzuwenden.[12]

(2) Zivilgesetzbuch

Unter der 1927 errichteten Guomindang-Regierung in Nanjing wurde die Entwurfsarbeit ab 1929 fortgesetzt.[13] In den Jahren 1929 bis 1931 traten die einzelnen Bücher des Zivilgesetzbuchs der Republik China nach und nach in Kraft.[14] Der wenig später ausgebrochene Krieg mit Japan und der anschließende Bürgerkrieg führten jedoch dazu, dass dieses Gesetz praktisch wirkungslos blieb.[15] Außerdem scheiterte das Gesetz auch daran, dass es nicht in ausreichendem Maß den Bedürfnissen der chinesischen Gesellschaft entsprach, dass die Bevölkerung dem Gesetzesrecht mit Misstrauen gegenüberstand und dass es weder einen einheitlich ausgebildeten Juristenstand noch grundlegende juristische Literatur gab.[16]

2. Nach Gründung der Volksrepublik

Das vor-volksrepublikanische Recht wurde bereits vor der formellen Konstituierung der VR China am 1. Oktober 1949 durch Art. 17 des Allgemeinen Programms

---

lungnahme zu dieser Frage, aber die innen- und außenpolitischen Motive ausführlicher darstellend BAUMANN, Sachenrecht S. 24–26.

8 Die damals in China erstmals angestellten Überlegungen zu der Frage, welchem Vorbild ein chinesisches Zivilgesetzbuch folgen könnte, werden in der Einleitung zur Übersetzung der Abhandlung von *QIN* (oben Fn. 7) beleuchtet von *SIMON*, Pandektensystematik oder Code Civil?.

9 *LIANG*, Rezeption S. 68 rechte Spalte.

10 *LIANG*, Rezeption S. 69 linke Spalte.

11 *SHAO*, Rezeption S. 81 linke Spalte; *LIANG*, Rezeption S. 69 linke Spalte.

12 *SHAO*, Rezeption S. 81 linke Spalte.

13 *LIANG*, Rezeption S. 69.

14 *MANTHE*, Bürgerliches Recht S. 13; *SHAO*, Rezeption S. 81 rechte Spalte; *LIANG*, Zivilrecht S. 20. *Verkündet* wurden die letzten Bücher bereits im Dezember 1930, vgl. die Datumsangaben bei *LIANG*, Rezeption S. 69 Fn. 8; insofern ungenau *BERNHARDT/HUANG*, Civil Law in Qing and Republican China S. 8 („*promulgation* of a new civil code in 1929–31" [Hervorhebung nicht im Original]).

15 *LIANG*, Rezeption S. 70; *MANTHE*, Bürgerliches Recht S. 15.

16 *MANTHE*, Bürgerliches Recht S. 15.

der Politischen Konsultativkonferenz des chinesischen Volkes vom 29. 9. 1949 in weiten Teilen aufgehoben.[17] Das betraf auch das Zivilgesetzbuch der Republik China, das nur in Taiwan weiterhin gilt.[18]

a) Die 50er und 60er Jahre

Der erste Entwurf eines Zivilgesetzes der VR China wurde von 1954 bis 1956 erarbeitet, jedoch musste die Arbeit infolge politischer Kampagnen ab 1956 eingestellt werden.[19] Immerhin kann in einem Lehrbuch des Zivilrechts, das im Jahr 1958 zum Zweck der einheitlichen Ausbildung des Justizpersonals entstand, eine Art inoffizieller Kodifikation gesehen werden.[20]

Ein erneuter Anlauf wurde 1962 genommen, als *Mao* die Schaffung nicht nur eines Strafgesetzbuchs, sondern auch eines Bürgerlichen Gesetzbuchs forderte.[21] Auch der von 1962 bis 1964 entstandene „Zivilgesetz-Entwurf (versuchsweise Ausarbeitung)" fiel aber politischen Kampagnen zum Opfer, nämlich der 1964 einsetzenden „Kampagne der vier Säuberungen", an die sich 1966 die „Kulturrevolution" anschloss.[22]

b) Gesetzgebung seit der Politik der Reform und Öffnung

Den Neubeginn der Gesetzgebung nach der Kulturrevolution leitete die Verfassung vom 5. 3. 1978 ein.[23] Seitdem hält die Kehrtwendung der VR China von der Planwirtschaft zur Marktwirtschaft ununterbrochen an.[24]

(1) Der Entwurf von 1982

Im November 1979 wurde eine Arbeitsgruppe zur Ausarbeitung eines Zivilgesetzes gegründet,[25] die im Frühjahr[26] 1982 einen „Vierten Entwurf eines Zivilgesetz-

---

17 *Senger*, Einführung S. 11; *Heuser*, Rechtskultur S. 150.
18 *Manthe*, Bürgerliches Recht S. 16.
19 *Liang*, Rezeption S. 70 rechte Spalte.
20 *Manthe*, Bürgerliches Recht S. 16.
21 *Manthe*, Rechtsentwicklung S. 5.
22 *Liang*, Rezeption S. 71 linke Spalte mit Fn. 16.
23 *Heuser*, Neue Rechtsordnung S. 897.
24 *Manthe*, Rechtsentwicklung S. 6.
25 *Liang*, Rezeption S. 72 linke Spalte; *Liang*, Chinesisches Zivilrecht S. 66; *Sun/Yang*, Zehn Jahre AGZ S. 5; *Ran/Du*, Review of Civil Law S. 69.
26 Über den genauen Zeitpunkt finden sich unterschiedliche Angaben:
Auf Juni 1982 wird der Entwurf datiert in der englischen Übersetzung von *Jones*, Fourth Draft Civil Code S. 195 („Fourth Draft Civil Code [June 1982]"). (Jedoch stellt *Jones*, Fourth Draft Civil Code S. 193 seine Übersetzung unter den Vorbehalt, sie weise infolge verschiedener Schwierigkeiten wahrscheinlich mehr als die übliche Anzahl von Mängeln auf.) Auch *Münzel*, Chinas Recht 12. 4.86/1 Anm. 1 datiert den Entwurf – wohl im Anschluss an *Jones* – auf Juni 1982.
Von Mai ist dagegen die Rede bei *Liang*, Rezeption S. 72 linke Spalte; *Liang*, Zivilrecht S. 66 rechte Spalte; *Sun/Yang*, Zehn Jahre AGZ S. 5; *Chen/Shen*, Chinesische Zivilrechtswissenschaft S. 38 linke Spalte. Nach *Yang*, Personal Right S. 8 und *Chen*, Context and Transformation

buches“[27] fertigstellte. Jedoch hatte die Reform des Wirtschaftssystems gerade erst begonnen, so dass es für den Erlass eines umfassenden Zivilgesetzbuches noch zu

---

S. 334 Fn. 32 wurde der Entwurf genau am 1. 5. (also am „Tag der Arbeit 五一劳动节“) fertiggestellt.

Nach *BAUMANN*, Sachenrecht S. 38 waren die Arbeiten sogar bereits im April 1982 beendet. Möglicherweise ist diese Angabe aber durch ein Versehen zustande gekommen: Die beiden in diesem Zusammenhang von *BAUMANN* (in Fn. 140, 141) zitierten Quellen nennen den Mai (*LIANG*, Rezeption S. 72) bzw. den Juni 1982 (*TETZ*, Verträge in der VR China S. 40).

Trotz der unterschiedlichen Datierungen meinen alle Autoren sehr wahrscheinlich dasselbe Dokument: Dies zeigt die Übereinstimmung der Angaben zum Inhalt einzelner Vorschriften des Entwurfs bei *YANG*, Personal Right S. 8 bzw. zu seinem Umfang bei *LIANG*, Chinesisches Zivilrecht S. 66 rechte Spalte (465 Paragraphen in 8 Büchern mit 43 Kapiteln) und bei *BAUMANN*, Sachenrecht S. 38 mit Fn. 140 (unter Bezugnahme auf *LIANG*, Rezeption S. 72 linke Spalte) mit der Übersetzung von *JONES*.

Angesichts des Umstandes, dass die Entwürfe damals nicht offiziell veröffentlicht wurden (vgl. *MÜNZEL*, Chinas Recht 12. 4.86/1 Anm. 1 und *JONES*, Fourth Draft Civil Code S. 193) und der daraus resultierenden unbefriedigenden Quellenlage ist ein abschließendes Urteil in der Datumsfrage nicht möglich. Insbesondere wäre es pure Spekulation, die Angabe von *YANG* und *CHEN* wegen des symbolischen Datums für besonders plausibel zu halten. Zwar ist in jüngster Zeit das Sachenrechtsgesetz (SachenrechtsG) am 1. 10. 2007 (Jahrestag der Gründung der VR China) in Kraft getreten (§ 247 SachenrechtsG), jedoch mussten beispielsweise die „Allgemeinen Grundsätze des Zivilrechts“ (AGZ) (die *MÜNZEL*, Chinas Recht 12. 4.86/1 Anm. 1 als „nächst der Verfassung wohl das bisher wichtigste Gesetz der VR China“ bezeichnet) ohne ein symbolisches Datum auskommen. Zudem ging es 1982 ja noch nicht um Gesetzgebung, sondern nur um die Ausarbeitung eines Entwurfs.

27 So die Bezeichnung des 1982er Entwurfs bei *MANTHE*, Bürgerliches Recht S. 22; ebenso bei *MÜNZEL*, Chinas Recht 12. 4.86/1 Anm. 1. Sowohl *MANTHE* als auch *MÜNZEL* weisen auf die Übersetzung von *JONES*, Fourth Draft Civil Code hin.

Die Bezeichnung als „vierter“ Entwurf führt zu der Frage, wann nach dem ersten und zweiten Entwurf der 50er und 60er Jahre (dazu oben a)) ein dritter Entwurf ausgearbeitet worden sei. Als den die Lücke schließenden dritten Entwurf könnte man den am 20. 7. 1981 vorgestellten (nach *CHEN*, Context and Transformation S. 334 Fn. 32 auf den 31. 7. 1981 datierten) ZGB-Entwurf ansehen (zu diesem Entwurf *TAO*, Entwurf des Zivilgesetzbuches; *MÜNZEL*, Zivilgesetzbuch S. 425; auch unten Fn. 413).

Dagegen legen einige neuere chinesische Quellen eine andere Bezeichnung des 1982er (und ebenso des 1981er) Entwurfs nahe: Von vier *Fassungen* ein und desselben Entwurfs, die zwischen November 1979 und Mai 1982 entstanden seien, ist bei *LIANG*, Chinesisches Zivilrecht S. 66 rechte Spalte („民法草案[一至四稿]“) und *LIANG*, Rezeption S. 72 linke Spalte („...entwarf bis zum Mai 1982 den dritten „Zivilgesetz-Entwurf [Fassung 1 bis 4]“) sowie *CHEN*, Context and Transformation S. 334 die Rede. Auch *YANG*, Personal Right S. 8 und *SUN/YANG*, Zehn Jahre AGZ S. 5 erwähnen einen „Entwurf eines Zivilrechts der VR China (4. Fassung)“ (中华人民共和国民法草案 [第四稿 bzw. bei *SUN/YANG* nur: 四稿]).

Diese Zählweise geht also von insgesamt drei Entwürfen aus, nämlich einem ersten aus den 1950er Jahren, einem zweiten aus den 1960er Jahren und einem dritten von Ende der 1970er/Anfang der 1980er Jahre, wobei von letzterem nacheinander mehrere Fassungen entstanden. Das zeigt sich daran, dass *SUN/YANG*, Zehn Jahre AGZ S. 5 und *RAN/DU*, Review of Civil Law S. 69 für die Jahre ab 1979 von einer „dritten Entwurfsarbeit“ (第三次起草工作) sprechen, der nach *SUN/YANG*, Zehn Jahre AGZ S. 4 eine erste Entwurfsarbeit ab 1954 und eine zweite ab 1962 vorausgegangen sind. Auch *CHEN*, Context and Transformation S. 332–335 zählt insgesamt drei Versuche, ein Zivilgesetzbuch zu erlassen.

Demnach ist der Entwurf aus dem Jahr 1981 die 3. Fassung des 3. Entwurfs oder, in fortlaufender Zählung seit Gründung der VR China, insgesamt bereits der 5. Entwurf eines Zivilrechts der VR China. Der 1982er Entwurf ist dementsprechend als 4. Fassung des 3. Entwurfs bzw. als 6. Entwurf zu zählen.

früh war.[28] Vorläufig sollten nur die kodifikationsreifen Teilmaterien gesetzlich geregelt werden.[29]

(2) *Einzelgesetze*

Von den Gesetzen auf dem Gebiet des Zivilrechts, die in den 1980er Jahren erlassen wurden, sind an erster Stelle die am 1. 1. 1987 in Kraft getretenen „Allgemeinen Grundsätze des Zivilrechts“ (AGZ) zu nennen.[30] Sie basieren auf dem Entwurf von 1982 und werden als dessen vereinfachte und weiterentwickelte Fassung bezeichnet.[31] Die AGZ sind jedoch weder ein Zivilgesetzbuch noch der Allgemeine Teil eines solchen.[32] Zwar gingen die Entwurfsarbeiten zunächst in die Richtung eines Allgemeinen Teils des Zivilrechts, jedoch wurde dann einiges aufgenommen, was dem Besonderen Teil zuzuordnen ist.[33] So weisen die AGZ einerseits im Hinblick auf Begriffsinventar, Struktur und Methode Merkmale eines Allgemeinen Teils auf, enthalten aber andererseits auch Teile des Rechts der gesetzlichen Schuldverhältnisse.[34] Insofern könnte man sagen: Die AGZ sind zwar mehr als bloß ein Allgemeiner Teil des Zivilrechts, aber (deutlich) weniger als ein vollständiges Zivilgesetzbuch.

Neben den AGZ sind das Ehegesetz (EheG) von 1980 (es löste das Ehegesetz von 1950 ab) und das Erbrechtsgesetz (ErbG) von 1985 zu erwähnen.[35] Das Vertragsrecht wurde nach und nach durch das Wirtschaftsvertragsgesetz (WVG) von 1981, das Außenwirtschaftsvertragsgesetz (AWVG) von 1985 und das Technologievertragsgesetz (TechVG) von 1987 kodifiziert.[36] Eine einheitliche Regelung fand das Vertragsrecht erst im Vertragsgesetz von 1999 (VertragsG), dessen § 428 die drei früheren Gesetze außer Kraft gesetzt hat.[37] Den vorerst letzten Mosaikstein bildet das Sachenrechtsgesetz (SachenrechtsG), das nach langer und ungewöhnlich kontroverser Diskussion (in die auch die Öffentlichkeit einbezogen wurde[38]) am 16. 3. 2007 verabschiedet wurde.

---

28 LIANG, Rezeption S. 72 Fn. 19.
29 MANTHE, Bürgerliches Recht S. 22.
30 MÜNZEL, Chinas Recht 12. 4.86/1 Anm. 1 bezeichnet die AGZ als „nächst der Verfassung wohl das bisher wichtigste Gesetz der VR China“.
31 So SUN/YANG, Zehn Jahre AGZ S. 5.
32 LIANG, Zivilrecht S. 14.
33 MÜNZEL, Chinas Recht 12. 4.86/1 Anm. 1.
34 MANTHE, Bürgerliches Recht S. 22.
35 MANTHE, Bürgerliches Recht S. 23/24.
36 MANTHE, Rechtsentwicklung S. 11.
37 Anders als die Vorgängerregelungen gilt das Vertragsgesetz für sämtliche Rechtssubjekte. Damit dokumentiert es die Abkehr von der marxistischen Idee, den autonomen vertraglichen Austausch für nicht wirtschaftlich handelnde Privatsubjekte durch die Distribution zu ersetzen (vgl. MANTHE, Rechtsentwicklung S. 11).
38 Vgl. JULIUS, Sachenrechtsgesetz S. 271/272.

(3) *Aktuelle Bestrebungen zum Erlass eines Zivilgesetzbuchs*

Seit Ende der 80er und insbesondere Anfang der 90er Jahre wurde der Erlass eines Zivilgesetzbuchs erneut ins Auge gefasst.[39] In politischer Hinsicht wurde dem Projekt der Weg geebnet durch DENG *Xiaopings* Forderung nach Intensivierung der Strukturreform, die dieser auf seiner „Reise in den Süden" im Januar 1992 geäußert hat.[40]

Die Anfang des Jahres 2002 offiziell begonnene Gesetzgebungstätigkeit[41] hat bislang vier Entwürfe hervorgebracht: das „Zivilgesetz der VR China (Entwurf)", den „Wissenschaftlichen Vorschlagsentwurf für ein 'Zivilgesetzbuch der VR China (Entwurf)'" (vertreten von WANG *Liming*), den „Vorschlagsentwurf für einen Entwurf des Zivilgesetzbuches" (vertreten von LIANG *Huixing*) sowie den „Grünen Zivilgesetzbuch-Entwurf".[42]

3. Ausblick

Wann genau ein Zivilgesetzbuch der VR China erlassen werden wird, ist unklar. Einen gewissen Anhaltspunkt bietet aber der im Jahr 1998 von einer Entwurfsgruppe aufgestellte Plan, wonach die Zusammenstellung eines Zivilgesetzbuches in drei Schritten vollzogen werden sollte: Zunächst sollte ein einheitliches Vertragsgesetz geschaffen werden, in einem zweiten Schritt ein Sachenrechtsgesetz. Als dritter Schritt schließlich war der Erlass des Zivilgesetzbuchs im Jahr 2010 vorgesehen.[43] Da die beiden ersten Schritte bereits getan sind (das SachenrechtsG ist am 1. 10. 2007 in Kraft getreten), ist es denkbar, dass der Plan eingehalten werden kann.[44]

Noch sind aber Aufbau und Inhalt des Zivilgesetzbuchs umstritten, wie dies beispielhaft die unterschiedlichen Vorschläge für die Regelung des Persönlichkeitsrechts zeigen.[45] Auch auf anderen Bereichen sind die Vorstellungen keineswegs einheitlich.[46] Noch ist also ungewiss, ob sich die Hoffnung erfüllen wird, die XIE *Huaishi* geäußert hat: „Das 19. Jahrhundert war das Jahrhundert des Code Napoléon, das 20. das des BGB; vielleicht wird das chinesische Zivilgesetzbuch das Gesetzbuch des 21.?"[47]

---

39 *MI*, Reform des Zivilrechts S. 1; *LIANG*, Zivilrecht S. 13.
40 So *LIANG*, Zivilrecht S. 20.
41 *MI*, Reform des Zivilrechts S. 2.
42 Vgl. die kommentierte Synopse der in den Entwürfen enthaltenen Vorschriften zum Persönlichkeitsrecht bei *YANG*, Gesetzgebungsbericht S. 505 ff.
43 *MI*, Reform des Zivilrechts S. 1; *RAN/DU*, Review of Civil Law S. 73.
44 Vgl. auch *CHEN*, Context and Transformation S. 337/338.
45 Vgl. wiederum die kommentierte Synopse der in den Entwürfen enthaltenen Vorschriften zum Persönlichkeitsrecht bei *YANG*, Gesetzgebungsbericht S. 505 ff.
46 Vgl. *LIANG*, Rezeption S. 73 ff.; *MI*, Reform des Zivilrechts S. 6 ff.
47 Zitiert nach *MÜNZEL*, Das reine Recht S. 67.

II. Die Gerichte

Im Lauf der weiteren Untersuchung wird auch auf Dokumente der Rechtsprechung einzugehen sein. Die folgenden Ausführungen zu den Gerichten erheben keinen Anspruch auf Vollständigkeit[48], sondern beschränken sich darauf, Hintergrundinformationen für das bessere Verständnis dieser Dokumente bereitzustellen. Zu diesem Zweck werden zunächst die Organisation der Gerichte und die Frage der richterlichen Unabhängigkeit behandelt (1. und 2.), bevor auf Gerichtsurteile und die sog. Auslegungen als Erscheinungsformen justizieller Dokumente eingegangen wird (3. und 4.).

1. Gerichtsorganisation

Grundlegende Bestimmungen über die Gerichte sind in den Art. 123 bis 128 der Verfassung der VR China (chVerf) enthalten. Nach Art. 123 chVerf sind die Volksgerichte der VR China Organe der staatlichen Rechtsprechung; ihre Organisation wird durch ein Gesetz geregelt (Art. 124 Abs. 3 chVerf). Dies ist das Gesetz über die Organisation der Volksgerichte (GOG), dessen § 2 das Gerichtswesen übereinstimmend mit Art. 124 Abs. 1 chVerf in lokale Volksgerichte aller Stufen, Militärgerichte und sonstige Spezialvolksgerichte sowie Oberstes Volksgericht einteilt.

Die lokalen Volksgerichte teilen sich auf in die Volksgerichte der Grund-, Mittel- und Oberstufe (§ 2 Abs. 2 GOG). Veranschaulichend könnte man auch von Kreis-, Bezirks- und Provinzgerichten sprechen.[49] Gemäß Art. 127 Abs. 2 Hs. 2 chVerf überwachen die Volksgerichte der oberen Stufen (also der Ober- und Mittelstufe) diejenigen der unteren Stufen (also der Mittel- und Unterstufe).

Das Oberste Volksgericht überwacht nach Art. 127 Abs. 2 Hs. 1 chVerf, § 29 Abs. 2 GOG die Arbeit der lokalen Volksgerichte aller Stufen sowie der Militär- und sonstigen Spezialvolksgerichte, also die Tätigkeit des gesamten übrigen Gerichtswesens. Es behandelt in erster Instanz Fälle, für die es nach Gesetz oder Verordnung zuständig ist oder die es selbst behandeln zu sollen glaubt; außerdem behandelt es Berufungen und Beschwerden gegen Urteile und Beschlüsse der Volksgerichte der Oberstufe sowie Beschwerden der Obersten Volksstaatsanwaltschaft (§ 31 GOG). Daneben hat es die Aufgabe, sog. Auslegungen herauszugeben, worauf unter 4. noch näher eingegangen wird.

---

48 Zu einer vollständigen Darstellung würde es beispielsweise gehören, auch auf die fachliche Qualifikation der Richter einzugehen. Siehe dazu *Heuser*, Rechtskultur S. 245–249 und *Shao*, Juristenausbildung. Zur Frage der Korruption und zu Problemen bei der Vollstreckung von Urteilen siehe *Heuser*, Wirtschaftsrecht S. 53. Insgesamt zum chinesischen Gerichtswesen und den damit zusammenhängenden Problemen *Heilmann*, Politisches System S. 146–149 sowie *Lubman*, Bird in a Cage S. 250 ff.

49 So bei *Heuser*, Rechtskultur S. 242.

2. „Gerichtliche“ statt „richterlicher“ Unabhängigkeit

Nach Art. 126 chVerf üben die Volksgerichte ihr Rechtsprechungsrecht auf der Grundlage der gesetzlichen Bestimmungen unabhängig und frei von Einmischung durch Verwaltungsbehörden, gesellschaftliche Organisationen und Einzelpersonen aus.[50] Von dieser Unabhängigkeit der Gerichte kann jedoch nicht auf eine Gewaltenteilung geschlossen werden.[51] Vielmehr gehört die Gewaltenkonzentration (in ausdrücklicher Abkehr von einer politischen Machtbegrenzung durch Gewaltenteilung) zu den Kernprinzipien der Verfassungsordnung der VR China.[52] Zwischen den Staatsorganen existiert lediglich eine Funktions- und Pflichtentrennung unter der einheitlichen Führung durch die Volkskongresse, sog. Volkskongresssystem 人民代表大会制度.[53]

Unter diesen Bedingungen ist die Justiz nicht als „dritte Gewalt“ organisiert, sondern als eine weitere Staatsbehörde, die „sich stets als Instrument der Exekutive verstanden hat und versteht.“[54] Auch geht diese Unabhängigkeit der Gerichte als Institutionen nicht mit einer Unabhängigkeit der Richter einher:

Die *fachliche* Unabhängigkeit des einzelnen Richters wird durch den gemäß § 10 GOG an jedem Gericht zu errichtenden Rechtsprechungsausschuss stark eingeschränkt. Er besteht aus dem Gerichtspräsidenten, der als Vorsitzender des Ausschusses fungiert, und aus weiteren Richtern, die auf Vorschlag des Gerichtspräsidenten vom Ständigen Ausschuss des Volkskongresses der jeweiligen Stufe (bzw. im Fall des Rechtsprechungsausschusses des Obersten Volksgerichts vom Ständigen Ausschuss des Nationalen Volkskongresses) ernannt und abberufen werden. Seine Aufgabe ist es, die Erfahrungen in der Rechtsprechung zu bündeln und wichtige oder schwierige Fälle sowie andere die Rechtsprechungstätigkeit betreffende Fragen zu diskutieren (§ 10 Abs. 1 S. 2 GOG). In der Praxis bedeutet dies, dass in solchen wichtigen oder schwierigen Fällen (aber nicht unbedingt nur in diesen) die zuständigen Richter lediglich die durch den Rechtsprechungsausschuss getroffene Vorentscheidung zu bestätigen haben.[55]

Einer *persönlichen* Unabhängigkeit des einzelnen Richters sind dadurch enge Grenzen gesetzt, dass § 13 des chinesischen Richtergesetzes (RiG) eine Vielzahl verschiedenster Gründe für eine Amtsenthebung vorsieht. Dies führt zu einer beinahe be-

---

50 Übersetzung von *Heuser*, Rechtskultur S. 241.

51 *Heuser*, Neue Rechtsordnung S. 899.

52 *Heilmann*, Politisches System S. 74; *Heuser*, Weg des „chinesischen Rechtsstaats“ S. 1222. – Einen Eindruck von der (offiziellen) chinesischen Sicht der Dinge vermittelt die Verteidigung des Volkskongresssystems gegenüber dem Modell der Gewaltenteilung bei *Ren*, Überlegenheit des Volkskongresssystems.

53 *Au*, Wettbewerbsrecht S. 25.

54 *Heuser*, Weg des „chinesischen Rechtsstaats“ S. 1223.

55 *Heuser*, Rechtskultur S. 243.

liebigen Möglichkeit der Amtsenthebung.[56] Außerdem gibt es keine gesetzliche Garantie einer lebenslangen Richteranstellung.[57]

3. Gerichtsentscheidungen

a) Zugänglichkeit

Vereinzelt werden bereits seit 1985 Entscheidungen im Amtsblatt des Obersten Volksgerichts veröffentlicht[58]; seit Anfang der 1990er Jahre gibt es amtliche und auch von privater Seite erstellte Veröffentlichungen von Gerichtsentscheidungen.[59]

(1) Entscheidungen des Obersten Volksgerichts

Im Jahr 2000 hat das Oberste Volksgericht die „Verwaltungsmethode zur Veröffentlichung von Entscheidungen des Obersten Volksgerichts" (OGEVVwM) herausgegeben.

Nach Ziff. 2 OGEVVwM werden die Entscheidungen je nach ihrer Bedeutung auf verschiedenen Wegen veröffentlicht: Entscheidungen in Fällen mit bedeutender Wirkung 重大影响 werden in der Volkszeitung 人民日报, der Rechtszeitung 法制日报 oder anderen Zeitungen veröffentlicht, solche in Fällen mit Vorbildfunktion in der Volksgerichtszeitung oder dem Amtsblatt der Volksgerichte, alltägliche Entscheidungen schließlich können im Internet veröffentlicht werden.[60] Alle veröffentlichten Entscheidungen können darüber hinaus in Buchform bestimmten Behörden zur Verfügung gestellt werden und werden jährlich von einem Verlag als Sammlung herausgegeben. Über das Internetangebot des Obersten Volksgerichts sind derzeit[61] dessen Entscheidungen in Zivilsachen ab dem Jahr 1999[62] verfügbar.

Der Kreis der zu veröffentlichenden Entscheidungen wird durch Ziff. 4 OGEVVwM jedoch erheblich eingeschränkt:

> Ziffer 4. Einige Umstände, unter denen eine Veröffentlichung nicht angebracht ist:
> 1. Die Entscheidung enthält [Ausführungen], die sich auf das staatliche politische Leben beziehen, die nach der Veröffentlichung einen unguten Einfluss haben könnten;
> 2. der Fall bezieht sich auf Staatsgeheimnisse, auf Geschäftsgeheimnisse, auf Straftaten Minderjähriger oder auf Privatgeheimnisse von Einzelpersonen;
> 3. die Entscheidung gibt in relativ konzentrierter Form Zahlen zur Todesstrafe wieder;

---

56 *Heuser*, Rechtskultur S. 243.
57 *Heuser*, „Sozialistischer Rechtsstaat" S. 132.
58 *Lubman*, Bird in a Cage S. 284.
59 Näher hierzu *Heuser*, Rechtskultur S. 214 Fn. 21.
60 Genannt werden die Internetseiten der Volksgerichtszeitung (人民法院报网, http://rmfyb.chinacourt.org) sowie des Obersten Volksgerichts (http://www.court.gov.cn).
61 Stand: 5. 5. 2009.
62 Abrufbar unter http://www.court.gov.cn/study/civil/.

4. die Entscheidung bezieht sich im Übermaß auf andere Personen und Sachverhalte, so dass ihre Veröffentlichung nicht notwendig 无必要 ist, weil dies anderen Personen psychischen Druck verursachen oder einen nachteiligen Einfluss auf die Arbeit des Gerichts mit sich bringen könnte;
5. die Entscheidungsbegründung ist nicht gründlich und kann die Entscheidung nicht stützen;
6. die Entscheidung weist sprachliche Mängel oder Fehler auf;
7. [es liegt eine] sonstige Entscheidung [vor], deren Veröffentlichung nicht angebracht ist.

Die generalklauselartige Offenheit dieser Ausnahmetatbestände ermöglicht es, die Veröffentlichung praktisch jeder Entscheidung des Obersten Volksgerichts zu unterbinden.

(2) *Entscheidungen anderer Gerichte*

Auch die Entscheidungen anderer Gerichte als des OVG werden mittlerweile im Internet zur Verfügung gestellt, wobei man sich hier auf „Musterentscheidungen 典型案例" beschränkt.[63] Ein anderes Medium der Veröffentlichung ist die „Sammlung der Entscheidungen der Volksgerichte"[64].[65] Dort werden nur Entscheidungen veröffentlicht, die das entscheidende Gericht dem nächsthöheren Gericht zur Veröffentlichung empfohlen hat und die von diesem dem wiederum höheren Gericht bis hin zum Obersten Volksgericht weiterempfohlen wurden, wobei das Chinesische Institut für angewandte Rechtswissenschaft des Obersten Volksgerichts letztlich über die Veröffentlichung befindet.[66]

b) Rechtsquellenqualität

Nach hergebrachter chinesischer Auffassung sind Präzedenzien 判例 keine Rechtsquellen.[67] Erst in jüngerer Zeit – etwa seit Ende der 1980er Jahre – hat das Interesse der Rechtswissenschaft an richterlichen Entscheidungen zugenommen.[68] Den im Amtsblatt des Obersten Volksgerichts veröffentlichten Entscheidungen wird der Charakter einer Rechtsquelle im Rang einfachen Rechts zugeschrieben.[69] Dagegen entfalten die Entscheidungen, die in die „Sammlung der Entscheidungen der Volksgerichte" aufgenommen werden, keinerlei Bindungswirkung, sind aber dennoch bei der Rechtsprechung „zu berücksichtigen".[70]

---

63 Abrufbar unter http://www.court.gov.cn/popular/.
64 人民法院案例选, herausgegeben vom Chinesischen Institut für angewandte Rechtswissenschaft des Obersten Volksgerichts (最高人民法院中国应用法学研究所).
65 *Zhou*, Grundrechtsbindung der Gerichte S. 8.
66 *Zhou*, Grundrechtsbindung der Gerichte S. 16.
67 *Heuser*, Rechtskultur S. 213; *Liang*, Zivilrecht S. 16; *Su*, Zivilrecht S. 28/29. Auch *Jiang*, Zivilrecht (2007) erwähnt die Präzedenzien nur im Rahmen der allgemeinen Darstellung der Rechtsquellen des Zivilrechts (S. 12–14), nicht aber bei der Darstellung der Rechtsquellen des *chinesischen* Zivilrechts (S. 15–16).
68 *Heuser*, Rechtskultur S. 213/214.
69 *Zhou*, Grundrechtsbindung der Gerichte S. 8.
70 *Zhou*, Grundrechtsbindung der Gerichte S. 8.

c) Praktische Relevanz

Noch im Jahr 2003 wurde festgestellt, dass Gerichtsentscheidungen generell schwer zugänglich seien[71] und dass es unüblich sei, unter Verweis auf Entscheidungen zu argumentieren.[72] Die Zugänglichkeit von Gerichtsentscheidungen mag sich zwischenzeitlich deutlich verbessert haben – so wurde etwa im März 2003 damit begonnen, die Entscheidungen des Obersten Volksgerichts in Zivilsachen ab 1999 im Internet verfügbar zu machen.[73] Dennoch ist es wahrscheinlich, dass die Praxis auf diese Verbesserung nur allmählich mit einer stärkeren Einbeziehung von Präzedenzien in die juristische Argumentation reagiert. Ohnehin bleibt der praktische Nutzen der Bezugnahme auf Entscheidungen begrenzt, solange nicht alle Entscheidungen[74] publiziert werden.

4. Autoritative Gesetzesauslegung durch das Oberste Volksgericht

Es ist eine Besonderheit des Rechtssystems der VR China, dass dem Obersten Volksgericht die Aufgabe zukommt, autoritative Gesetzesinterpretationen herauszugeben. Diese Kompetenz ist Teil eines Auslegungssystems, in dem zwischen „gesetzlicher", „offizieller" oder „autoritativer" Auslegung einerseits und „akademischer" oder „inoffizieller" Auslegung andererseits unterschieden wird.[75]

a) Ursprünge

Bereits das im Jahr 1906 im Zuge der Rechts- und Justizreform gegründete Oberste Gericht und später das Oberste Gericht der Republik in Nanjing gaben „Interpretationen" heraus, die Gesetzeskraft hatten.[76] Die autoritative Gesetzesauslegung in ihrer heutigen Form hat ihren Ursprung in den 1980er Jahren:[77]

Die Kodifikationswelle seit 1979 ließ den Umfang des geschriebenen Rechts rasch anwachsen, woraus sich die Notwendigkeit ergab, dieses geschriebene Recht auszulegen. Eine Reaktion darauf ist der „Beschluss des Ständigen Ausschusses des NVK über die Stärkung der Gesetzesinterpretation" (InterpretationsBeschl) vom 10. 6. 1981:[78]

---

71 Dies bekräftigt noch im Jahr 2005 *Piquet*, Carrefour des Traditions Juridiques S. 20: der Zugang zu Gerichtsentscheidungen sei nach wie vor problematisch.

72 *Julius*, Wirtschaftsrecht S. 854.

73 Vgl. das unter http://www.court.gov.cn/study/civil/index.asp?page=9 angegebene Datum der Veröffentlichung im Internet (eingesehen am 5. 5. 2009).

74 Zu den Einschränkungen bei der Veröffentlichung von Entscheidungen siehe oben a).

75 *Heuser*, Rechtskultur S. 203.

76 *Heuser*, Rechtskultur S. 214 Fn. 20 m. w. N.

77 *Pissler* erwähnt in *Münzel*, Recht der VR China 15. 3.00/2, Anm. 29, den „Beschluss des Ständigen Ausschusses des NVK über Fragen bei der Auslegung von Gesetzen" (全国人民代表大会常务委员会关于解释法律问题的决议) vom 23. 6. 1955 als in der VR China erste gesetzliche Grundlage für die justizielle Auslegung. Auf diesen Beschluss wird hier nicht näher eingegangen, da die justizielle Auslegung unter *Mao* keine praktische Bedeutung erlangte, vgl. *Ahl*, Justizauslegung S. 252 rechte Spalte.

78 Übersetzung von *Heuser*, Rechtskultur S. 202/203.

> Seitdem auf der 2. Tagung des 5. NVK (Juli 1979) einige Gesetze angenommen worden sind, werden von den verschiedensten Orten und Behörden unablässig juristische Fragen aufgeworfen, und es wird um Interpretation ersucht. Gleichzeitig wird auch, da in der praktischen Tätigkeit das Verständnis gewisser Gesetzesparagraphen nicht einheitlich ist, die korrekte Durchführung der Gesetze in Mitleidenschaft gezogen. Um das sozialistische Rechtssystem zu vervollkommnen, müssen Gesetzgebung und Gesetzesinterpretation gestärkt werden. Hiermit wird zur Frage der Gesetzesinterpretation folgendes bestimmt:
>
> (1) Sämtliche Paragraphen 条文von Gesetzen 法律 und Erlassen 法令, die weiterer Festlegung ihrer Grenzen oder ergänzender Vorschriften bedürfen, werden vom Ständigen Ausschuss des NVK interpretiert oder durch Erlass ergänzt.
>
> (2) Sämtliche Fragen, die zur konkreten Anwendung von Gesetzen oder Erlassen bei der Rechtsprechungstätigkeit 审判工作中 der Gerichte gehören, werden vom Obersten Volksgericht interpretiert. (...)
>
> (...)

Hier zeigt sich, dass die „offizielle" Auslegung nicht allein dem Obersten Volksgericht überlassen ist, sondern unter bestimmten Umständen auch anderen staatlichen Organen eine solche Kompetenz zukommt. Die hier allein interessierende Auslegung durch das Oberste Volksgericht findet ihre gesetzliche Grundlage in § 32 GOG, der fast wörtlich mit dem entsprechenden Passus im soeben zitierten Beschluss des Ständigen Ausschusses des NVK übereinstimmt.

b) Formen

Einzelheiten ergeben sich aus den „Bestimmungen des Obersten Volksgerichts über die justizielle Auslegungstätigkeit" (AuslBest). Vor deren Inkrafttreten am 1. 4. 2007 galten „Einige Bestimmungen des Obersten Volksgerichts über die justizielle Auslegung" (in Kraft getreten am 1. 7. 1997) (AuslBest 1997). § 6 Abs. 1 AuslBest nennt als die vier Arten der justiziellen Auslegung 司法解释 „Auslegungen 解释", „Bestimmungen 规定", „Schriftliche Antworten 批复" und „Entscheidungen 决定".

- In Form einer „Auslegung" äußert sich das Oberste Volksgericht dazu, wie in der Rechtsprechung ein bestimmtes Gesetz im einzelnen anzuwenden ist oder wie Gesetze auf eine bestimmte Art von Fällen oder Fragen anzuwenden sind, vgl. § 6 Abs. 2 AuslBest. Die erste Alternative entspricht derjenigen Art von Dokumenten, die vor dem Inkrafttreten der AuslBest 1997 als „Ansichten 意见" bezeichnet wurden, in denen das Oberste Volksgericht bestimmte Vorschriften neu erlassener Gesetze kommentiert und ausgelegt hat.[79] Die „Auslegungen" sind generell-abstrakter Natur.[80]
- „Bestimmungen" sind nach § 6 Abs. 3 AuslBest „Regeln 规范" oder „Ansichten 意见", die das Oberste Volksgericht im Geist der Gesetzgebung gemäß den Bedürfnissen der Rechtsprechungstätigkeit erstellt. Die „Bestimmungen" be-

---

79 Vgl. STEINMANN, Justizielle Auslegung S. 96 zu § 9 Abs. 2 AuslBest 1997.

80 Dies übersieht YANG, Personal Right Law S. 21, der betont, die Praxis justizieller Auslegung sei international, insbesondere auch in Deutschland, ganz üblich – obwohl er dann als Beispiele Entscheidungen des Bundesgerichtshofs (also – für deutsche Verhältnisse selbstverständlich – Entscheidungen in *konkreten Fällen*) anführt.

ziehen sich nicht auf ein bestimmtes Gesetz, sondern betreffen Bereiche, die (noch) keiner gesetzlichen Regelung unterliegen, so dass sie lediglich den „Geist der Gesetzgebung" im Allgemeinen zur Grundlage haben können. Ein Beispiel dafür sind die AuslBest selbst.

- „Schriftliche Antworten" sind Antworten auf Anfragen der Volksgerichte der Oberstufe oder der Militärgerichte der Volksbefreiungsarmee zur konkreten Anwendung von Gesetzen im Rahmen der Rechtsprechungstätigkeit, vgl. § 6 Abs. 4 AuslBest. Hier geht es also nicht um eine abstrakte Auslegung von Vorschriften, sondern um deren Anwendung auf konkrete Fälle.[81]
- In der Form von „Entscheidungen" werden nach § 6 Abs. 5 AuslBest justizielle Auslegungen (also nicht nur die oben beschriebenen „Auslegungen" im engen Sinn, sondern auch die übrigen Formen der justiziellen Auslegung einschließlich der „Entscheidungen" selbst) geändert oder aufgehoben. Diese Form der justiziellen Auslegung wurde erst mit den am 1. 4. 2007 in Kraft getretenen AuslBest eingeführt, wogegen die übrigen Formen bereits in § 9 AuslBest 1997 normiert waren.

c) Bekanntmachung und Zugänglichkeit

Die justiziellen Auslegungen des Obersten Volksgerichts werden im „Amtsblatt des Obersten Volksgerichts 最高人民法院公报" sowie in der „Volksgerichtszeitung 人民法院报" in Form von Bekanntmachungen des Obersten Volksgerichts öffentlich bekanntgegeben, § 25 Abs. 1, 2 AuslBest.[82] Die justiziellen Auslegungen ab dem Jahr 2000 können auch auf dem Internetportal des Obersten Volksgerichts abgerufen werden.[83]

d) Wirkung: Gesetzeskraft der Auslegungen?

Ihrem Inhalt nach stellen die Auslegungen des Obersten Volksgerichts oftmals keine reine Auslegung im Sinne einer inhaltlichen Konkretisierung dar, sondern ergänzen die „ausgelegten" Gesetze oder widersprechen ihnen sogar.[84] Beispielsweise werden „stille Gesellschafter" einer Partnerschaft von Einzelpersonen 个人合伙 in § 46 der „Ansichten des Obersten Volksgerichts zu einigen Fragen der Anwendung der AGZ" (AGZ-Ansichten) für zulässig erklärt, obwohl § 30 AGZ voraussetzt, dass alle Gesellschafter an „gemeinsamer Arbeit 共同劳动" teilnehmen.[85] Auch unter den neuen AuslBest wird sich ein derart weites Verständnis der Auslegungstätigkeit wahrscheinlich halten können: Zwar werden nach § 20 Abs. 1 Nr. 1, 2 AuslBest die justiziellen Auslegungen vom Forschungsbüro des Obersten Volks-

---

81 Vgl. *Steinmann*, Justizielle Auslegung S. 96 zu § 9 Abs. 4 AuslBest 1997.
82 Im Amtsblatt des Obersten Volksgerichts erscheinen die justiziellen Auslegungen seit 1992 deutlich von anderen Dokumenten abgegrenzt in einem gesonderten Bereich, vgl. *Shen*, Gesetzesauslegung S. 62.
83 Abrufbar unter http://www.court.gov.cn/lawdata/explain/.
84 Diese Praxis mit deutlichen Worten kritisierend *Jiang*, Zivilrecht (2007) S. 10, 15, 16.
85 Vgl. *Heuser*, Wirtschaftsrecht S. 32 bei Fn. 37.

gerichts unter anderem darauf überprüft, ob sie mit der chVerf und den Gesetzen in Einklang stehen (Nr. 1) und ob sie eine Überschreitung der Auslegungskompetenz darstellen (Nr. 2). Jedoch ist dies eine bloße Selbstkontrolle. Außerdem haben die neuen AuslBest an anderer Stelle die Gesetzesbindung der Auslegungstätigkeit des Obersten Volksgerichts gelockert.[86]

Weder die chVerf noch das Gesetzgebungsgesetz (GGG) verleihen dem Obersten Volksgericht aber eine Gesetzgebungskompetenz.[87] Das GGG nennt vier Formen von Gesetzesnormen und legt die Kompetenzen zu ihrem Erlass fest: Gesetze (im formellen Sinn) werden vom NVK und seinem Ständigen Ausschuss erlassen (§ 7 GGG, vgl. Art. 58, 62 Nr. 3, 67 Nr. 2, 67 Nr. 3 chVerf), und auch die drei übrigen Formen von Gesetzesnormen können nicht von den Gerichten erlassen werden. Die §§ 42–47 GGG regeln unter der Überschrift „Gesetzesauslegung" lediglich die Legislativauslegung durch den Ständigen Ausschuss des NVK (vgl. Art. 67 Nr. 4 chVerf).

Auch § 5 AuslBest (und zuvor § 4 AuslBest 1997) selbst ist nicht (zwingend) im Sinne einer solchen Gesetzeskraft der Auslegungen zu verstehen, da die Übersetzung des darin enthaltenen Terminus 法律效力 mit „Gesetzeswirkung"[88], „Gesetzeskraft"[89] bzw. „effect of law"[90] nicht restlos überzeugt: Die Verwendung des Ausdrucks 法律效力 etwa in § 141 des chinesischen Zivilprozessgesetzes (ZPG) (und noch in vielen weiteren §§ des ZPG) legt vielmehr die Übersetzung mit „Rechtskraft"[91] nahe.[92] Wo eine Auslegung mit Gesetzeskraft ausgestattet wird, geschieht dies durch die Formulierung, die Auslegung habe die gleiche Gültigkeit wie Gesetze 同法律具有同等效力.[93] Zweck des § 5 AuslBest (und zuvor des § 4 AuslBest 1997) dürfte es weniger sein, die Auslegungen mit formellen Gesetzen auf eine Stufe zu stellen, als vielmehr sozusagen im Umkehrschluss die Nichtverbindlichkeit der „Auslegungen" von nicht zur Auslegung ermächtigten Organen klarzustellen.[94]

---

86 *Ahl*, Justizauslegung S. 255, 256 verweist auf die Einführung des unbestimmten Kriteriums des „Geistes der Gesetzgebung" durch § 3 AuslBest [und § 6 Abs. 3 AuslBest, Anm. d. Verf.] und die Aufhebung der Akzessorietät der Geltung der justiziellen Auslegungen zur Geltung des ausgelegten Gesetzes durch § 6 Abs. 5 AuslBest.

87 *Ahl*, Justizauslegung S. 253 rechte Spalte.

88 Übersetzung der AuslBest von *Björn Ahl* in ZChinR 2007, Nr. 3, S. 322.

89 Übersetzung der AuslBest 1997 von *Antonia Hoffmann* in NDCJ Nr. 4/1997, S. 130.

90 So *Chen*, Chinese Law S. 109 zu § 4 der AuslBest 1997.

91 So die Übersetzung des ZPG von *Münzel*, Chinas Recht 9. 4.91/1.

92 Noch zurückhaltender übersetzt *Heuser*, Rechtskultur S. 203 den Ausdruck mit „rechtliche Wirkung". Ähnlich *Au*, Wettbewerbsrecht S. 201, der den Passus 具有法律效力 mit „rechtswirksam sein" übersetzt. – Der Ausdruck 法律效力 wird auch im Bereich des Vertragsrechts verwendet, wo er selbstredend nicht „Gesetzeskraft", sondern die Wirksamkeit eines Vertrags (dazu § 44 Abs. 1 VertragsG) bedeutet, vgl. *Wang* et al., Vertragsrecht S. 121.

93 So § 47 GGG bzgl. der Gesetzesauslegungen durch den NVK.

94 Dies legt *Ahl*, Justizauslegung S. 253 rechte Spalte nahe, der berichtet, die AuslBest 1997 seien gerade deshalb erlassen worden, weil damals zum Teil Auslegungen von Organen erlassen wurden, die dazu nicht ermächtigt waren.

Ohnehin sieht die chVerf nicht vor, dass Staatsorgane sich selbst zum Normerlass ermächtigen.[95] Auf die AuslBest selbst könnte eine Gesetzgebungskompetenz folglich nicht gestützt werden. Selbst wenn die Gerichte also irgendwann einmal eine als Gesetzgebungskompetenz verstandene Auslegungsaufgabe gehabt haben sollten, wäre diese jedenfalls dadurch aufgehoben, dass sie in § 42 GGG nicht wiederholt worden ist.[96]

Einzuräumen ist jedoch, dass es sich bei dieser „Rechtskraft" im Fall von „Auslegungen" (im engen Sinn) und „Bestimmungen" mangels eines konkreten Streitfalles nur um eine Rechtskraft *inter omnes* handeln kann. Folgerichtig ist in der Literatur von „Quasi-Gesetzen 准法律"[97] bzw. von „Normen im weiten Sinn"[98] die Rede; auch wurde bereits zu den AuslBest 1997 festgestellt, die justiziellen Auslegungen seien eine Rechtsquelle und für die Volksgerichte aller Ebenen unmittelbar verbindlich.[99] In der „Schriftlichen Antwort des Obersten Volksgerichts zur Frage, wie die Volksgerichte bei der Erstellung rechtlicher Urkunden normative Dokumente zitieren sollen" (Zitierweisen-Antwort) aus dem Jahr 1986 hieß es noch, die „Ansichten des Obersten Volksgerichts zur Anwendung der verschiedenen Gesetze sowie [seine] Schriftlichen Antworten etc." müssten angewandt werden, jedoch sei es „nicht angebracht, sie direkt zu zitieren." Dagegen müssen nach § 27 Abs. 1 AuslBest (und bereits nach § 14 AuslBest 1997) die justiziellen Auslegungen nunmehr zitiert werden, wenn sie zur Grundlage einer volksgerichtlichen Entscheidung gemacht werden. Für die Praxis sind die „Auslegungen" (im engen Sinn) und „Bestimmungen" also ebenso relevant wie die formellen Gesetze.[100]

Insgesamt kann man daher sagen, dass das Oberste Volksgericht bei der Ausarbeitung von Auslegungen *faktisch* als „Ergänzungsgesetzgeber"[101] fungiert, auch wenn diese Auslegungen nach dem oben Gesagten *formal* gesehen keine Gesetzeskraft haben können.

---

95 *Ahl*, Justizauslegung S. 253 rechte Spalte.

96 Vgl. *Manthe*, Rechtsentwicklung S. 8, der davon ausgeht, dass die Auslegungen des Obersten Volksgerichts seit dem Beschluss vom 10. 6. 1981 Gesetzeskraft gehabt hatten. – Ebenfalls unter Hinweis auf das Gesetzgebungsgesetz (gedacht ist wohl an dessen § 8 Nr. 7) wird eine Kompetenz des Obersten Volksgerichts zur Schöpfung grundlegender zivilrechtlicher Rechte abgelehnt von *Wang*, Persönlichkeitsrecht S. 172.

97 *Jiang*, Zivilrecht S. 25.

98 *Wei*, Civil Law (1. Aufl.) S. 14 (die deutlich knapperen Ausführungen in der aktuellen Auflage [*Wei*, Civil Law S. 17] sparen die Einordnungsfrage völlig aus). *Cai*, Archivierung und Überprüfung, ordnet im Rahmen seiner kurzen Darstellung der Normenhierarchie die Auslegungen nicht in die Normenpyramide ein, sondern stellt sie gleichsam neben diese.

99 *Zhou*, Grundrechtsbindung der Gerichte S. 12. *Au*, Wettbewerbsrecht S. 199 spricht in diesem Zusammenhang von „Justiznormen".

100 Vgl. *Chen*, Justizielle Auslegung S. 26.

101 *Heuser*, Wirtschaftsrecht S. 32 Fn. 36.

5. Fazit

Wenn im Lauf der weiteren Darstellung Dokumente der Rechtsprechung herangezogen werden, so sind dies in erster Linie die für die Rechtspraxis sehr bedeutsamen und gut zugänglichen Auslegungen des Obersten Volksgerichts. Soweit einschlägige Entscheidungen insbesondere des Obersten Volksgerichts, aber auch der übrigen Volksgerichte verfügbar sind, werden diese ebenfalls mit einbezogen.

III. Die Verfassung der VR China

1. Merkmale

a) Häufige Verfassungsänderungen

Von ihrer Gründung bis 1954 wurde die VR China auf der Grundlage des „Gemeinsamen Programms" der Politischen Konsultativkonferenz des Chinesischen Volkes regiert.[102] Darauf folgten die Verfassungen der Jahre 1954, 1975, 1978 und 1982,[103] die die wechselnden politischen Ziele der Kommunistischen Partei Chinas widerspiegeln.[104] Die Verfassung von 1982 ist bis heute in Kraft, wurde aber in wichtigen Teilen in den Jahren 1988, 1993, 1999 und 2004 geändert.[105]

b) Die Verfassung als in erster Linie politisches Dokument

Die soeben dargestellte Geschichte des Verfassungstextes ist „nicht auch Machtgeschichte, sondern sie erschöpft sich darin. Sie ist allein unter dem Gesichtspunkt der Erringung, Konsolidierung und zweckrationalen Anwendung von politischer Macht relevant."[106] Die Partei, nicht das Volk ist der Souverän.[107] Auch wenn man der chVerf nicht jede rechtliche Relevanz absprechen mag, so ist doch jedenfalls ein „Gefälle zwischen politischer und rechtlicher Relevanz" der Vorschriften der Verfassung festzustellen, das sich aus dem Fehlen verfassungsgerichtlicher Mechanismen[108] zur Gewährleistung individueller Rechte ergibt.[109] Von Verfassungs*recht* kann also allenfalls in einem eingeschränkten Sinn die Rede sein. Die noch im Jahr 2005 geäußerte Forderung, die Verfassung zu einer solchen im rechtlichen statt im politischen Sinn zu machen,[110] ist nach wie vor aktuell.

---

102 HEILMANN, Politisches System S. 74.
103 Fundstellen hierfür und für das „Gemeinsame Programm" bei SENGER, Einführung S. 49/50 Fn. 34 bis 38.
104 HEILMANN, Politisches System S. 74.
105 HOLBIG, Verfassungsänderungen S. 261, 262.
106 HEUSER, Rechtskultur S. 269.
107 SENGER, Einführung S. 206; HEILMANN, Politisches System S. 80.
108 Dazu unten A.III. 2.b).
109 HOLBIG, Verfassungsänderungen S. 267.
110 Diskussionsbericht S. 24 (Einleitung).

c) Grundrechte

Der 2. Abschnitt der chVerf (Art. 33 bis 56) trägt den Titel „Grundlegende Rechte und Pflichten des Bürgers." Hierin kommt zum Ausdruck, dass Grundrechte nach chinesischem Verständnis stets mit Grundpflichten verbunden sind.[111] Dass einige nach naturrechtlichem Verständnis angeborene Grundrechte wie das Recht auf Leben in der chVerf nicht ausdrücklich angesprochen werden, mag seinen Grund darin haben, dass solche angeborenen Rechte keiner Gegenüberstellung entsprechender Pflichten bedürfen.[112] Immerhin wurde im Jahr 2004 mit Art. 33 Abs. 3 chVerf die Formulierung aufgenommen: „Der Staat respektiert und schützt die Menschenrechte".[113] Diese Vorschrift ist jedoch ein – wenn auch mit großer Symbolkraft ausgestatteter – reiner Programmsatz.[114] In den Worten eines chinesischen Rechtsprofessors und Experten für deutsches Verfassungsrecht ausgedrückt: Das System der Grundrechte in der chVerf ist „nicht vollkommen" [115].

2. Überprüfung von Verfassungsverstößen

a) Normenkontrolle

Die Möglichkeit der Überprüfung bestimmter Normen auf Verfassungsverstöße ist durch das Gesetzgebungsgesetz (GGG) eingeführt worden.[116] Das Verfahren ist in den §§ 90, 91 GGG geregelt und recht kompliziert.[117] Durchgeführt wird das Verfahren vom Ständigen Ausschuss des NVK sowie nachgeschaltet von Fachausschüssen des NVK und ggf. dem Rechtsausschuss des NVK. Es können nur Verwaltungsrechtsnormen, territoriale Rechtsnormen oder Autonomie- oder Einzelverordnungen überprüft werden; ausgeschlossen sind also formelle Gesetze i. S. d. §§ 7, 8 GGG sowie Verwaltungsrechtsnormen[118] des Staatsrats i. S. d. § 9 GGG. Das Kontrollverfahren kann nur von den in § 90 Abs. 1 GGG aufgezählten Staatsorganen beantragt werden; andere Rechtssubjekte einschließlich einzelner Bürger haben nach § 90 Abs. 2 GGG lediglich ein Vorschlagsrecht. Hauptzweck dieses Kontrollverfahrens ist nicht der Schutz von Grundrechten, sondern die Wahrung der Einheit der chinesischen Rechtsordnung.[119]

---

111 *Xu Jieming* (许洁明) in: Diskussionsbericht S. 26.
112 Vgl. *Xu Jieming* (许洁明) in: Diskussionsbericht S. 26.
113 *Holbig*, Verfassungsänderungen S. 267.
114 Vgl. *Holbig*, Verfassungsänderungen S. 267.
115 *Xu Jieming* (许洁明) in: Diskussionsbericht S. 26.
116 Bereits vor dem Inkrafttreten des GGG gab es die konkrete Normenkontrolle nach § 53 Abs. 2 des Verwaltungsprozessgesetzes (VwPG). Jedoch ist dort nur die Kontrolle von Satzungsrecht auf seine Vereinbarkeit mit höherrangigem Satzungsrecht vorgesehen, Prüfungsmaßstab ist also nicht die Verfassung.
117 Näher zum Verfahren *Pissler*, in: *Münzel*, Chinas Recht 15. 3.00/2, Anm. 40. *Pissler* bezeichnet das Verfahren dort als „kafkaesk".
118 Diese Verwaltungsrechtsnormen entsprechen in etwa den Rechtsverordnungen des deutschen Rechts, wobei die Ermächtigung der Exekutive jedoch nicht durch Gesetz, sondern durch bloßen Beschluss erfolgt, § 9 S. 1 GGG.
119 *Cai*, Archivierung und Überprüfung.

b) Weiterreichende verfassungsrechtliche Mechanismen in der Diskussion

Neben der Normenkontrolle gibt es derzeit keine weiteren Mechanismen zur Überprüfung von Verfassungsverstößen. Insbesondere fehlt eine individuelle Einklagbarkeit konstitutionell zugesicherter Rechte.[120]

In der Literatur finden sich jedoch Stimmen für ein umfassenderes System zur Überprüfung von Verfassungsverstößen 违宪审查制度. Am weitesten geht hier die Forderung, ein besonderes Verfassungsgericht nach deutschem Vorbild zu errichten.[121] Näher an der derzeitigen Lösung bleibt der Vorschlag eines zweigleisigen Systems bestehend aus einem Verfassungsrechtsausschuss des NVK und einer Verfassungsrechtskammer des Obersten Volksgerichts.[122] Wenig überraschend ist, dass es andererseits auch Stimmen gibt, die dafür eintreten, die Überprüfung von Verfassungsverstößen durch den NVK und seinen Ständigen Ausschuss beizubehalten und zu vervollkommnen[123], da dieses Modell über die Jahre zum integralen Bestandteil des sozialistischen Regierungssystems geworden und eine Abkehr vom Demokratischen Zentralismus zugunsten einer Gewaltenteilung westlicher Art inakzeptabel sei.[124]

3. Anwendung der Verfassung durch die Rechtsprechung

a) Die grundsätzlich ablehnende Haltung der Rechtsprechung

Innerhalb der Justiz herrscht die Meinung vor, die Verfassung könne von der Rechtsprechung nicht unmittelbar (also ohne die Vermittlung durch konkretisierende Gesetzgebung) angewendet werden.[125] Für diese Position werden im Wesentlichen vier Gründe genannt:

Erstens wird diese Haltung darauf zurückgeführt, dass die Verfassungsrechtswissenschaft kaum von der Politikwissenschaft abgegrenzt sei, was die Vernachlässigung des Gesetzescharakters der Verfassung zugunsten ihres politischen Charakters zur Folge habe.[126] Überdies sei die chVerf so knapp und skizzenhaft formuliert, dass sie der einfachgesetzlichen Konkretisierung bedürfe, um von der Rechtsprechung angewendet werden zu können.[127]

---

120 *Holbig*, Verfassungsänderungen S. 259.

121 *Liu* et al., Constitution S. 94; *Lü*, Rechtsbehelf S. 71. – Von einem Verfassungsgericht war bereits im Verlauf der Diskussion zur Ausarbeitung des GGG die Rede gewesen, vgl. *Heuser*, Gesetzgebungsgesetz S. 937.

122 *Gao*, Examination Mode S. 20.

123 Die Einrichtung eines speziellen Ausschusses des NVK wird vorgeschlagen von *Liu/Shi*, Constitutional Supervising sowie von *Gao*, Constitution Supervision.

124 *Xu*, Fragen S. 45.

125 So *Li*, Verfassung S. 75; *Li*, Verfassungsklage S. 184; *You Zhenhui* (游振辉) in: Diskussionsbericht S. 25; *Wang*, Anwendbarkeit der Verfassung S. 92; *Zhou*, Grundrechtsbindung der Gerichte S. 9/10; *Wang*, Praktische Umsetzung der Verfassung S. 31; vgl. auch *Heuser*, Rechtskultur S. 283 Fn. 77.

126 *Wang*, Anwendbarkeit der Verfassung S. 92. Vgl. bereits oben A.III.1.b).

127 *Wang*, Anwendbarkeit der Verfassung S. 92.

Zweitens wirkt hier noch das Antwortschreiben des Obersten Volksgerichts über die Unanwendbarkeit der Verfassung in Strafurteilen (Strafurteil-Antwort) vom 30. 7. 1955. Das Oberste Volksgericht beantwortete damit eine Anfrage[128] des Volksgerichts der Oberstufe in Xinjiang, in der dieses ebenfalls die Ansicht geäußert hatte, die Verfassung könne nicht als Grundlage für strafrechtliche Sanktionen herangezogen werden.

Drittens wird damit argumentiert, dass die „Schriftliche Antwort des Obersten Volksgerichts zu der Frage, wie die Volksgerichte bei der Erstellung rechtlicher Urkunden normative Dokumente zitieren sollen" vom 28. 10. 1986 (Zitierweisen-Antwort) die chVerf nicht unter den anwendbaren Vorschriften nennt.[129]

Schließlich wird darauf hingewiesen, dass die Anwendung einer Vorschrift stets auch deren Auslegung bedeute.[130] Daher verletzte die Anwendung von Verfassungsrecht durch die Volksgerichte das Auslegungsmonopol des Ständigen Ausschusses des NVK.[131]

b) Befürwortung in Teilen der neueren Literatur

Noch im Jahr 2000 herrschte auch in der Lehre die Auffassung vor, die chVerf könne von den Gerichten nicht angewendet werden.[132] Inzwischen hat jedoch die Gegenmeinung starken Zulauf bekommen.[133] Nur ein Teil der Vertreter dieser Ansicht nimmt aber ausdrücklich zu der Frage Stellung, ob die Anwendung der Verfassung auf die Grundrechte beschränkt bleiben soll[134] oder auch die übrigen Vorschriften der Verfassung einbezogen werden sollen. Manche halten die Verfassung für nur in Zivil- und Verwaltungssachen anwendbar[135], andere wollen die Anwendbarkeit auf Strafsachen ausdehnen[136]. Einigkeit besteht unter den Befürwortern einer Anwendung der Verfassung durch die Rechtsprechung jedenfalls darüber, dass die Grundrechte aus der chVerf von den Volksgerichten zur Entscheidungsfindung in Zivilsachen herangezogen werden können.

Der teilweise Meinungsumschwung in der Literatur wurde durch die kritische Auseinandersetzung mit den Argumenten der herkömmlichen Ansicht vorbereitet (dazu unten (1)). Auch hat die Rechtsprechung insbesondere seit der zweiten Hälfte der 1990er Jahre in einzelnen Fällen auf Grundrechte aus der Verfassung zu-

128 Das Antwortschreiben wäre in der heutigen Terminologie also als „Schriftliche Antwort" (批复) zu bezeichnen, vgl. oben A.II.4.b).

129 *Li*, Verfassung S. 75.

130 *Dong Hao* (董皞) in: Diskussionsbericht S. 25.

131 *You Zhenhui* (游振辉) und *Dong Hao* (董皞) in: Diskussionsbericht S. 25.

132 *Wang*, Anwendbarkeit der Verfassung S. 92.

133 *Tong*, Gerichtliche Anwendbarkeit der Verfassung S. 118; *Cai Dingjian* (蔡定剑) und *Zhang Qianfan* (张千帆) in: Diskussionsbericht S. 24. – Eine Tendenz der Literatur in diese Richtung war bereits Ende der 1990er Jahre erkennbar, vgl. *Heuser*, Rechtskultur S. 283 Fn. 77.

134 So *Zhou*, Verfassungsrecht in der Rechsprechungspraxis S. 18; *Zhou*, Grundrechtsbindung der Gerichte; *Tong*, Gerichtliche Anwendbarkeit der Verfassung S. 112.

135 So *Tong*, Gerichtliche Anwendbarkeit der Verfassung S. 114; *Zhou*, Verfassungsrecht in der Rechtsprechungspraxis S. 18.

136 So *Li*, Verfassung S. 75; *Liu* et al., Constitution S. 93.

rückgegriffen,[137] in einem Fall sogar trotz bereits erfolgter (aber nach Ansicht des Gerichts ungenügender) Umsetzung des fraglichen Grundrechts in einfaches Recht.[138] Für die aktuelle Diskussion am bedeutsamsten ist jedoch eine Schriftliche Antwort des Obersten Volksgerichts aus dem Jahr 2001, die unter (2) näher vorgestellt wird.

(1) *Auseinandersetzung mit den Argumenten der herkömmlichen Ansicht*

Zunächst wird der herkömmlichen Ansicht entgegnet, dass die chVerf nicht nur politisches Dokument, sondern außerdem ein Gesetz, ja sogar das „Gesetz der Gesetze" sei.[139] Ein Gesetz verdiene diese Bezeichnung jedoch nur, wenn es von den Gerichten angewendet werden könne.[140] Auch der Umstand, dass die Vorschriften der chVerf oft der Konkretisierung bedürfen, könne nicht gegen den Gesetzescharakter der chVerf sprechen; vielmehr sei die Konkretisierungsbedürftigkeit gerade eine Gemeinsamkeit der chVerf mit den einfachen Gesetzen.[141]

Die Strafurteil-Antwort des Obersten Volksgerichts aus dem Jahr 1955 wird, was naheliegt, im Sinne des rechtsstaatlichen Postulats *nulla crimen sine lege* verstanden.[142] Zum Schutz von Bürgerrechten könne die Verfassung sehr wohl auch im Strafverfahren herangezogen werden.[143] Teilweise wird aus diesem Antwortschreiben sogar direkt der Umkehrschluss gezogen, dass die Anwendung der Verfassung im Zivilverfahren zulässig sei.[144]

Zur Zitierweisen-Antwort des Obersten Volksgerichts aus dem Jahr 1986 wird zu bedenken gegeben, dieses Dokument sei zwar den damaligen Zeitumständen, insbesondere dem noch ganz am Anfang stehenden Aufbau des Rechtssystems, angemessen gewesen; indessen seien heute höhere Anforderungen an den Rechtsschutz zu stellen.[145] Auch werde die chVerf in der Schriftlichen Antwort nicht nur unter den anwendbaren Vorschriften nicht erwähnt, sondern ebensowenig unter den nicht anwendbaren Vorschriften, woraus ersichtlich sei, dass das Oberste Volksgericht die Anwendbarkeit der Verfassung nicht kategorisch habe ablehnen wollen oder können.[146] Eine Erklärung der Unanwendbarkeit der Verfassung hätte ausdrücklich und nicht lediglich implizit erfolgen müssen; überdies könne die Wirk-

---

137 Überblick in deutscher Sprache bei ZHOU, Grundrechtsbindung der Gerichte, insbes. Fn. 4, 5 sowie S. 11 ff.

138 ZHOU, Grundrechtsbindung der Gerichte S. 13.

139 WANG, Anwendbarkeit der Verfassung S. 92 unter nicht näher konkretisierter Berufung auf MARX. Gemeint sein dürfte MEW Bd. 7, „Die Klassenkämpfe in Frankreich 1848–1850", S. 42.

140 LI, Verfassung S. 75.

141 WANG, Anwendbarkeit der Verfassung S. 92/93.

142 ZHOU, Verfassungsrecht in der Rechsprechungspraxis S. 15.

143 LIU et al., Constitution S. 93.

144 So *LI Zhengqun* (李正群) in: Diskussionsbericht S. 29.

145 ZHOU, Verfassungsrecht in der Rechsprechungspraxis S. 15.

146 TONG, Gerichtliche Anwendbarkeit der Verfassung S. 116. – Es erscheint aber auch denkbar, dass das Oberste Volksgericht die chVerf als rein politisches Dokument ansah und deshalb ganz selbstverständlich von ihrer Unanwendbarkeit durch die Gerichte ausging.

samkeit der Verfassung nicht durch einfaches Gesetz und folglich umso weniger im Wege einer Schriftlichen Antwort geregelt werden.[147]

Gegen die Annahme eines Auslegungsmonopols des Ständigen Ausschusses des NVK wird eingewandt, dem Ständigen Ausschuss komme zwar die Aufgabe der letztgültigen, nicht aber der alleinigen Auslegung der Verfassung zu. Seine Kompetenz zur Auslegung der Verfassung gem. Art. 67 Nr. 1 chVerf sei seiner in Art. 67 Nr. 4 chVerf geregelten Kompetenz zur Auslegung der Gesetze vergleichbar. Diese sei durch den InterpretationsBeschl[148] teilweise auf die Rechtsprechung übertragen worden, was für die Auslegung der Verfassung ebenso möglich sei.[149] – Weniger überzeugend ist der Versuch, eine Trennlinie zu ziehen zwischen einer dem Ständigen Ausschuss des NVK vorbehaltenen Auslegung der Verfassung einerseits und ihrer Anwendung bzw. dem bloßen Hinweis auf die in einem konkreten Fall zu berücksichtigenden Grundrechte andererseits.[150] Argumentiert wird hier damit, dass das Oberste Volksgericht in seiner Schriftlichen Antwort im Fall *Qi Yuling*[151] seine auf die Verfassung bezogenen Ausführungen auf einen einzigen Satz[152] beschränkt habe, in dem noch nicht einmal ausdrücklich der in Bezug genommene Artikel der chVerf genannt werde. Dagegen ist zu sagen: Die Erklärung, eine bestimmte Vorschrift sei zur Entscheidung eines konkreten Falls heranzuziehen, ist eine Aussage über den Anwendungsbereich dieser Vorschrift, und eine solche Aussage kann nur im Wege der Auslegung der Vorschrift getroffen werden. Das gilt auch dann, wenn die Erklärung in einem kaum wünschenswerten Maß vage ist.

(2) Die Schriftliche Antwort im Fall Qi Yuling

Die im Fall *Qi Yuling* ergangene „Schriftliche Antwort des Obersten Volksgerichts [zur Frage, ob] die zivilrechtliche Haftung übernommen werden muss, wenn mittels einer Verletzung des Rechts am Namen das durch die Verfassung geschützte Grundrecht des Bürgers auf Ausbildung verletzt worden ist" (*Qi Yuling*-Antwort) hat eine breite Diskussion der Frage angestoßen, ob die Verfassung von den Gerichten angewendet werden kann.[153]

---

147 Wang, Verfassung S. 29.
148 Dazu oben A.II. 4.a).
149 Zum gesamten Absatz Cai *Dingjian* (蔡定剑) in: Diskussionsbericht S. 25.
150 So hinsichtlich der Schriftlichen Antwort im Fall *Qi Yuling*: Wang, Praktische Umsetzung der Verfassung S. 33.
151 Näher dazu sogleich unter (2).
152 Die Schriftliche Antwort besteht insgesamt aus nur zwei Sätzen. Im ersten Satz bestätigt das Oberste Volksgericht den Empfang der Anfrage und benennt das anfragende Gericht und den anstehenden Fall. Eine Übersetzung des zweiten Satzes findet sich unter A.III. 3.b)(2)(b).
153 Cai *Dingjian* (蔡定剑) in: Diskussionsbericht S. 24; Liu et al., Constitution S. 89; Hu, Review Of Constitutionality S. 21; Liu, Geltung der Verfassung im Privatrecht S. 35; Wang, Praktische Umsetzung der Verfassung S. 29.

(a) Der Fall Qi Yuling

Dieser Schriftlichen Antwort auf die Anfrage des Volksgerichts der Oberstufe der Provinz Shandong liegt folgender Fall zugrunde:[154]

> Die Beklagte Chen *Xiaoqi* 陈晓琪 nahm unter dem Namen der Klägerin Qi *Yuling* 齐玉苓 den für diese bestimmten Platz an einer Handelsschule ein und arbeitete anschließend unter dem Namen der Klägerin bei einer Bank. Die vier weiteren Beklagten sind: Chen *Kezheng* 陈克政, Vater der Chen *Xiaoqi* und Mitarbeiter der Regierung des Marktfleckens Baogou der Stadt Tengzhou in der Provinz Shandong; die Handelsschule in Jining (Provinz Shandong) (im Folgenden: „Handelsschule"); die im Marktflecken Baogou gelegene 8. Mittelschule der Stadt Tengzhou, deren Absolventinnen Chen *Xiaoqi* und Qi *Yuling* sind (im Folgenden: „8. Mittelschule"); die Erziehungskommission der Stadt Tengzhou (im Folgenden: „Erziehungskommission").
>
> Die Handelsschule stellte im Jahr 1990 eine Aufnahmebestätigung auf den Namen der Klägerin aus und übergab die Bestätigung der 8. Mittelschule zur weiteren Übermittlung an die Klägerin. Dort brachte Chen *Xiaoqi* die Aufnahmebestätigung an sich und meldete sich unter dem Namen der Klägerin bei der Handelsschule an, ohne dass dort jemand die Unregelmäßigkeit bemerkte. Sie schloss die Handelsschule im Jahr 1993 ab und nahm eine Stelle bei einer Bank an. Ihre Schulakte enthielt zu dieser Zeit noch die Unterlagen der Klägerin aus der Zeit an der 8. Mittelschule, darunter ein Gesundheitszeugnis mit aufgeklebtem Foto der Klägerin und eine Schulhalbjahresbeurteilung. Um zu verhindern, dass die Schulakte bei der Bank Verdacht erregte, tauschte Chen *Xiaoqi* diese Dokumente der Klägerin gegen zwischenzeitlich von ihrem Vater Chen *Kezheng* angefertigte Dokumente aus, die auf den Namen der Klägerin lauteten, inhaltlich jedoch auf Chen *Xiaoqi* zutrafen und mit deren Foto versehen waren.
>
> Dass Chen *Xiaoqi* unter dem Namen der Klägerin die Handelsschule besuchen und anschließend einer Arbeit nachgehen konnte, war nur infolge verschiedener Unregelmäßigkeiten möglich: Unter anderem ermöglichte die Handelsschule das Austauschen von Dokumenten, indem sie die Schulakte vorschriftswidrig nicht direkt an die Bank übermittelte, sondern dies der Beklagten Chen *Xiaoqi* überließ. Außerdem trugen die beiden Austauschdokumente Stempel der Erziehungskommission bzw. der 8. Mittelschule, wobei nicht geklärt werden konnte, wer die Dokumente mit den Stempeln versehen hatte.

(b) Die Schriftliche Antwort

Im Jahr 1999 erfuhr Qi *Yuling* von den Vorgängen und erhob vor dem Volksgericht der Mittelstufe der Stadt Zaozhuang Klage wegen Verletzung ihres Namensrechts (§ 99 Abs. 1 AGZ) sowie ihres Rechts auf Ausbildung (Art. 46 Abs. 1 chVerf). Im Mai 1999[155] wurde ihr wegen Verletzung ihres Namensrechts unter anderem Schadensersatz zugesprochen, jedoch nicht in der beantragten Höhe. Eine Verletzung des Rechts auf Ausbildung stellte das Gericht nicht fest. Qi *Yuling* legte gegen das Urteil Berufung zum Volksgericht der Oberstufe der Stadt Tengzhou ein. Auf dessen Vorlagefrage nach § 33 GOG[156] hieß es in der Qi *Yuling*-Antwort:

---

154 Eine umfassende Schilderung des Sachverhalts und des Gangs des Verfahrens findet sich in: Amtsblatt des Obersten Volksgerichts (最高人民法院公报) 2001, Nr. 5, S. 158–161.

155 Datumsangabe nach Hu, Review Of Constitutionality S. 22.

156 Nunmehr: § 32 GOG. Vgl. zu dieser Vorschrift A.II. 4.a).

> Nach Untersuchung [der Sache] sind wir zu der Ansicht gelangt, dass nach den im vorliegenden Fall gegebenen Tatsachen CHEN *Xiaoqi* und die anderen [Beklagten] mittels einer Verletzung des Namensrechts das QI *Yuling* nach den Vorschriften der Verfassung zustehende Grundrecht auf Bildung verletzt haben und dass die Verletzung zu einem konkreten Schaden geführt hat, für den die zivilrechtliche Haftung übernommen werden muss.

Das Berufungsgericht folgte mit seinem Urteil vom 23. 8. 2001 dieser Schriftlichen Antwort und sprach der Klägerin eine deutlich höhere Schadensersatzsumme wegen Verletzung des Rechts auf Ausbildung aus Art. 46 Abs. 1 chVerf. zu.

(c) Bewertung der Schriftlichen Antwort durch die Literatur

Die Bedeutung der Schriftlichen Antwort wird unterschiedlich eingeschätzt.[157] Manche Literaturstimmen haben der Schriftlichen Antwort keine besonders große Bedeutung beigemessen.[158] Der Vorsitzende Richter der Zivilkammer des Obersten Volksgerichts HUANG *Songyou* dagegen äußerte zeitgleich mit der Bekanntmachung der Schriftlichen Antwort die Ansicht, nun sei dem Schutz auch solcher Grundrechte aus der Verfassung der Weg geebnet, die nicht einfachgesetzlich konkretisiert seien.[159] Auch in der Literatur wird die Schriftliche Antwort zum Teil als Überwindung ihrer Vorläufer aus den Jahren 1986 und 1955[160] angesehen.[161]

c) Drittwirkung der Grundrechte?

Die Entscheidung im Fall QI *Yuling* betrifft nicht nur die Frage, ob Verfassungsrecht, insbesondere die Grundrechte, überhaupt von der Rechtsprechung angewendet werden kann[162]. Vielmehr stellt sich darüber hinaus die Frage, ob das Verfassungsrecht, wenn man es grundsätzlich für von den Gerichten anwendbar hält, auch im Verhältnis Privater untereinander gelten soll[163]. Hier geht es insbesondere um die Grundrechte und damit um deren Drittwirkung 基本权利第三者效力.

(1) Adressaten der Grundrechte

Nach der Konzeption der chVerf ist nicht ausschließlich die öffentliche Gewalt der Adressat der Vorschriften der Verfassung und damit auch der Grundrechte. Im letzten Satz der Präambel der chVerf heißt es:

---

157 WANG, Praktische Umsetzung der Verfassung S. 29. Der Aufsatz bietet einen Überblick über die wichtigsten Streitpunkte im Zusammenhang mit der Schriftlichen Antwort im Fall QI *Yuling*.
158 Vgl. TONG, Gerichtliche Anwendbarkeit der Verfassung S. 116 m. w. N.
159 TONG, Gerichtliche Anwendbarkeit der Verfassung S. 116 unter Hinweis auf HUANG *Songyou* (黄松有) in: Volksgerichtszeitung (人民法院报) vom 13. 8. 2001; auszugsweise Übersetzung von HUANGS Beitrag ins Deutsche bei ZHOU, Grundrechtsbindung der Gerichte S. 12.
160 Vgl. oben A.III. 3.a).
161 TONG, Gerichtliche Anwendbarkeit der Verfassung S. 116; LI, Verfassung S. 73.
162 Das chinesische Schlagwort lautet 宪法的司法适用.
163 Chinesisches Schlagwort: 宪法的私法适用.

> Die Völker der verschiedenen Nationalitäten, alle Staatsorgane und bewaffneten Kräfte, die politischen Parteien und alle gesellschaftlichen Organisationen sowie die Betriebe und Einrichtungen des Landes müssen die Verfassung zur grundlegenden Richtschnur ihres Handelns machen und haben die Pflicht, die Autorität der Verfassung zu wahren und die Umsetzung der Verfassung zu gewährleisten.

Die Bürger sind durch Art. 33 Abs. 4 chVerf zur Erfüllung ihrer durch die Verfassung bestimmten Pflichten sowie durch Art. 53 chVerf zur Einhaltung der Verfassung insgesamt aufgerufen. Bei der Ausübung ihrer Rechte und Freiheiten dürfen sie die staatlichen, gesellschaftlichen und kollektiven Interessen sowie die legitimen Rechte und Freiheiten anderer Bürger nicht verletzen, Art. 51 chVerf.

Auch die Formulierungen einzelner Grundrechte nehmen direkt den Einzelnen in die (Unterlassungs-)Pflicht: Keine Einzelperson darf einen Bürger zwingen, sich zu einer Religion zu bekennen oder nicht zu bekennen (Art. 36 Abs. 2 chVerf); keine Einzelperson darf die Freiheit des Briefverkehrs oder das Briefgeheimnis verletzen (Art. 40 S. 2 chVerf); niemand darf gegen Rechtsverletzungen durch öffentliche Stellen gerichtete Beschwerden, Klagen oder Anzeigen unterdrücken oder dafür Vergeltung üben (Art. 41 Abs. 2 S. 2 chVerf).

Andere Grundrechtsvorschriften verbieten bestimmte Verletzungshandlungen, ohne den Adressaten des Verbots ausdrücklich zu nennen. Verboten sind rechtswidrige Festnahmen oder Leibesvisitationen (Art. 37 Abs. 3 chVerf), Beleidigung und Verleumdung (Art. 38 S. 2 chVerf), rechtswidrige Hausdurchsuchungen (Art. 39 S. 2 chVerf) sowie die Verletzung der Eheschließungsfreiheit und die grausame Behandlung von Senioren, Frauen und Kindern (Art. 49 Abs. 4 chVerf). Die Verletzung dieser Verbote durch Privatpersonen ist durchaus denkbar, so dass auch sie zu den Adressaten zu zählen sind.[164]

Der weit gefasste Kreis der Adressaten der Grundrechte aus der chVerf lässt eine Drittwirkung der Grundrechte gut begründbar erscheinen. Fraglich ist aber, ob die Grundrechte eine nur mittelbare oder eine unmittelbare Drittwirkung entfalten.

(2) *Mittelbare Drittwirkung der Grundrechte?*

Die Befürworter einer mittelbaren Drittwirkung der Grundrechte plädieren dafür, die verfassungsrechtlichen Wertungen über privatrechtliche Generalklauseln in die grundlegenden privatrechtlichen Prinzipien einzureihen.[165] Als verfassungsrechtliche Grundlage wird Art. 51 chVerf herangezogen, der die Ausübung der Rechte und Freiheiten der Bürger unter den Vorbehalt der Wahrung staatlicher, gesellschaftlicher und kollektiver Interessen sowie der legitimen Rechte und Freiheiten anderer Bürger stellt.[166] Privatrechtliche Generalklauseln, über die die verfassungsrechtlichen Wertungen auf das Verhältnis Privater untereinander ange-

---

164 LIU, Geltung der Verfassung im Privatrecht S. 45.
165 So LIU, Geltung der Verfassung im Privatrecht S. 47.
166 YU/RAN, Constitutional Rights S. 16.

wendet werden können, finden sich in § 7 AGZ (Wahrung der „öffentlichen Moral" und der „allgemeinen gesellschaftlichen Interessen" bei Zivilgeschäften) und § 58 Nr. 5 AGZ (Unwirksamkeit von Zivilhandlungen bei Verstoß gegen die „allgemeinen gesellschaftlichen Interessen").[167]

Gegen eine unmittelbare Drittwirkung der Grundrechte wird angeführt, dies könne deren Funktion als Abwehrrechte gegenüber dem Staat schwächen, das Privatrecht seiner Eigenständigkeit berauben und im Fall der Kollision von Grundrechten die entscheidenden Gerichte in Schwierigkeiten bringen,[168] weshalb die nur mittelbare Drittwirkung vorzugswürdig sei.

(3) Unmittelbare Drittwirkung der Grundrechte?

Für eine unmittelbare Drittwirkung der Grundrechte tritt dagegen *Cai* ein.[169] *Wang* hält diejenigen Vorschriften der chVerf, die im Verhältnis Privater untereinander anzuwenden sind, sogar für Zivilrecht.[170] Dies bestätigt die von den Vertretern einer mittelbaren Drittwirkung gehegte Befürchtung, die Annahme einer unmittelbaren Drittwirkung führe zum Verlust der klaren Trennung zwischen Privatrecht und Verfassungsrecht.[171]

Diese Annahme einer unmittelbaren Drittwirkung kann auf Entscheidungen der Rechtsprechung gestützt werden. So berichtet *Heuser* als Beispiel für die Bürger- und Gesellschaftsgerichtetheit der Grundrechte von einem Fall zur Glaubensfreiheit (Art. 36 chVerf): Eltern hatten ihren Sohn daran gehindert, sich der islamischen Religion anzuschließen, was für eine offensichtliche Verletzung der entsprechenden Vorschrift der Verfassung gehalten wurde.[172]

Ein aktuelleres Beispiel stellt der Fall *Qi Yuling* dar.[173] Die Einschätzung, der Fall betreffe in Wahrheit nicht in erster Linie das Verhältnis von Privatpersonen untereinander, da die Schädigung der Klägerin letztlich aus der Sphäre der öffentlichen Gewalt herrühre,[174] kann zwar nicht völlig von der Hand gewiesen werden. Jedoch ist dies für die Frage der Anwendbarkeit von Grundrechten durch die Rechtsprechung im Verhältnis Privater untereinander nicht entscheidend. Entscheidend ist vielmehr, dass das Oberste Volksgericht den Fall jedenfalls *auch* als Angelegenheit zwischen zwei Privatpersonen (Frau *Qi* und Frau *Chen*) gesehen hat und neben den übrigen Beklagten auch Frau *Chen* zur Zahlung von Schadensersatz wegen Ver-

---

167 *Yu/Ran*, Constitutional Rights S. 15.

168 *Yu/Ran*, Constitutional Rights S. 16.

169 *Cai Dingjian* (蔡定剑), Was ist die Verfassung? (关于什么是宪法), in: Peking University Law Journal (中外法学) 2002, Nr. 1 (zitiert nach *Yu/Ran*, Constitutional Rights Fn. 45).

170 *Wang Yong* (王涌) in: Diskussionsbericht S. 26. Ebenso wohl *Tong*, Gerichtliche Anwendbarkeit der Verfassung S. 112.

171 Vgl. A.III. 3.c)(2).

172 *Heuser*, Rechtskultur S. 283 mit Fn. 76. Der Fall ist einer Sammlung aus dem Jahr 1992 entnommen.

173 Zu diesem Fall ausführlich A.III. 3.b)(2).

174 Geäußert von *Wang Lei* (王磊) in: Diskussionsbericht S. 25/26. Ebenso *Wang*, Praktische Umsetzung der Verfassung S. 35.

letzung eines direkt der Verfassung entnommenen Grundrechts der Klägerin verurteilt hat.

Der Fall *Qi Yuling* zeigt die Grenzen der nur mittelbaren Drittwirkung der Grundrechte: Ein Schadensersatzanspruch wäre hier über eine nur mittelbare Drittwirkung des Grundrechts auf Ausbildung (Art. 46 chVerf) nicht konstruierbar gewesen, da die §§ 7, 58 Nr. 5 AGZ als Rechtsfolge lediglich die Unwirksamkeit einer Zivilhandlung vorsehen. Im chinesischen Recht gibt es keine deliktsrechtliche Generalnorm,[175] unter die das Recht auf Ausbildung subsumiert werden könnte.[176]

(4) Fazit

Die Frage der Drittwirkung der Grundrechte ist derzeit noch nicht geklärt[177], umso weniger die Frage, ob eine solche Drittwirkung unmittelbarer oder mittelbarer Art sein sollte. Im Interesse einer sauberen Trennung von Privatrecht und öffentlichem Recht ist das Modell der mittelbaren Drittwirkung zu bevorzugen. Sollte das Oberste Volksgericht jedoch weiter die im Fall *Qi Yuling* erkennbare Linie verfolgen, könnte sich in China die Auffassung durchsetzen, die Grundrechte entfalteten unmittelbare Drittwirkung.

d) Weitere Zurückhaltung der Rechtsprechung

Die Rechtsprechung steht der Anwendung von Verfassungsrecht weiterhin sehr zurückhaltend gegenüber. Man könne sich zwar vorstellen, Verfassungsnormen heranzuziehen, um auf der Grundlage des einfachen Rechts getroffene Entscheidungen stichhaltiger zu begründen; dagegen sei es nicht akzeptabel, eine Entscheidung direkt auf Verfassungsrecht zu stützen.[178]

Ein wichtiges Hindernis für die richterliche Anwendung von Verfassungsrecht wird in der politischen Situation gesehen: Die Differenz zwischen Verfassung und Wirklichkeit etwa bei der Einziehung von Bauland durch Behörden, dem Abriss

175 *Ni/Simon*, Deliktsrecht S. 74; *Feuerstein*, Außervertragliches Haftungsrecht S. 261.

176 Zwar räumen *Ni/Simon*, Deliktsrecht S. 75 ein, dass sich § 106 Abs. 2 AGZ wie eine deliktsrechtliche Generalnorm liest, und *Yang*, Tort Law S. 23 bezeichnet diese Vorschrift sogar direkt als deliktsrechtliche Generalnorm 侵权行为一般条款 (präzisierend *Yang*, Five Problems of Tort Liability Law S. 77 linke Spalte: „kleine Generalnorm"). Jedoch sieht § 106 Abs. 2 AGZ nicht den Schutz „sonstiger Rechte" oder gar eine generelle Ersatzpflicht für jeden einem anderen schuldhaft zugefügten Schaden vor. Vielmehr heißt es dort nur: „Wenn Bürger oder juristische Personen schuldhaft staatliche oder kollektive Vermögensgüter verletzen oder Vermögensgüter oder den Körper anderer Personen verletzen, müssen sie die zivile Haftung übernehmen." (Übersetzung von *Münzel*, Chinas Recht 12. 4.86/1).

177 *Hu*, Review Of Constitutionality S. 23.

178 *Liu Tianhua* (刘天华), Richter am Volksgericht der Oberstufe der Provinz Henan, in: Diskussionsbericht S. 25. Kaum weniger enge Grenzen zieht in der neueren Literatur *Mo*, Überprüfung von Verfassungsverstößen S. 469: Die Praxis, Entscheidungen durch die chVerf zusätzlich abzusichern, könne „in vorsichtiger Weise beibehalten" werden, und die alleinige Begründung von Entscheidungen durch die chVerf müsse unbedingt vorsichtig gehandhabt werden.

von Gebäuden und der Umsiedlung der Bewohner sei so groß, dass es die Ordnung des „Regierens durch das Gesetz 法治" beeinträchtigen könnte, wenn die Gerichte das Verfassungsrecht konsequent anwenden wollten.[179] Die Rechtsprechung wolle nicht durch die Anwendung von Verfassungsrecht die Macht „der Partei" (also der Kommunistischen Partei Chinas) beschränken.[180]

Neben diesen politischen Gründen steht das praktische Problem, dass Vorschriften über das Vorgehen bei der Anwendung von Verfassungsrecht fehlen und die Richter daher stets die Aufhebung ihrer Entscheidung in zweiter Instanz befürchten müssen.[181] In der Tat sind die bisher unter Anwendung von Verfassungsnormen ergangenen Urteile in diesem Punkt recht uneinheitlich: In einem Fall wurde in der Entscheidungsbegründung nicht die konkrete Verfassungsvorschrift genannt, auf deren Grundlage die Entscheidung erging, sondern nur die chVerf als solche; in einem anderen Fall wurden lediglich verfassungsrechtliche Grundprinzipien angeführt, ohne die chVerf in ihrer amtlichen Bezeichnung anzuführen; in wieder einem anderen Fall wurde in den Gründen die entscheidungserhebliche Verfassungsvorschrift ausdrücklich benannt.[182] Daher wünschen sich die Gerichte eine klare Regelung des Verfahrens der Anwendung von Verfassungsrecht,[183] die auch eine Beschränkung auf die Volksgerichte bestimmter Stufen enthalten könnte.[184]

4. Zusammenfassung

Die Autorität der chVerf wird stark geschmälert durch relativ häufige Änderungen des Verfassungstextes sowie durch das Fehlen einer individuellen Einklagbarkeit verfassungsrechtlich gewährleisteter Rechte.[185] Auch die lebhafte Diskussion um die Frage, ob die Verfassung von den Gerichten angewendet werden kann, hat bisher die Situation nicht grundlegend verbessern können, da die Gerichte nach wie vor sehr zurückhaltend mit der Anwendung der Verfassung sind. Angesichts der weiterhin offenen Fragen hinsichtlich Anwendbarkeit und Drittwirkung der Verfassung bzw. der Grundrechte kann dies kaum verwundern. Für die Rechtspraxis wird die chVerf daher auf absehbare Zeit von untergeordneter Bedeutung bleiben.[186]

---

179 ZHANG *Qianfan* (张千帆) in: Diskussionsbericht S. 24/25.
180 WANG *Yong* (王涌) in: Diskussionsbericht S. 25.
181 DONG *Hao* (董皞) in: Diskussionsbericht S. 28.
182 Übersicht bei TONG, Gerichtliche Anwendbarkeit der Verfassung S. 113, 114.
183 DONG *Hao* (董皞) in: Diskussionsbericht S. 29.
184 Bisher haben Volksgerichte aller verschiedenen Stufen in einzelnen Fällen Verfassungsrecht angewendet, vgl. TONG, Gerichtliche Anwendbarkeit der Verfassung S. 114. – Einen Vorschlag zur konkreten Ausgestaltung dieser Beschränkung auf Volksgerichte bestimmter Stufen macht *LIU*, Geltung der Verfassung im Privatrecht S. 49.
185 TONG, Gerichtliche Anwendbarkeit der Verfassung S. 113.
186 Wie *LI Xuan* berichtet, bezeichnet man die chVerf in Fachkreisen zuweilen als „schlafende Schönheit" (*LI Xuan* [李轩] in: Diskussionsbericht S. 27).

B. Grundfragen des Persönlichkeitsrechts

Gegenstand dieser Untersuchung ist das Persönlichkeitsrecht im *chinesischen* Privatrecht. Zur Hinführung auf dieses eigentliche Thema soll jedoch zunächst ein knapper Überblick über die Situation des Persönlichkeitsrechts im deutschen Recht gegeben werden (I.); auch wird abschließend (VI.) noch einmal auf Diskussionsbeiträge aus der deutschen Rechtswissenschaft einzugehen sein.

I. Einführender Exkurs: Das Persönlichkeitsrecht im deutschen Recht

Die Literatur zu diesem Thema ist fast unüberschaubar,[187] so dass die folgende Darstellung keinesfalls Anspruch auf Vollständigkeit erheben kann. Sie ist auch nicht als Grundlage für einen umfassenden Vergleich mit dem chinesischen Recht gedacht, sondern soll lediglich den Einstieg in die ausführliche Befassung mit dem Persönlichkeitsrecht im chinesischen Privatrecht erleichtern.

1. Das allgemeine Persönlichkeitsrecht

a) Entwicklung[188]

Das am 1. 1. 1900 in Kraft getretene BGB ermöglichte nach seiner ursprünglichen Konzeption einen Schutz der Persönlichkeit über § 823 Abs. 1 nur durch einzelne besondere Persönlichkeitsrechte wie das Namensrecht oder das Recht am eigenen Bild nach §§ 22ff. KUG; daneben kam lediglich die Anwendung des § 823 Abs. 2 BGB in Betracht, der i.V.m. den §§ 185ff. StGB vor allem die Ehre (partiell) schützt, sowie in besonders schwerwiegenden Fällen der Rückgriff auf § 826 BGB.[189] Nachdem im Jahr 1949 das Grundgesetz, das den Schutz der Persönlichkeit in Art. 1 Abs. 1 und Art. 2 Abs. 1 demonstrativ an die Spitze stellt und in Art. 1 Abs. 3 für unmittelbar geltendes Recht erklärt, in Kraft getreten war, erkannte der BGH im Jahr 1954 in der Leserbrief-Entscheidung (BGHZ 13, 334, 338) das allgemeine Persönlichkeitsrecht als „sonstiges Recht" i.S.d. § 823 Abs. 1 BGB[190] an.[191] Später billigte er, ebenfalls unter direktem Rückgriff auf den im Grundgesetz vorgesehenen Persönlichkeitsschutz, für die Verletzung des allgemeinen Persönlichkeitsrechts (welches der BGH zuweilen schlicht als „Per-

187 MEDICUS, AT BGB § 64 IV 2 Rn. 1076.
188 Ausführlich LEUZE, Entwicklung des Persönlichkeitsrechts und MARTIN, Entwicklung des Persönlichkeitsrechts.
189 LARENZ/CANARIS, Schuldrecht § 80 I 1.
190 Kritisch MEDICUS, Bürgerliches Recht § 24 II 2d Rn. 615, der eine Analogie zu den in § 823 Abs. 1 BGB genannten Lebensgütern für vorzugswürdig hält. Allerdings ist diese Frage, wie Soergel/BEATER Rn. 1 Fn. 2 feststellt, ohne praktische Bedeutung.
191 LARENZ/CANARIS, Schuldrecht § 80 I 2, 3 a; MEDICUS, AT BGB § 64 IV 2 a aa Rn. 1077.

sönlichkeitsrecht" anspricht[192]) auch einen Anspruch auf Geldersatz für Nichtvermögensschäden zu.[193]

Bereits in den Jahren 1958/59 und nochmals 1967/68 wurden Versuche unternommen, den zivilrechtlichen Persönlichkeitsschutz umfassend gesetzlich zu regeln; die Kodifikationsvorhaben scheiterten jedoch am Widerstand der Presse und (im zweiten Anlauf) auch der Versicherungswirtschaft.[194] Das allgemeine Persönlichkeitsrecht und mit ihm ein wichtiger Teil des zivilrechtlichen Persönlichkeitsschutzes bleibt damit bis heute reines Richterrecht.

b) Generalklausel

Nach ganz überwiegender Ansicht ist das allgemeine Persönlichkeitsrecht ein Rahmenrecht[195] und hat damit den Charakter einer Generalklausel[196].[197] Als Quellrecht[198] schützt es die gesamte Persönlichkeit in allen, auch erst in der Zukunft sich ergebenden Konfliktlagen. Die Feststellung einer Verletzung des allgemeinen Persönlichkeitsrechts setzt daher eine Güter- und Interessenabwägung im Einzelfall voraus,[199] was dieses Recht juristisch schwer handhabbar macht.[200] Es wird deshalb vorgeschlagen, Schutzbereiche zu bilden, innerhalb derer die Rechtswidrigkeit eines Eingriffs entweder (wie im Fall der besonderen Persönlichkeitsrechte,[201] zu diesen unten 2.) indiziert oder doch anhand weniger Kriterien bestimmbar ist.[202]

---

192 Diese Praxis begrüßend MünchKomm/*Rixecker* Rn. 2 mit Nachweisen in Fn. 7.

193 *Medicus*, AT BGB § 64 IV 2a bb Rn. 1078, näher zur Kritik an dieser Rechtsprechung *Larenz/Canaris*, Schuldrecht § 80 I 4a.

194 *Gottwald*, Allgemeines Persönlichkeitsrecht S. 261–313.

195 Dieser Ausdruck geht auf *Fikentscher* zurück, vgl. *Fikentscher/Heinemann*, Schuldrecht § 107 II Rn. 1571 und *Larenz/Canaris*, Schuldrecht § 80 III 2 Fn. 99. Als Rahmenreht bezeichnen das allgemeine Persönlichkeitsrecht neben *Fikentscher/Heinemann*, Schuldrecht § 107 II 2 Rn. 1584 z.B. auch *Larenz/Wolf*, AT Bürgerliches Recht § 8 I 2 Rn. 7 und Soergel/*Beater* Rn. 1.

196 *Brox/Walker*, AT BGB § 33 III 2a Rn. 721.

197 Kritisch *Larenz/Canaris*, Schuldrecht § 80 III 2.

198 *Larenz/Wolf*, AT Bürgerliches Recht § 8 I 2 Rn. 7 unter Hinweis auf BVerfG NJW 2002, 3767, 3768 und BGHZ 24, 72, 78.

199 Vgl. Fn. 195 und 196.

200 Soergel/*Beater* Rn. 1. – Weitergehend *Pawlowski*, der in der Anerkennung des allgemeinen Persönlichkeitsrechts eine Abwendung von der Normativität des Rechts und eine Hinwendung zu einer sittlichen Wertordnung sieht, die der (von jeweils herrschenden politischen und ideologischen Strömungen beeinflussten) abwägenden Konkretisierung im Einzelfall bedürfe und den Richter zum *arbiter morium* mache (*Pawlowski*, Allgemeines Persönlichkeitsrecht S. 115, 120). Dadurch verliere der Begriff des subjektiven Rechts (dazu *Pawlowski*, AT BGB § 3 I 3 Rn. 289) seine selbständige Bedeutung (*Pawlowski*, AT BGB § 3 II 1 c bb Rn. 302a).

201 *Pawlowski*, Allgemeines Persönlichkeitsrecht S. 116.

202 *Larenz/Canaris*, Schuldrecht § 80 III 2. Man kann sich hierbei sogar auf die Forderung von BVerfGE 66, 116, 138 (*Wallraff*-Beschluss) stützen, für „offene" Haftungstatbestände (wie es neben dem allgemeinen Persönlichkeitsrecht das Recht am eingerichteten und ausgeübten Gewerbebetrieb ist, welches Gegenstand der Entscheidung war) Grundsätze zu entwickeln, die die Entscheidung des Einzelfalles normativ zu leiten imstande sind; so z.B. *Helle*, Besondere Persönlichkeitsrechte S. 19/20.

c) Inhalt

Es stellt sich also das Problem, den sehr weitreichenden Inhalt des allgemeinen Persönlichkeitsrechts zu systematisieren, d.h. klar umrissene Schutzbereiche herauszuarbeiten. Hierfür bieten sich drei Ansatzpunkte: Eine solche Systematisierung kann erstens an die verschiedenen zu schützenden Interessen sowie zweitens an Art und Umstände der Beeinträchtigung dieser Interessen anknüpfen.[203] Drittens kann die stufenweise Einteilung verschiedener Persönlichkeitssphären nach der Intensität ihres Schutzes (Sphärentheorie[204]) herangezogen werden, wobei dies teils bereits bei der Bildung der Schutzbereiche geschieht,[205] teils aber erst, um innerhalb bereits gebildeter Schutzbereiche konkret-allgemeine Unrechtstatbestände zu formen.[206]

Während manche Autoren bei der Bildung von Fallgruppen wenigstens *auch* von den zu schützenden Interessen ausgehen (LOOSCHELDERS[207]: Schutz der personalen Identität und Individualität, der Privat- und Intimsphäre und der Ehre sowie Schutz vor Diskriminierung und Mobbing und verfälschender Darstellung des Lebens- oder Charakterbildes), legen andere den Schwerpunkt ganz auf die Art der Eingriffshandlung (LARENZ/CANARIS[208]: Schutz vor Entstellungen und unwahren Behauptungen, vor Herabsetzungen, vor wirtschaftlicher Nutzung, vor dem Eindringen in den persönlichen Bereich, vor der Verbreitung von Persönlichkeitsäußerungen und wahren Tatsachen, vor Beeinträchtigungen der Entscheidungsfreiheit sowie vor Belästigungen).[209]

Dass bei der Bildung von Schutzbereichen (soweit ersichtlich) ausschließlich *immaterielle* Persönlichkeitsinteressen in den Blick genommen werden, bedeutet jedoch nicht, dass das allgemeine Persönlichkeitsrecht als solches auf den Schutz immaterieller Persönlichkeitsinteressen beschränkt wäre. Vielmehr versteht der BGH auch das Recht am eigenen Körper (§ 823 Abs. 1 BGB) „als gesetzlich ausgeformten Teil des allgemeinen Persönlichkeitsrechts" (BGHZ 124, 52, 54 – Spermakonserve). Die stofflichen Persönlichkeitsinteressen bedürfen also nur deshalb nicht der Erfassung durch von Rechtsprechung und Lehre geformte Schutzbereiche, weil sie bereits „gesetzlich ausgeformt", d.h. in § 823 Abs. 1 BGB ausdrücklich genannt sind.

---

203 MünchKomm/RIXECKER Rn. 10.

204 HUBMANN, Persönlichkeitsrecht S. 268ff. unterscheidet Individual-, Privat- und Geheimsphäre (oder Intimsphäre), wobei letztere den stärksten Schutz genießt.

205 LARENZ/WOLF, AT Bürgerliches Recht § 8 III 5, 6 zählt als Schutzbereiche des allgemeinen Persönlichkeitsrechts unter anderem den Schutz der Intimsphäre und den Schutz der Privatsphäre auf; BVerfG NJW 1980, 2070, 2071 nennt unter den höchstrichterlich anerkannten „Schutzgütern" des allgemeinen Persönlichkeitsrechts die Privat-, Geheim und Intimsphäre.

206 Erman/EHMANN Rn. 7, der allerdings zusätzlich zur Anwendung der Sphärentheorie noch die Untersuchung des Verhaltensunrechts für erforderlich hält (also innerhalb der Schutzbereiche nochmals die Form der Eingriffshandlung berücksichtigen will).

207 LOOSCHELDERS, Schuldrecht BT § 60 III 1 Rn. 1239.

208 LARENZ/CANARIS, Schuldrecht § 80 II.

209 Weitere Vorschläge z.B. bei FIKENTSCHER/HEINEMANN, Schuldrecht § 107 II 2 Rn. 1584ff.; MEDICUS, AT BGB § 64 IV 2b Rn. 1080ff.; Erman/EHMANN Rn. 5; Soergel/BEATER Rn. 67, 71, 155.

2. Besondere Persönlichkeitsrechte und rechtlich geschützte Interessen

Die Existenz besonderer Persönlichkeitsrechte neben dem allgemeinen Persönlichkeitsrecht ist anerkannt,[210] auch wenn zuweilen nicht klar zwischen Schutzbereichen oder Fallgruppen des allgemeinen Persönlichkeitsrechts einerseits und besonderen Persönlichkeitsrechten andererseits unterschieden wird.[211] HELLE hingegen betont, dass nur solche Schutzpositionen besondere Persönlichkeitsrechte sein können, die gesetzlich festgelegt sind.[212] Allerdings stellt auch er die Fallgruppen des allgemeinen Persönlichkeitsrechts in die unmittelbare Nähe der besonderen Persönlichkeitsrechte: HELLE unterscheidet insgesamt sieben Stufen der Konkretisierung des zivilrechtlichen Persönlichkeitsschutzes[213] und führt die Fallgruppen des allgemeinen Persönlichkeitsrechts als letzte Konkretisierungsstufe vor den besonderen Persönlichkeitsrechten als der höchsten[214] Verselbständigung und Konkretisierung des privatrechtlichen Persönlichkeitsschutzes an.[215]

Wie die Fallgruppen des allgemeinen Persönlichkeitsrechts sind auch die (keine subjektiven Rechte darstellenden) bloßen rechtlich geschützten Interessen (oder geschützten Rechtsgüter) weniger konkret geschützt als die besonderen Persönlichkeitsrechte: Das Vorliegen eines Eingriffs indiziert hier die Rechtswidrigkeit nicht, sondern es besteht nur ein Schutz gegen bestimmte, „verbotene" Handlungen.[216] Als rechtlich geschützte Interessen führt HELLE unter anderem die in § 823 Abs. 1 BGB ausdrücklich genannten Persönlichkeitsgüter (Leben, Körper, Gesundheit, Freiheit) und die durch §§ 185ff. StGB i.V.m. § 823 Abs. 2 BGB zivilrechtlich geschützte Ehre an.[217] In den Fällen des Schutzes über § 823 Abs. 2 BGB hält er es allerdings für möglich, die jeweilige Schutzposition doch als subjektives Recht aufzufassen, sofern nur der bewirkte Persönlichkeitsschutz hinreichend verdichtet ist;[218] die praktische Relevanz dieser Frage sei ohnehin gering.[219]

---

210 MEDICUS, AT BGB § 64 IV 1, 2; LARENZ/WOLF, AT Bürgerliches Recht § 8 I 2 Rn. 7; Soergel/BEATER Rn. 9, 10; vgl. auch unten Fn. 365.

211 So spricht LARENZ/WOLF, AT Bürgerliches Recht § 15 I 1 a Rn. 4 die unter § 8 III dargestellten und dort als solche bezeichneten Schutzbereiche des allgemeinen Persönlichkeitsrechts als besondere Persönlichkeitsrechte an. Weitere Beispiele nennt HELLE, Besondere Persönlichkeitsrechte S. 8 Fn. 30.

212 HELLE, Besondere Persönlichkeitsrechte S. 38 Ziff. 2.

213 HELLE, Besondere Persönlichkeitsrechte S. 11.

214 So wörtlich HELLE, Besondere Persönlichkeitsrechte S. 20; allerdings will er diejenigen besonderen Persönlichkeitsrechte, die wie das Urheberpersönlichkeitsrecht und das Recht der Erfinderehre jeglichen Zusammenhangs mit dem allgemeinen Persönlichkeitsrecht entbehren, als „selbständige Persönlichkeitsrechte" bezeichnen und stellt erst diese auf die siebte und höchste Konkretisierungsstufe (S. 21/22).

215 HELLE, Besondere Persönlichkeitsrechte S. 19 Ziff. 5, S. 20 Ziff. 6.

216 PAWLOWSKI, Allgemeines Persönlichkeitsrecht S. 116.

217 HELLE, Besondere Persönlichkeitsrechte S. 18.

218 HELLE, Besondere Persönlichkeitsrechte S. 40 unter Bezugnahme auf CAEMMERER, Absolute Rechte S. 23 Ziff. V.

219 HELLE, Besondere Persönlichkeitsrechte S. 18: Der einzige Unterschied ist, dass bei Verletzung bloßer rechtlich geschützter Interessen eine Eingriffskondiktion nicht in Betracht kommt.

3. Verhältnis des allgemeinen Persönlichkeitsrechts zu den besonderen Persönlichkeitsrechten und den rechtlich geschützten Interessen

Die große Nähe der rechtlich geschützten Interessen zu den besonderen Persönlichkeitsrechten zeigt sich auch bei der Frage nach dem jeweiligen Verhältnis zum allgemeinen Persönlichkeitsrecht.

Nach *BEATER* geht der BGH von einer Anspruchskonkurrenz zwischen allgemeinem Persönlichkeitsrecht einerseits und besonderen Persönlichkeitsrechten bzw. rechtlich geschützten Interessen andererseits aus.[220] Bei Vorliegen einer gesetzlichen Regelung hält *RIXECKER* die Prüfung für erforderlich, ob die jeweilige Regelung vom Gesetzgeber als tatbestandlich oder bezüglich der Rechtsfolgen ganz oder auch nur teilweise abschließend konzipiert ist.[221] *EHMANN* formuliert etwas unscharf, das allgemeine Persönlichkeitsrecht „überwölbe" den Schutz aus § 823 Abs. 2 BGB i.V.m. dem jeweiligen strafrechtlichen Schutzgesetz.[222]

Weiter ins Detail gehend legt *HELLE* dar, dass sowohl die besonderen Persönlichkeitsrechte als auch die rechtlich geschützten Interessen zum allgemeinen Persönlichkeitsrecht in einem Verhältnis limitierter und indizierender Spezialität stehen: „limitiert" deshalb, weil die besonderen Persönlichkeitsrechte und die rechtlich geschützten Interessen dem allgemeinen Persönlichkeitsrecht nur auf Tatbestandsebene, nicht aber hinsichtlich der Rechtsfolgen vorgehen; „indizierend" deshalb, weil die Erfüllung des Tatbestands eines besonderen Persönlichkeitsrechts oder rechtlich geschützten Interesses eine Verletzung des allgemeinen Persönlichkeitsrechts indiziert.[223] Umgekehrt liegt kein rechtswidriger Eingriff in das allgemeine Persönlichkeitsrecht vor, wenn eine beanstandete Handlung zwar in den Regelungsbereich eines besonderen Tatbestands fällt, diesen jedoch nicht erfüllt.[224]

Praktisch ist aber auch in solchen Fällen ein persönlichkeitsrechtlicher Schutz nicht von vornherein ausgeschlossen: Es besteht dann immer noch die Möglichkeit, den einschlägigen, aber nicht erfüllten Tatbestand entweder nahezu nahtlos durch das allgemeine Persönlichkeitsrecht zu ergänzen[225] oder ihn im Lichte desselben erweiternd auszulegen[226].

Ein Grund dafür, dass das Verhältnis des allgemeinen Persönlichkeitsrechts zu den besonderen Persönlichkeitsrechten und den rechtlich geschützten Interessen etwas kompliziert ist, ist wohl der Umstand, dass nur im Fall der Verletzung des *allgemeinen* Persönlichkeitsrechts auch ein Anspruch auf Geldersatz für Nichtvermö-

---

220 Soergel/*BEATER* Rn. 10, 16.
221 MünchKomm/*RIXECKER* Rn. 6.
222 Erman/*EHMANN* Rn. 117, 126, 156, ähnlich auch Rn. 140.
223 *HELLE*, Besondere Persönlichkeitsrechte S. 41 sowie S. 19 bei Fn. 50.
224 *HELLE*, Besondere Persönlichkeitsrechte S. 39. Es handelt sich also um eine Konsumtion im Sinne von *ENNECCERUS/NIPPERDEY*, AT des Bürgerlichen Rechts § 60 I 3 S. 351.
225 Darauf weist *HELLE*, Besondere Persönlichkeitsrechte S. 39 hin.
226 So z.B. BGHZ 124, 52, 54 (Vernichtung einer Spermakonserve als Körperverletzung), vgl. ferner den allgemeinen Hinweis bei Soergel/*BEATER* Rn. 10.

gensschäden in Betracht kommt[227]. Dies macht – von der erwünschten Rechtsfolge her gedacht – die oben erwähnte Limitierung der Spezialität auf die Tatbestandsebene erforderlich.

II. Die Persönlichkeitsrechte im System der Zivilrechte

Nach diesem Exkurs zur deutschen Rechtslage ist nun ausführlicher der Stand der persönlichkeitsrechtlichen Diskussion in der chinesischen Rechtswissenschaft darzustellen. Dazu soll etwas weiter ausgeholt und zunächst die Stellung der Persönlichkeitsrechte im chinesischen System der Zivilrechte herausgearbeitet werden.

1. Der Inhalt des 5. Kapitels der AGZ

Die Zivilrechte 民事权利 sind im 5. Kapitel der AGZ geregelt, das in vier Abschnitte gegliedert ist. Den Gegenstand des 1. Abschnitts bilden „Vermögenseigentum 财产所有权“ und zum Vermögenseigentum in Bezug stehende Vermögensrechte. Im 2. Abschnitt sind die Schuldrechte geregelt, im 3. Abschnitt das geistige Eigentum. Der 4. Abschnitt schließlich befasst sich mit den Personenrechten.

2. Die Personenrechte: Persönlichkeits- und Statusrechte

Der 4. Abschnitt des 5. Kapitels der AGZ (Personenrechte, §§ 98 bis 105 AGZ) ist nicht in Unterabschnitte eingeteilt. Einen äußeren Anhaltspunkt für eine weitere Unterteilung der Personenrechte gibt es also nicht. Dennoch sind nach allgemeiner Meinung die Personenrechte 人身权 in Persönlichkeitsrechte 人格权 und Statusrechte 身份权 einzuteilen.[228] Auch besteht nahezu Einigkeit darüber, dass im 4. Abschnitt beide Typen von Rechten vertreten sind.[229]

a) Gemeinsamkeiten

Vor der Abgrenzung der Persönlichkeitsrechte von den Statusrechten soll auf die Gemeinsamkeiten hingewiesen werden, durch die sich nach wohl herrschender

---

227 Vgl. oben B.I. 1.a).

228 *Yang*, Personal Right S. 29; *Wang*, Persönlichkeitsrecht S. 49; *Wei*, Civil Law S. 642; *Jiang*, Zivilrecht S. 280; *Tang/Gao*, Neuer AGZ-Kommentar S. 2263. *Guo* et al., Personenrecht S. 351/352 nehmen daneben noch die Existenz von „Rechten am Körper 身体权“ an; dazu B.IV. 2. – Dagegen tritt *Xie*, System der Zivilrechte S. 69 dafür ein, die Begriffe „Personenrecht“ und „Statusrecht“ nicht mehr zu verwenden: Ersterer sei als Oberbegriff für die Persönlichkeitsrechte ungeeignet, letzterer missverständlich.

229 Nach *Yang*, Gesetzgebungsbericht S. 4 mit Fn. 1 wurden im 4. Abschnitt nach der Vorstellung des Gesetzgebers ausschließlich Persönlichkeitsrechte geregelt, so dass die Abschnittsüberschrift „Personenrechte“ nicht dem beabsichtigten Inhalt des Abschnitts entspreche. Allerdings sei, anders als vom Gesetzgeber angenommen, das Recht an der Ehre (§ 102 AGZ) kein Persönlichkeitsrecht, sondern ein Statusrecht.

Ansicht sowohl Persönlichkeits- als auch Statusrechte in ihrer gemeinsamen Eigenschaft als Personenrechte auszeichnen:

(1) Ausschließlichkeit

Erstens sind Personenrechte nach traditioneller Auffassung ausschließliche Rechte in dem Sinn, dass ihre Übertragung (unter Lebenden) und Vererbung sowie der Verzicht auf sie nicht möglich sind.[230] Der Grundsatz der Unübertragbarkeit wird jedoch zu Recht zunehmend in Frage gestellt: Zwar gibt es durchaus unübertragbare Personenrechte, etwa das Recht auf Leben[231].[232] Andere Personenrechte wie das Recht am Bild[233] dagegen sind übertragbar, allerdings nicht restlos, so dass richtigerweise von einer Lizenzierung die Rede ist.[234] Nicht nur lizenzierbar, sondern sogar vollständig übertragbar ist schließlich das Recht der juristischen Personen an ihrer Bezeichnung[235]. Insofern kann von einer beschränkten Übertragbarkeit der Personenrechte[236] oder jedenfalls der Persönlichkeitsrechte[237] gesprochen werden.

(2) Absolutheit

Zweitens werden die Personenrechte als absolute Rechte bezeichnet, was bedeutet, dass der Rechtsinhaber über das geschützte Interesse frei verfügen[238] und sein Recht jedem anderen entgegenhalten kann.[239]

Hinsichtlich der Persönlichkeitsrechte kann dieser Charakterisierung nicht uneingeschränkt zugestimmt werden. Zwar bezeichnet *Yang* die Persönlichkeitsrechte ausdrücklich als absolute Rechte 绝对权.[240] Auch *Wang* nennt sie „gegen die (außerhalb des Rechtsinhabers liegende) Welt gerichtete Rechte 对世权".[241] Er weist aber zugleich auf die Bezeichnung der Persönlichkeitsrechte als „absolute Rechte" bei

---

230 *Yang*, Personal Right S. 29/30; *Wei*, Civil Law (1. Aufl.) S. 664; *Li*, Zivilrecht S. 43. Ohne Erwähnung der Unmöglichkeit des Verzichts, im Übrigen aber übereinstimmend *Wang*, Persönlichkeitsrecht S. 51. Nur Unübertragbarkeit und Unmöglichkeit des Verzichts nennt *Jiang*, Zivilrecht S. 280.
231 Vgl. unten C.III. 1.a).
232 *Wei*, Civil Law S. 643.
233 Vgl. unten C.III. 1.e).
234 *Wei*, Civil Law S. 643.
235 Vgl. unten D.II. 1.a), insbesondere D.II. 1.a)(6).
236 *Wei*, Civil Law S. 643, wo jedoch wie bei *Yang* (unten Fn. 237) ausschließlich Persönlichkeitsrechte als Beispiele genannt werden.
237 *Yang*, Personal Right S. 34.
238 Ablehnend *Li*, Civil Law S. 246/247 unter Verweis auf *Xie*, System der Zivilrechte S. 70 (die Angabe der Seitenzahl fehlt bei *Li*).
239 *Yang*, Personal Right S. 30; *Wei*, Civil Law S. 643. *Wang*, Persönlichkeitsrecht S. 51 beschränkt die Verfügungsmacht auf die „ideellen" Interessen, so dass die „stofflichen" Interessen Leben, Körper und Gesundheit ausgenommen sind. Vgl. zu dieser Unterscheidung unten IV.
240 *Yang*, Personal Right S. 25.
241 *Wang*, Persönlichkeitsrecht S. 33. Diese Formulierung ist nicht ungebräuchlich, z.B. bezeichnet *Wei*, Civil Law S. 210 die Sachenrechte mit demselben Ausdruck.

Gierke hin.[242] Dieser führt allerdings aus, der Unterschied zwischen relativen und absoluten Rechten sei kein unvermittelter Gegensatz, sondern lasse auch Zwischenstufen zu.[243] Dazu passt *Suns* einschränkende Anmerkung, „dass vielen Schutzpositionen des Persönlichkeitsrechts nicht der Ausschließlichkeitsgrad zukommt, den man mit dem Begriff des absoluten Rechts verbindet", da die Schutzgrenze „je nach Interessanlage vor- oder zurückgeschoben" wird.[244] In vielen Fällen ist eine Abwägung zwischen Persönlichkeitsrechten und kollidierenden andersartigen Rechten oder auch kollidierenden Persönlichkeitsrechten erforderlich, was insbesondere *Wang*[245] durchaus anerkennt.

(3) Nichtvermögensrechtlicher Charakter

Drittens schließlich werden die Personenrechte als Nichtvermögensrechte aufgefasst.[246] Damit ist gemeint, dass die Personenrechte keinen direkten Vermögensgehalt haben.[247] Die Ausübung der Personenrechte diene in erster Linie der Befriedigung innerer Bedürfnisse des Berechtigten und nicht der Erlangung wirtschaftlicher Vorteile.[248]

Auch wenn man den Personenrechten also „der Idee nach (...) kein Preisschild aufkleben kann"[249], kann ihre Ausübung dem Inhaber dennoch gewisse Vermögensvorteile bringen.[250] Insbesondere gibt es Personenrechte, die in Geld bewertbar sind,[251] etwa das Recht der natürlichen Person an ihrem Bild[252] oder das Recht der juristischen Person an ihrer Bezeichnung[253].[254] Von wirtschaftlicher Bedeutung ist außerdem, dass in vielen Fällen der Verletzung von Personenrechten ein Anspruch auf Schadensersatz in Geld entsteht, etwa auf Ersatz der Behandlungskosten bei Kör-

---

242 *Wang*, Persönlichkeitsrecht S. 34 bei Fn. 1, allerdings verweist er nur auf *Gierke*, Deutsches Privatrecht I, ohne eine Seitenzahl anzugeben. Gemeint sein dürfte *Gierke*, Deutsches Privatrecht I S. 260 bei Fn. 9, S. 703.

243 *Gierke*, Deutsches Privatrecht I S. 258 bei Fn. 6.

244 *Sun*, Recht der deliktischen Handlungen S. 154 bei Fn. 28 bzw. 29, der aus einer chinesischen Übersetzung von *Schwab*, Einführung in das Zivilrecht (eine Übersetzung vermutlich einer früheren als der 16. Auflage) zitiert. In der deutschen Ausgabe des Buchs von *Schwab* finden sich die zitierten Formulierungen bei Rn. 293 bzw. 295.

245 Zur ersten Konstellation vgl. *Wang*, Persönlichkeitsrecht S. 215 ff. und bereits *Wang*, Probleme des Persönlichkeitsrechts S. 14, 15, zur zweiten Konstellation vgl. *Wang*, Persönlichkeitsrecht S. 236 ff.

246 *Yang*, Personal Right S. 30; *Wei*, Civil Law S. 642; *Wang*, Persönlichkeitsrecht S. 51/52.

247 *Jiang*, Zivilrecht S. 278 und *Jiang*, Zivilrecht (2007) S. 38; auch *Wei*, Civil Law S. 642 referiert dies als traditionelle Auffassung.

248 *Wang*, Persönlichkeitsrecht S. 51/52.

249 *Wei*, Civil Law S. 642.

250 *Ma*, Civil Law S. 196. Speziell auf die wirtschaftliche Bedeutung von Ansprüchen, die sich aus Statusrechten ergeben (insbesondere Unterhaltsansprüche), weist *Yang*, Personal Right S. 30 hin.

251 Nicht von ungefähr schreibt *Wei*, Civil Law S. 642, den Personenrechten könne „*der Idee nach*" kein Preisschild aufgeklebt werden – die *praktische* Möglichkeit, dies zu tun, erkennt auch er an.

252 Vgl. unten C.III. 1.e).

253 Vgl. unten D.II. 1.a), insbesondere D.II. 1.a)(6).

254 *Wei*, Civil Law S. 642.

perverletzung;[255] allerdings geht es in solchen Fällen weniger um die Erlangung eines Vermögensvorteils als vielmehr um den Ausgleich eines Vermögensnachteils.

(4) *Zusammenfassung*

Wie sich gezeigt hat, treffen die dargestellten Merkmale der Personenrechte nicht auf alle Personenrechte in gleichem Maß zu. Eine gewisse Relativierung dieser Merkmale erscheint vor allem mit Blick auf die Persönlichkeitsrechte angebracht: So kann der Beschreibung der Persönlichkeitsrechte als „absolute Rechte" nicht vorbehaltlos gefolgt werden. Darüber hinaus sind bestimmte Persönlichkeitsrechte weder „ausschließlich" im Sinne einer Unübertragbarkeit noch kann ihnen ein mehr oder weniger direkter Vermögensbezug abgesprochen werden.

b) Unterschiede

Trotz dieser Gemeinsamkeiten unterscheiden sich Persönlichkeitsrechte und Statusrechte in verschiedener Hinsicht voneinander. Als wesentliche Gesichtspunkte sind zu nennen:

Erstens bezwecken die Persönlichkeitsrechte den Schutz der Rechtspersönlichkeit als solcher, wogegen die Statusrechte die auf einem bestimmten (z.B. gesellschaftlichen oder verwandtschaftlichen) Status beruhenden Rechts- und Pflichtverhältnisse des Subjekts schützen.[256] Die Statusrechte haben also die Persönlichkeitsrechte zur Voraussetzung,[257] sie sind gleichsam Erweiterungen der Persönlichkeitsrechte.[258]

Zweitens sind Persönlichkeitsrechte dem Subjekt inhärent[259] (die Verwendung des naheliegenden Wortes „angeboren" hätte eine unzutreffende Verengung der Aussage auf die natürlichen Personen zur Folge), während die Statusrechte erworben werden und wieder verloren gehen können.[260] Persönlichkeitsrechte *muss* das Subjekt haben, um Subjekt zu sein; Statusrechte *kann* es haben.[261]

Drittens können nach WANG[262] sowohl natürliche als auch juristische Personen Träger von Persönlichkeitsrechten sein, wogegen als Träger von Statusrechten grundsätzlich nur natürliche Personen in Betracht kommen, da sich die Statusrechte vornehmlich aus familienrechtlichen Beziehungen ergeben. Da er das Recht an der Ehre für ein Statusrecht hält und dieses nach der ausdrücklichen Regelung des § 102 AGZ auch juristischen Personen zukommen kann, muss WANG diesbezüglich

---

255 *WEI*, Civil Law S. 642.
256 YANG, Personal Right S. 30; *WEI*, Civil Law (1. Aufl.) S. 664.
257 *WEI*, Civil Law (1. Aufl.) S. 664.
258 YANG, Personal Right S. 30. *JIANG*, Zivilrecht S. 279 drückt es so aus: Die Persönlichkeitsrechte beziehen sich auf die Elemente des allgemeinen Subjekts, die Statusrechte hingegen auf die besonderen Elemente des konkreten Subjekts.
259 Zum Verhältnis der Persönlichkeitsrechte zur Rechtsfähigkeit unten B.VI.
260 YANG, Personal Right S. 30; *WEI*, Civil Law (1. Aufl.) S. 664/665; WANG, Persönlichkeitsrecht S. 52, 53.
261 YANG, Personal Right S. 30/31; *WEI*, Civil Law (1. Aufl.) S. 665; WANG, Persönlichkeitsrecht S. 52.
262 Zum Folgenden WANG, Persönlichkeitsrecht S. 52.

jedoch eine Ausnahme zulassen.[263] *Wei* hingegen hält von vornherein auch juristische Personen für fähig, Träger von Statusrechten zu sein.[264] Im Ergebnis unterscheidet sich seine Auffassung aber wohl nicht von derjenigen *Wangs*, da auch *Wei* kaum annehmen wird, juristische Personen könnten an Verwandtschaftsbeziehungen teilhaben. Es kann also festgehalten werden, dass Statusrechte auch von juristischen Personen innegehabt werden können, soweit die Statusrechte nicht dem Bereich des Familienrechts angehören und man annimmt, dass es auch außerhalb des Familienrechts Statusrechte gebe.

c) Grenzen der Einteilung

Eine zweifelsfreie Einordnung aller Personenrechte ermöglichen die soeben dargestellten Unterscheidungskriterien jedoch nicht. Vielmehr gibt es verschiedene Antworten auf die Frage, welche der im 4. Abschnitt enthaltenen Personenrechte als Persönlichkeitsrechte und welche als Statusrechte zu klassifizieren sind. Teils werden die in den §§ 98 bis 101 AGZ geregelten Rechte als Persönlichkeitsrechte und die in den §§ 102 bis 105 AGZ geregelten Rechte als Statusrechte gesehen;[265] andere ordnen das Recht an der Ehre (§ 102 AGZ) und das Recht auf Selbstbestimmung über die Ehe (§ 103 AGZ) dagegen als Persönlichkeitsrechte ein.[266]

Als typisches Beispiel für ein Persönlichkeitsrecht kann das Recht am Bild 肖像权 genannt werden;[267] ein typisches Statusrecht ist das sog. Verwandtschaftsrecht 亲属权.[268] Einige Personenrechte weisen dagegen sowohl Merkmale eines Persönlichkeitsrechts als auch solche eines Statusrechts auf,[269] so dass ihre Zuordnung nicht unproblematisch ist.

Zweifel an der grundsätzlichen Zweckmäßigkeit dieser Aufspaltung der Personenrechte werden dennoch nicht geäußert.[270] Einen Hinweis darauf, welchen Nutzen die Einteilung in Persönlichkeits- und Statusrechte haben könnte, gibt *Wang*[271] im

---

263 Ohne eine solche Ausnahme kommt dagegen *Jiang*, Zivilrecht S. 279 aus, da er (S. 300 f.) das Recht an der Ehre als Persönlichkeitsrecht einordnet.

264 So ausdrücklich noch *Wei*, Civil Law (1. Aufl.) S. 664. In den gegenüber der Vorauflage deutlich gekürzten Ausführungen in *Wei*, Civil Law S. 667 werden in etwas allgemeinerer Formulierung die Zivilsubjekte 民事主体 als Subjekte von Statusrechten genannt.

265 *Tang/Gao*, Neuer AGZ-Kommentar S. 2265, 2269.

266 So z.B. *Yang*, Personal Right S. 301 ff., 370 ff. Näher zu diesen beiden Rechten unten C.III. 1.g) und C.III. 1.i).

267 Dazu unten C.III. 1.e).

268 Vgl. dazu *Jiang*, Zivilrecht S. 309 f. Auch *Wei*, Civil Law (1. Aufl.) S. 669 ff. stellt das Verwandtschaftsrecht ausführlich dar, geht in der aktuellen Auflage (S. 669) aber nur noch auf das in der 1. Aufl. gesondert (S. 666 ff.) erörterte Elternrecht 亲权 ein und handelt dieses Recht obendrein in lediglich vier Sätzen ab.

269 So der allgemeine Hinweis bei *Guo* et al., Personenrecht S. 418. Als Beispiel genannt sei die Darstellung des Rechts an der Ehre bei *Jiang*, Zivilrecht S. 300 f., der sich letztlich für die Einordnung als Persönlichkeitsrecht entscheidet.

270 Immerhin meint *Feuerstein*, Außervertragliches Haftungsrecht S. 93 Fn. 422, der Umstand, dass das Recht an der Ehre (in *Feuersteins* Terminologie: „Recht auf Ruf"; zum Übersetzungsproblem vgl. Fn. 505) von manchen als Persönlichkeits-, von anderen als Statusrecht eingeordnet wird, habe „keine praktische Bedeutung".

271 *Wang*, Persönlichkeitsrecht S. 87/88.

Hinblick auf eine künftige gesetzliche Regelung: Er meint, Statusrechte könnten weniger streng als die Persönlichkeitsrechte geregelt werden, um den Beteiligten einen gewissen Verhandlungsspielraum zu lassen. Diese Aussage relativiert *Wang* allerdings dadurch, dass er sie auf diejenigen Statusrechte einschränkt, die Verwandtschaftsbeziehungen betreffen.

III. Der Gegenstand der Persönlichkeitsrechte

1. Terminologie

Als Gegenstand der Persönlichkeitsrechte werden überwiegend die sog. Persönlichkeitsinteressen 人格利益 genannt.[272] Ein Teil der Literatur meint dagegen, Objekt der Persönlichkeitsrechte seien die Persönlichkeit 人格[273] (womit in diesem Zusammenhang nicht die Eigenschaft als Rechtssubjekt gemeint ist, sondern Leben, Gesundheit, Ruf etc.[274]) bzw. – weniger missverständlich – die „wesentlichen Persönlichkeitselemente 人格要素“[275]. Interessen 利益 sind nach dieser Gegenansicht stets etwas außerhalb des Subjekts Liegendes und von diesem Trennbares, so dass auch die auf diese Interessen gerichteten Rechte vom Subjekt trennbar sind.[276] Die Rede von Persönlichkeitsinteressen widerspreche daher dem Grundsatz, dass Personenrechte mit ihrem jeweiligen Subjekt untrennbar verbunden sind.[277] Diese zweite Ansicht scheint lediglich die Untrennbarkeit der Personenrechte von ihrem Subjekt terminologisch herausstreichen zu wollen; ein wesentlicher sachlicher Unterschied zur ersten Ansicht besteht in dieser Hinsicht nicht, da auch deren Vertreter diesen Grundsatz der Untrennbarkeit anerkennen.[278] Überdies hat das Oberste Volksgericht in § 1 Abs. 2 seiner „Auslegung zu einigen Fragen der Feststellung der Haftung auf Ersatz seelischer Schäden bei zivilrechtlichen Rechtsverletzungen“ (SeelSE-Auslegung) ausdrücklich von Persönlichkeitsinteressen gesprochen, weshalb man die zweite Ansicht wohl als überholt bezeichnen kann.[279]

---

272 So *Yang*, Personal Right S. 33; *Wang*, Persönlichkeitsrecht S. 15, 74; *Wei*, Civil Law S. 646; *Xue*, Modelle des Persönlichkeitsrechts, S. 65; *Yin*, Allgemeines Persönlichkeitsrecht S. 13, 14.

273 *Jiang*, Zivilrecht S. 280; *Zhang Junhao* (张俊浩), Prinzipien der Zivilrechtswissenschaft (民法学原理), Beijing 1997, S. 134 (zitiert nach *Wang*, Persönlichkeitsrecht S. 15 Fn. 3); *Hu*, General Personality Right S. 133; *Zhong*, Persönlichkeitsrecht der JP S. 214/215. – Im Hinblick auf eine künftige Regelung fordert auch *Xue*, Personal Rights of Legal Person S. 55 rechte Spalte eine klare Unterscheidung zwischen Vorschriften zur Persönlichkeit 人格 im Sinne der Eigenschaft als Zivilsubjekt 民事主体资格 einerseits und den Vorschriften zum Persönlichkeitsrecht 人格权 andererseits.

274 Vgl. *Zhong*, Persönlichkeitsrecht der JP S. 213.

275 *Jiang*, Zivilrecht S. 279. Auch *Wang*, Persönlichkeitsrecht S. 44 verwendet diesen Begriff, obwohl er sonst von der Annahme ausgeht, Gegenstand der Persönlichkeitsrechte seien die Persönlichkeitsinteressen, vgl. Fn. 272.

276 *Jiang*, Zivilrecht S. 280.

277 *Jiang*, Zivilrecht S. 280.

278 So z.B. *Yang*, Personal Right S. 26.

279 Die in Fn. 273 angegebenen Quellen sind mit Ausnahme von *Hu*, General Personality Right S. 133 vor der SeelSE-Auslegung vom 26. 2. 2001 erschienen. Der Beitrag von *Hu* ist in Ausgabe 5/2001 einer zweimonatlich erscheinenden Zeitschrift, also im Herbst 2001, veröffent-

2. Dogmatische Einwände

Vertreter beider oben (unter 1.) dargestellten Ansichten verteidigen ihre die Existenz der Persönlichkeitsrechte bejahende Auffassung gegen den Einwand, im Persönlichkeitsrecht als Recht an der eigenen Person falle das Rechtssubjekt mit dem Rechtsobjekt zusammen, weshalb ein Persönlichkeitsrecht logisch unmöglich sei.[280] Sie argumentieren, dass Rechtssubjekt die abstrakte Person im Rechtssinne, Rechtsobjekt dagegen die Persönlichkeitsinteressen[281] des jeweiligen konkreten Menschen seien[282] bzw. dass das Subjekt als Gesamtheit seiner Elemente nicht mit einzelnen dieser Elemente gleichzusetzen sei.[283]

Auch *Wang* scheint es um die Verteidigung der Persönlichkeitsrechte gegen den oben genannten Einwand zu gehen, wenn er ausführt, das Gesetz wandle die Persönlichkeitsinteressen in sog. Persönlichkeitsbeziehungen 人格关系[284] um.[285] Ebenso wie ein Sachenrecht kein Verhältnis zwischen Person und Sache, sondern eines zwischen Berechtigtem und allen anderen als (Unterlassungs-)Verpflichteten sei,[286] handle es sich auch bei den Persönlichkeitsbeziehungen nicht um Beziehungen der Subjekte zu sich selbst bzw. ihren Persönlichkeitsinteressen, sondern um Beziehungen der Subjekte untereinander.[287, 288]

---

licht worden. Möglicherweise wurde der Beitrag noch vor Bekanntwerden der SeelSE-Auslegung verfasst, mangels Angabe des Einsendedatums (das in manchen Zeitschriften angegeben wird) kann dies aber nur vermutet werden.

280 *Xue*, Modelle des Persönlichkeitsrechts, S. 65 Fn. 11 weist auf die ausführliche Diskussion dieser Frage in Deutschland im 19. Jahrhundert hin. Vgl. dazu *Leuze*, Entwicklung des Persönlichkeitsrechts und *Martin*, Entwicklung des Persönlichkeitsrechts S. 129–155.

281 In der deutschen Literatur hat bereits *Zitelmann*, Internationales Privatrecht I S. 51 die Ansicht vertreten, es genüge, als Objekt eines subjektiven Rechts den „Beziehungspunkt" zu bezeichnen, hinsichtlich dessen von den übrigen Rechtsgenossen Achtung oder Förderung verlangt wird (zustimmend Staudinger/*Habermann/Weick* Rn. 20). Ein solcher Beziehungspunkt der Persönlichkeitsrechte besteht gerade in Gestalt des jeweils geschützten Persönlichkeitsinteresses.

282 *Xue*, Modelle des Persönlichkeitsrechts S. 65.

283 *Jiang*, Zivilrecht S. 279.

284 *Yang*, Personal Right S. 16 und *Wei*, Civil Law S. 641, 642 erwähnen dieses Stichwort eher beiläufig. Grundlage der Rede von „Persönlichkeitsbeziehungen" ist wohl § 2 AGZ, wonach Regelungsgegenstand des chinesischen Zivilrechts die Vermögensbeziehungen 财产关系 und Personenbeziehungen 人身关系 zwischen den gleichberechtigten Zivilsubjekten sind. Näher dazu *Chen*, Chinese Law S. 222, 223 und (bereits 1983) *Tong*, Prinzipien S. 12, 13.

285 *Wang*, Persönlichkeitsrecht S. 73.

286 Vgl. dazu *Gierke*, Deutsches Privatrecht I, S. 259: „So ist z. B. für das Eigenthum die doppelte Denkform einer Herrschaft über Jedermann in Bezug auf eine Sache oder einer Herrschaft über eine Sache gegenüber Jedermann möglich."

287 *Wang*, Persönlichkeitsrecht S. 73.

288 Dieser Gedanke findet sich u. a. bereits bei *Carl Gareis*, Das juristische Wesen der Autorrechte sowie des Firmen- und Markenschutzes, in: Busch's Archiv, Bd. 35, S. 185 ff. (195/196) (zitiert nach *Klingner*, Rechtsfähigkeit und allgemeines Persönlichkeitsrecht S. 31 Fn. 3) und bei *Hubmann*, Persönlichkeitsrecht S. 120.

3. Ergebnis

Zusammenfassend bleibt festzuhalten, dass die Persönlichkeitsrechte ein Rechtsobjekt haben und dass dieses Objekt in der herrschenden Terminologie zu Recht als Persönlichkeitsinteresse bezeichnet wird.

IV. Besondere Persönlichkeitsrechte

1. Terminologie

Als chinesische Ausdrücke für „besonderes Persönlichkeitsrecht" werden die Begriffe 具体人格权, 特别人格权 oder 个别人格权 verwendet.[289] In der differenzierteren Terminologie *YINS* sind „spezielle Persönlichkeitsrechte 特别人格权" nur diejenigen „besonderen Persönlichkeitsrechte 具体人格权", die ausdrücklich gesetzlich geregelt sind.[290] Ganz überwiegend ist in der Literatur jedoch der Ausdruck „besondere Persönlichkeitsrechte 具体人格权" anzutreffen, ohne dass zwischen gesetzlich geregelten und nicht geregelten besonderen Persönlichkeitsrechten begrifflich unterschieden wird.

2. „Stoffliche" und „ideelle" Persönlichkeitsrechte

Differenziert wird innerhalb der besonderen Persönlichkeitsrechte jedoch zwischen „stofflichen Persönlichkeitsrechten 物质性人格权" und „ideellen Persönlichkeitsrechten 精神性人格权", wobei zu ersteren das Recht auf Leben, das Recht auf Gesundheit und das Recht am Körper[291] gehören und alle übrigen besonderen Persönlichkeitsrechte ideelle Persönlichkeitsrechte sind.[292]

Die stofflichen Persönlichkeitsrechte unterscheiden sich von den ideellen dadurch, dass sie sich auf den Körper des Menschen beziehen.[293] Das hat zur Folge, dass Träger der stofflichen Persönlichkeitsrechte nur die natürlichen Personen sind, wogegen ideelle Persönlichkeitsrechte auch den juristischen Personen zustehen.[294] Außerdem kommt den stofflichen Persönlichkeitsrechten ausschließlich negative Funktion zu (Abwehr von Eingriffen), wogegen von den ideellen Persönlichkeits-

---

289 *HU*, General Personality Right S. 133.
290 Vgl. *YIN*, Allgemeines Persönlichkeitsrecht S. 13 und *YIN*, Personal Right S. 17.
291 Näher zu diesen Rechten unten C.III.1a) bis c).
292 So bei *YANG*, Personal Right S. 29; *WANG*, Persönlichkeitsrecht S. 44. *YIN*, Allgemeines Persönlichkeitsrecht S. 17 Fn. 1 sieht dagegen alle Persönlichkeitsrechte als „ideelle" Persönlichkeitsrechte.
293 *WANG*, Persönlichkeitsrecht S. 45.
294 *YANG*, Personal Right S. 29; *WANG*, Persönlichkeitsrecht S. 45. Der Sache nach ebenso *GUO* et al., Personenrecht S. 352, die freilich gemäß ihrer abweichenden Konzeption (näher dazu bei Fn. 296) von „Rechten am Körper" statt von stofflichen Persönlichkeitsrechten und von „Persönlichkeitsrechten" im Sinn von ideellen Persönlichkeitsrechten sprechen.

rechten jedenfalls das Recht am Namen und das Recht am Bild daneben noch eine positive Funktion (Gewährung von Verwertungsmöglichkeiten) haben.[295]

Guo et al. nehmen diese Unterscheidung sogar zum Anlass, die stofflichen Persönlichkeitsrechte unter der Bezeichnung als „Rechte am Körper 身体权" als eigenständigen dritten Typ von Personenrechten den Persönlichkeits- und Statusrechten zur Seite zu stellen.[296] Das in der übrigen Literatur „Recht am Körper 身体权" genannte besondere Persönlichkeitsrecht bezeichnen sie als „Recht am stofflichen Organismus 物质机体权" oder „Recht am Körper im engeren Sinn".[297] Neben diesem und den Rechten auf Leben und auf Gesundheit zählen sie zu den „Rechten am Körper" noch das Recht auf Freiheit und das Recht auf Arbeit und Erholung.[298] Der von *Guo* et al. verwendete Begriff „Rechte am Körper" ist also etwas weiter gefasst als der Begriff „stoffliche Persönlichkeitsrechte".

Innerhalb der ideellen Persönlichkeitsrechte unterscheidet *Su* „Kennzeichen-", „Freiheits-" und „Würde-Persönlichkeitsrechte" (标表型人格权, 自由型人格权, 尊严型人格权). Zur ersten Gruppe zählt er das Recht am Namen bzw. an der Bezeichnung und das Recht am Bild, zur zweiten Gruppe das Recht auf persönliche Freiheit und das Recht auf Selbstbestimmung über die Ehe (in *Sus* Terminologie: „Recht auf Ehefreiheit", dazu unten bei Fn. 585), zur letzten Gruppe die Rechte am Ruf und am Kredit sowie das Recht auf Privatsphäre; das Recht auf Keuschheit ordnet er sowohl der zweiten als auch der dritten Gruppe zu.[299]

V. Das allgemeine Persönlichkeitsrecht

1. Funktionen des allgemeinen Persönlichkeitsrechts

Das allgemeine Persönlichkeitsrecht 一搬人格权 hat Auslegungsfunktion 解释功能, Ergänzungsfunktion 补充功能 und Schöpfungsfunktion 创造功能.[300]

Die Auslegungsfunktion besteht darin, dass das allgemeine Persönlichkeitsrecht zur Auslegung der besonderen Persönlichkeitsrechte heranzuziehen ist.[301] Dabei ist offenbar in erster Linie an die erweiternde Auslegung bereits gesetzlich geregelter besonderer Persönlichkeitsrechte gedacht. Hierfür steht das von verschiedenen Autoren angeführte Beispiel des Rechts am Bild, das gem. § 100 AGZ nur im Fall einer Verwendung des Bildes mit Gewinnerzielungsabsicht verletzt ist. Gegen diese Einschränkung wendet man sich mit dem Argument, das Recht am Bild müsse im Licht des allgemeinen Persönlichkeitsrechts erweiternd ausgelegt, der Schutz

295 *Yin*, Personal Right S. 19.
296 *Guo* et al., Personenrecht S. 351/352.
297 *Guo* et al., Personenrecht S. 377.
298 Näher zu diesen Rechten unten C.III. 1.h) und C.III. 2.e).
299 *Su*, Zivilrecht S. 142.
300 *Wang*, Persönlichkeitsrecht S. 179–182; *Wei*, Civil Law S. 664, 665; *Yang*, Personal Right S. 124, 125; *Yin*, Allgemeines Persönlichkeitsrecht S. 15.
301 *Wei*, Civil Law S. 665.

also auch auf Verwendungen ohne Gewinnerzielungsabsicht ausgedehnt werden.[302]

Die Ergänzungsfunktion ist die für die Praxis bedeutsamste Funktion des allgemeinen Persönlichkeitsrechts.[303] Sie greift ein, wenn der gebotene Schutz eines Persönlichkeitsinteresses über die bereits kodifizierten besonderen Persönlichkeitsrechte nicht zu erzielen ist. Dieser Schutz kann dann durch das sehr flexible[304] allgemeine Persönlichkeitsrecht gewährleistet werden, wobei für die Argumentation zusätzlich auf inhaltlich einschlägige spezialgesetzliche Regelungen zurückgegriffen werden kann. So schützt etwa das Recht am Ruf (§ 101 AGZ) nicht gegen herabwürdigende Äußerungen oder Tätlichkeiten, die keinem Dritten zur Kenntnis gelangen.[305] Vielmehr kann die Selbstachtung (so die etwas freiere Übersetzung des chinesischen Stichworts 名誉感[306]) nur über das allgemeine Persönlichkeitsrecht in Verbindung mit einer entsprechenden Wertung, die sich den §§ 14, 25 und 42 des chinesischen Verbraucherschutzgesetzes (chVerbrSchG) entnehmen lässt, geschützt werden.[307, 308]

Eine weitere wichtige[309] Funktion des allgemeinen Persönlichkeitsrechts ist die Schöpfungsfunktion. Vor allem in einer auf geschriebenem Recht beruhenden Rechtsordnung ist ein allgemeines Persönlichkeitsrecht nötig, um dem Richter die Schöpfung neuer besonderer Persönlichkeitsrechte zu ermöglichen.[310] Wie bei der Bestimmung des Inhalts des allgemeinen Persönlichkeitsrechts kann er sich auch hierbei ggf. zusätzlich auf Regelungen in Spezialgesetzen stützen.[311] Nach einer gewissen Zeit des Schutzes eines Persönlichkeitsinteresses über das allgemeine Persönlichkeitsrecht tritt dieses Persönlichkeitsinteresse allmählich so deutlich hervor, dass es als Gegenstand eines eigenständigen besonderen Persönlichkeits-

---

302 So *Yang*, Personal Right S. 124; *Yin*, Allgemeines Persönlichkeitsrecht S. 15.

303 *Yang*, Personal Right S. 125.

304 *Wei*, Civil Law (1. Aufl.) S. 639; *Yin*, Allgemeines Persönlichkeitsrecht S. 15; *Yang*, Personal Right S. 125.

305 Vgl. unten bei Fn. 515.

306 Die Übersetzung von 名誉 mit „Ehre“ statt mit „Ruf“ würde es ermöglichen, 名誉感 mit „Ehrgefühl“ zu übersetzen. Die besseren Gründe sprechen jedoch für die Übersetzung von 名誉 mit „Ruf“ (dazu Fn. 505), so dass hier auf die „Selbstachtung“ ausgewichen werden muss.

307 *Wei*, Civil Law (1. Aufl.) S. 639/640; *Yang*, Personal Right S. 125; ohne Hinweis auf das chVerbrSchG *Yin*, Allgemeines Persönlichkeitsrecht S. 15/16 und *Wang*, Persönlichkeitsrecht S. 178/179.

308 Die Ergänzungsfunktion des allgemeinen Persönlichkeitsrechts zeigt, dass die Ansicht von *Hu*, General Personality Right S. 133, der Begriff „allgemeines Persönlichkeitsrecht“ sei überflüssig, nicht zutrifft. *Hu* meint, es handle sich dabei um einen bloßen Oberbegriff für die besonderen Persönlichkeitsrechte, so wie etwa „Vermögensrecht 财产权“ der Oberbegriff für „Sachenrechte 物权“, „Forderungsrechte 债权“ und andere „besondere Vermögensrechte“ sei. Als solcher Oberbegriff für die besonderen Persönlichkeitsrechte genüge der Begriff „Persönlichkeitsrecht“. Jedoch ist das allgemeine Persönlichkeitsrecht kein bloßer Oberbegriff, sondern es stellt in seiner Ergänzungsfunktion ein eigenständiges Recht dar. Sowohl die besonderen Persönlichkeitsrechte als auch das allgemeine Persönlichkeitsrecht fallen somit unter den von *Hu* zutreffend als solchen erkannten Oberbegriff „Persönlichkeitsrecht“.

309 Nach *Yin*, Allgemeines Persönlichkeitsrecht S. 15 sogar die wichtigste.

310 *Wei*, Civil Law (1. Aufl.) S. 639; *Yang*, Personal Right S. 124; *Wang*, Persönlichkeitsrecht S. 180.

311 *Yin*, Allgemeines Persönlichkeitsrecht S. 15.

rechts erscheint.[312] Am Ende des Schöpfungsprozesses wird dieses neue besondere Persönlichkeitsrecht schließlich im allgemeinen Zivilrecht kodifiziert.[313]

2. Inhalt des allgemeinen Persönlichkeitsrechts

a) Der Versuch einer konkreten Inhaltsbeschreibung

Es ist anerkannt, dass das allgemeine Persönlichkeitsrecht inhaltlich unbestimmt[314] bzw. von sehr großer Bandbreite[315] sei. Im Rahmen der dennoch unternommenen Versuche zur Inhaltsbeschreibung des allgemeinen Persönlichkeitsrechts werden als dessen Aspekte die Eigenständigkeit der Persönlichkeit 人格独立, die Gleichberechtigung der Persönlichkeit 人格平等, die Freiheit der Persönlichkeit 人格自由 sowie die Würde der Persönlichkeit 人格尊严 genannt.

Die Eigenständigkeit der Persönlichkeit bedeutet die Gleichberechtigung aller Zivilsubjekte hinsichtlich ihrer Persönlichkeit.[316] Jedes Zivilsubjekt kann über seine Persönlichkeit selbst verfügen und jeden anderen von einer Einwirkung auf die eigene Persönlichkeit ausschließen;[317] es kann eigenständig Rechtsgeschäfte vornehmen und die sich daraus ergebende Haftung übernehmen.[318]

Unter der Gleichberechtigung der Persönlichkeit wird die Abwesenheit von Diskriminierung etwa nach Geschlecht oder Ethnie verstanden.[319] Gemeint ist also nicht eine materielle Gleichheit,[320] sondern eine (formale) Chancengleichheit.[321]

Die Freiheit der Persönlichkeit wird in zwei Richtungen abgegrenzt: Einerseits sei die Freiheit der Persönlichkeit im Sinne des allgemeinen Persönlichkeitsrechts von den politischen Freiheiten wie Versammlungs- und Vereinigungsfreiheit oder Religionsfreiheit zu unterscheiden, andererseits könne sie auch nicht mit den konkreten privatrechtlichen Freiheiten wie insbesondere[322] der persönlichen Freiheit gleichgesetzt werden.[323] Vielmehr sei die Freiheit der Persönlichkeit als abstrakte privatrechtliche Freiheit zu verstehen, die die Voraussetzung und Grundlage für

---

312 WANG, Persönlichkeitsrecht S. 180; YIN, Allgemeines Persönlichkeitsrecht S. 15; WEI, Civil Law S. 664.

313 YIN, Allgemeines Persönlichkeitsrecht S. 15.

314 WANG, Persönlichkeitsrecht S. 160; WEI, Civil Law S. 664; HU, General Personality Right S. 134 rechte Spalte.

315 YANG, Personal Right S. 126; WEI, Civil Law (1. Aufl.) S. 640.

316 YANG, Personal Right S. 126; WEI, Civil Law (1. Aufl.) S. 640.

317 YANG, Personal Right S. 127; WEI, Civil Law S. 665.

318 WEI, Civil Law S. 665.

319 WANG, Persönlichkeitsrecht S. 162; WEI, Civil Law S. 665.

320 WANG, Persönlichkeitsrecht S. 162; WEI, Civil Law (1. Aufl.) S. 641.

321 WEI, Civil Law (1. Aufl.) S. 641.

322 WANG, Persönlichkeitsrecht S. 162 und YANG, Personal Right S. 128 grenzen die Freiheit der Persönlichkeit nur von der durch ein besonderes Persönlichkeitsrecht geschützten persönlichen Freiheit (Handlungsfreiheit, vgl. unten C.III. 1.h)(2)) ab, während WEI, Civil Law (1. Aufl.) S. 640 daneben noch Vertrags-, Vermögens- und Willensfreiheit nennt (die nicht als subjektive Rechte ausgestaltet sind).

323 WEI, Civil Law (1. Aufl.) S. 640; YANG, Personal Right S. 128.

die selbstbestimmte Teilhabe an der Gesellschaft sowie die Innehabung und Ausübung von Rechten,[324] mithin die Grundlage aller Freiheitsrechte des Zivilsubjekts,[325] darstelle. Dabei schütze die Freiheit der Persönlichkeit sowohl die Erhaltung als auch die Weiterentwicklung der Persönlichkeit.[326]

Die Würde der Persönlichkeit schließlich wird als wichtiger[327] bzw. wichtigster[328] Bestandteil des allgemeinen Persönlichkeitsrechts bzw. als Kerngehalt aller Persönlichkeitsrechte[329] angeführt; die Würde der Persönlichkeit werde infolge ihrer herausgehobenen Bedeutung auch als Synonym für das allgemeine Persönlichkeitsrecht insgesamt verwendet.[330] Die Würde der Persönlichkeit mache ein Zivilsubjekt erst zum Menschen, sie sei das zum Menschsein erforderliche Mindestmaß an gesellschaftlichem Status und gesellschaftlicher Achtung.[331] Weder erschöpfe sich die Würde der Persönlichkeit wie die Unabhängigkeit der Persönlichkeit in einer objektiven Position des Menschen, noch sei sie wie die Freiheit der Persönlichkeit beschränkt auf die subjektive Lage des Menschen.[332] Vielmehr vereine sie ein subjektives und ein objektives Element in sich: In subjektiver Hinsicht enthalte sie die Einsicht des Zivilsubjekts in seinen eigenen Selbstwert, in objektiver Hinsicht umfasse sie die Achtung eines bestimmten Subjekts als Mensch durch Dritte und durch die Gesellschaft.[333]

Teils werden alle vier dargestellten Aspekte des allgemeinen Persönlichkeitsrechts nebeneinander gestellt.[334] Da die Eigenständigkeit der Persönlichkeit und die Gleichberechtigung der Persönlichkeit inhaltlich aber kaum voneinander zu unterscheiden sind, wird teils auch nur erstere[335] oder letztere[336] angeführt. Bei *Yin* tritt an ihre Stelle die Sicherheit 安全.[337] In der älteren Literatur unternommene Versuche einer Inhaltsbeschreibung kommen mit zwei Aspekten oder gar nur einem Aspekt aus (Würde und ggf. Freiheit), wechseln jedoch bei der näheren Beschreibung der Aspekte unvermittelt auf die Ebene der besonderen Persönlichkeitsrechte.[338]

---

324 *Yang*, Personal Right S. 128.
325 *Wei*, Civil Law (1. Aufl.) S. 641.
326 *Yang*, Personal Right S. 129; *Wei*, Civil Law (1. Aufl.) S. 641.
327 *Wang*, Persönlichkeitsrecht S. 162.
328 *Wei*, Civil Law (1. Aufl.) S. 641; *Yang*, Personal Right S. 129.
329 *Wei*, Civil Law S. 666.
330 *Yang*, Personal Right S. 129.
331 *Wei*, Civil Law (1. Aufl.) S. 641; *Yang*, Personal Right S. 129.
332 *Wei*, Civil Law (1. Aufl.) S. 641; *Yang*, Personal Right S. 129.
333 *Wei*, Civil Law (1. Aufl.) S. 641/642; *Yang*, Personal Right S. 130.
334 So bei *Wei*, Civil Law S. 663/664.
335 So bei *Yang*, Personal Right S. 126, der auf S. 127 als positivrechtliche Grundlage der *Unabhängigkeit* der Persönlichkeit bezeichnenderweise unter anderem den verfassungsrechtlichen *Gleichheits*grundsatz anführt (dazu näher B.V. 4.b)).
336 So bei *Wang*, Persönlichkeitsrecht S. 162.
337 *Yin*, Allgemeines Persönlichkeitsrecht S. 16.
338 Vgl. dazu *Yin*, Allgemeines Persönlichkeitsrecht S. 16.

b) Die Kritik an dieser Inhaltsbeschreibung

Zu den einzelnen Aspekten dieser Inhaltsbeschreibung nimmt *Li*[339] folgende kritische Haltung ein:

Die Rede von einer Eigenständigkeit der Persönlichkeit könne nicht überzeugen, da eine Unterscheidung zwischen Abhängigkeit und Eigenständigkeit hinsichtlich der Persönlichkeit nicht denkbar sei. Persönlichkeit könne vielmehr nur entweder existieren oder nicht existieren, und im Falle ihrer Existenz könne zwischen vollständiger und unvollständiger Persönlichkeit, also vollständiger oder unvollständiger *Rechtsfähigkeit* unterschieden werden.[340] Eigenständig könne man nicht in seiner Persönlichkeit, sondern nur in seiner Person bzw. seinem Status sein (人身独立 bzw. 身份独立), was die Freiheit von persönlichen Abhängigkeitsverhältnissen bedeute. Analog dazu könne ebensowenig von der Freiheit der Persönlichkeit die Rede sein.[341]

Die Gleichberechtigung der Persönlichkeit sei ein Grundstein des gesamten Zivilrechts, so dass diese Gleichberechtigung nicht auf den Bereich des die besonderen Persönlichkeitsrechte nur ergänzenden allgemeinen Persönlichkeitsrechts beschränkt werden könne. Ebenso sei auch die Würde der Persönlichkeit von der Verletzung eines jeden besonderen Persönlichkeitsrechts betroffen. Man könne sie daher nicht lediglich zum Inhalt des allgemeinen Persönlichkeitsrechts rechnen.

Angesichts dieser Argumente *Lis* hält *Hu*[342] Versuche einer positiven Bestimmung des Inhalts des allgemeinen Persönlichkeitsrechts für nicht aussichtsreich und schlägt vor, das allgemeine Persönlichkeitsrecht nur (negativ) als denjenigen Bereich der Persönlichkeitssphäre zu definieren, der nicht durch besondere Persönlichkeitsrechte geschützt ist.

c) Stellungnahme

Es ist *Li* darin zuzustimmen, dass Eigenständigkeit und Freiheit der Persönlichkeit nicht als etwas gedacht werden können, das zur Persönlichkeit noch hinzutritt; vielmehr kann ein Zivilsubjekt nur dann als mit Persönlichkeit ausgestattet bezeichnet werden, wenn es eigenständig und frei ist.

Jedoch kann man die Aufzählung der Eigenständigkeit und der Freiheit der Persönlichkeit als „Inhalt" des allgemeinen Persönlichkeitsrechts auch wie folgt verstehen: Es geht bei ihnen nicht um die Frage der Abhängigkeit oder Eigenständig-

---

339 *Li Xihe* (李锡鹤), Entwurf einer Theorie der Zivilrechtsphilosophie (民法哲学论稿), Shanghai 2000, S. 234–243. Das Buch ist mir leider nicht zugänglich, so dass sich die folgenden Ausführungen auf die Wiedergabe von *Lis* Thesen bei *Hu*, General Personality Right S. 134 stützen.

340 Gegen eine solche Gleichsetzung von Persönlichkeit 人格 und Rechtsfähigkeit 权利能力 *Yu*, Theorie der Privatrechte S. 133 ff. (159).

341 Auch hier könnte man wie schon bei der Eigenständigkeit der Persönlichkeit den Gedanken anknüpfen, dass sich anders als in Bezug auf die *Persönlichkeit* die Frage nach der Freiheit in Bezug auf die *Person* sehr wohl stellen lasse.

342 *Hu*, General Personality Right S. 134, 135.

keit, der Unfreiheit oder der Freiheit der Persönlichkeit in dem von *Li* zu Recht kritisierten Sinn, dass auch ein abhängiges und unfreies Subjekt noch als Träger von Persönlichkeit bezeichnet werden könnte. Vielmehr sprechen diese beiden Aspekte mögliche Beeinträchtigungen der Persönlichkeit selbst an. Gerade der Schutz vor derartigen Beeinträchtigungen der Persönlichkeit als solcher ist aber die Funktion der Persönlichkeitsrechte. Richtig verstanden ergänzen die Aspekte der Eigenständigkeit und der Freiheit die Persönlichkeit nicht, sondern bilden ihre Grundlage, weshalb ihr Schutz durch das Persönlichkeitsrecht erforderlich ist.

Auch dem Einwand *Lis*, der Schutz der Gleichberechtigung und der Würde der Persönlichkeit könne nicht dem allgemeinen Persönlichkeitsrecht allein zugeschrieben werden, ist zuzustimmen. Allerdings wird eine solche ausschließliche Zuordnung zum allgemeinen Persönlichkeitsrecht an keiner Stelle vertreten. Umgekehrt ist es nur konsequent, dass der das ganze Zivilrecht durchziehende Grundsatz der Gleichberechtigung auch (aber nicht nur) im Rahmen des allgemeinen Persönlichkeitsrechts Schutz erfährt. Auch ist anerkannt, dass der Schutz der Würde der Persönlichkeit letztlich von allen besonderen Persönlichkeitsrechten bezweckt wird. Gerade deshalb jedoch muss auch (wiederum: aber nicht nur) ein ergänzendes allgemeines Persönlichkeitsrecht diesen grundlegenden Aspekt des Persönlichkeitsschutzes umfassen.

Mit seiner Feststellung der inhaltlichen Unbestimmtheit des allgemeinen Persönlichkeitsrechts steht *Hu* nicht allein, da auch die übrigen Autoren diesen Umstand klar benennen.[343] Anders als *Hu* versuchen sie jedoch, dem allgemeinen Persönlichkeitsrecht bei aller Unbestimmtheit wenigstens ein gewisses Maß an Kontur zu verleihen, indem sie einzelne Aspekte des allgemeinen Persönlichkeitsrechts (wie etwa die Würde der Persönlichkeit) näher beschreiben.

Insgesamt ist der Versuch, den Inhalt des allgemeinen Persönlichkeitsrechts möglichst konkret zu umschreiben, zu begrüßen und gegen die oben dargestellte Kritik in Schutz zu nehmen. Einzuräumen ist allerdings, dass der Praxis dadurch kaum mehr als eine grobe Orientierungshilfe angeboten werden kann, wenn das allgemeine Persönlichkeitsrecht durch solche Konkretisierungen nicht seine inhaltliche Offenheit und Flexibilität – also seine „Allgemeinheit" – einbüßen soll.

3. Verhältnis des allgemeinen Persönlichkeitsrechts zu den besonderen Persönlichkeitsrechten

a) Praktische Anwendung

Das Verhältnis zwischen allgemeinem Persönlichkeitsrecht und den besonderen Persönlichkeitsrechten in der praktischen Anwendung ergibt sich aus den oben (1.) dargestellten Funktionen des allgemeinen Persönlichkeitsrechts: Als Sonderregelungen gehen die besonderen Persönlichkeitsrechte dem allgemeinen Persönlich-

343 Vgl. oben Fn. 314, 315.

keitsrecht vor.[344] Jedoch entfalten die besonderen Persönlichkeitsrechte nicht etwa eine tatbestandliche Sperrwirkung in dem Sinn, dass ein Rückgriff auf das allgemeine Persönlichkeitsrecht verwehrt wäre, wenn die beanstandete Handlung zwar den Regelungsbereich eines besonderen Persönlichkeitsrechts berührt, jedoch keine Verletzung dieses Persönlichkeitsrechts darstellt. Dies ergibt sich aus obiger (1.) Erläuterung der Ergänzungsfunktion des allgemeinen Persönlichkeitsrechts.

b) Das allgemeine Persönlichkeitsrecht als „Quellrecht"

Differenzierter ist hingegen die Frage zu beantworten, ob das allgemeine Persönlichkeitsrecht den besonderen Persönlichkeitsrechten über- bzw. vorgeordnet ist. Insbesondere ist zu klären, inwiefern die Bezeichnung des allgemeinen Persönlichkeitsrechts als „Quellrecht 渊源权"[345] zutreffend ist. Dabei ist zwischen seiner historischen Entstehung bzw. seinem logischen Verhältnis zu den besonderen Persönlichkeitsrechten einerseits und seiner Funktion andererseits zu unterscheiden.

Historisch gesehen ist das allgemeine Persönlichkeitsrecht aus bereits vorhandenen besonderen Persönlichkeitsrechten entwickelt worden.[346] Das logische Verhältnis zwischen allgemeinem Persönlichkeitsrecht und besonderen Persönlichkeitsrechten ist dasjenige des Allgemeinen zum Speziellen[347] bzw. des Abstrakten zum Konkreten[348]. Daraus wird der (der tatsächlichen Entwicklung entsprechende) Schluss gezogen, dass das allgemeine Persönlichkeitsrecht aus den besonderen Persönlichkeitsrechten entstanden ist und nicht umgekehrt.[349] Dies spricht gegen eine Bezeichnung des allgemeinen Persönlichkeitsrechts als „Quellrecht".

Jedoch wurde das allgemeine Persönlichkeitsrecht entwickelt, um zwischen den vorhandenen besonderen Persönlichkeitsrechten entdeckte Schutzlücken zu schließen, also um die besonderen Persönlichkeitsrechte, aus denen es entwickelt wurde, zu ergänzen[350]. Seiner Funktion nach ist das allgemeine Persönlichkeitsrecht daher sehr wohl die Quelle der besonderen Persönlichkeitsrechte, da es zur Auslegung aller besonderen Persönlichkeitsrechte herangezogen wird und vor allem da es als Grundlage für die Neuschöpfung von besonderen Persönlichkeitsrechten dient.[351,352]

---

344 *Zhong*, Persönlichkeitsrecht der JP S. 228; ausführlich *Wang*, Persönlichkeitsrecht S. 178, 179, 183.
345 *Wang*, Persönlichkeitsrecht S. 178.
346 *Wang*, Persönlichkeitsrecht S. 178.
347 *Hu*, General Personality Right S. 132/133.
348 *Wang*, Persönlichkeitsrecht S. 177.
349 *Yin*, Allgemeines Persönlichkeitsrecht S. 14.
350 *Hu*, General Personality Right S. 133 stellt ganz die Ergänzungsfunktion des allgemeinen Persönlichkeitsrechts in den Vordergrund und meint damit begründen zu können, dass das allgemeine Persönlichkeitsrecht nicht aus bereits vorhandenen besonderen Persönlichkeitsrechten abstrahiert worden sei. Er verkennt dabei jedoch den Unterschied zwischen der Funktion und der Entwicklung des allgemeinen Persönlichkeitsrechts.
351 *Wang*, Persönlichkeitsrecht S. 178.
352 *Yin*, Allgemeines Persönlichkeitsrecht S. 16.

Die Bezeichnung des allgemeinen Persönlichkeitsrechts als „Quellrecht" veranschaulicht also zwar dessen oben (1.) dargestellte Funktion, darf aber nicht dahingehend missverstanden werden, dass alle besonderen Persönlichkeitsrechte tatsächlich aus dem allgemeinen Persönlichkeitsrecht heraus entstanden seien.

c) Nebeneinander von allgemeinem Persönlichkeitsrecht und besonderen Persönlichkeitsrechten

Der bisherigen Darstellung des Verhältnisses zwischen allgemeinem Persönlichkeitsrecht und besonderen Persönlichkeitsrechten liegt die Annahme zugrunde, dass allgemeines Persönlichkeitsrecht und besondere Persönlichkeitsrechte nebeneinander existieren können. Gegen diese Annahme wendet sich *XUE*[353], ohne dass dies jedoch – soweit ersichtlich – in der Literatur Beachtung gefunden hätte.[354]

Nach *XUE* steht einem monistischen Modell 一元模式 des Persönlichkeitsschutzes ein pluralistisches Modell 多元模式 gegenüber. Nach dem monistischen Modell gibt es nur ein einziges einheitliches Persönlichkeitsrecht, über das alle Persönlichkeitsinteressen geschützt werden; unter dem pluralistischen Modell dagegen existiert eine Reihe von besonderen Persönlichkeitsrechten, die jeweils ein besonderes Persönlichkeitsinteresse schützen.[355] Diese beiden Modelle schließen einander nach *XUES* Auffassung aus.[356] Ein Nebeneinander von allgemeinem Persönlichkeitsrecht und besonderen Persönlichkeitsrechten kann es demnach nicht geben. Dies begründet *XUE* mit logischen Überlegungen und untermauert seine These anschließend mit einem Hinweis auf die deutsche Rechtslage.

(1) Logische Gründe

Ein Nebeneinander eines einheitlichen, alle Persönlichkeitsinteressen schützenden Persönlichkeitsrechts im Sinne des monistischen Modells einerseits und einer Mehrzahl besonderer Persönlichkeitsrechte im Sinne des pluralistischen Modells andererseits sei logisch nicht möglich.[357] Es könne nämlich nicht sein, dass ein Recht in einem anderen Recht enthalten sei und dennoch ein eigenständiges Recht bleibe. So kenne das Privatrecht zwar beispielsweise ein (klarstellend sei hinzugefügt: dem Nichteigentümer zustehendes) Nutzungsrecht an Sachen. Solange dieses Bestandteil des Eigentums sei, werde es jedoch nicht als eigenständiges Nutzungs*recht* 使用权利 des Eigentümers bezeichnet, sondern als dessen Nutzungs*befugnis* 使用权能. Werde der Eigentümer an der Nutzung gehindert, klage er folgerichtig auch nicht aus einem „Nutzungsrecht", sondern aus seinem Eigentum. Es könne also nicht davon die Rede sein, dass Eigentumsrecht und Nutzungsrecht zueinander in einem Verhältnis von allgemeinem und besonderem

---

353 *XUE*, Modelle des Persönlichkeitsrechts.
354 So wird der fragliche Aufsatz bei *WANG*, Persönlichkeitsrecht S. 160 Fn. 3, S. 161 Fn. 2 zwar zweimal zitiert, seine Kernaussage jedoch mit keinem Wort erwähnt.
355 *XUE*, Modelle des Persönlichkeitsrechts S. 64.
356 *XUE*, Modelle des Persönlichkeitsrechts S. 64.
357 Zum Folgenden *XUE*, Modelle des Persönlichkeitsrechts S. 64.

Recht stünden, vielmehr seien alle Typen von Rechten gleichgestellt. Ebensowenig könne es gleichzeitig besondere Persönlichkeitsrechte und ein diese alle umfassendes allgemeines Persönlichkeitsrecht geben.

Diese These *Xues* von der logischen Unvereinbarkeit eines allgemeinen Persönlichkeitsrechts mit besonderen Persönlichkeitsrechten beruht darauf, dass er nicht zwischen der gedanklichen Grundlage des allgemeinen Persönlichkeitsrechts einerseits und seiner praktischen Funktion andererseits unterscheidet.[358] Zwar umfasst das allgemeine Persönlichkeitsrecht tatsächlich alle besonderen Persönlichkeitsrechte in dem Sinn, dass es als Abstraktion und Zusammenfassung aller bereits entdeckten und noch unentdeckten besonderen Persönlichkeitsrechte verstanden werden kann.[359] Seiner praktischen Funktion nach ist das allgemeine Persönlichkeitsrecht den besonderen Persönlichkeitsrechten jedoch nicht *über*geordnet, sondern es tritt *neben* diese, und auch das nur dort, wo der Schutz durch die besonderen Persönlichkeitsrechte nicht hinreicht.[360, 361] Die logische Möglichkeit der Existenz eines solchen „Lückenfüllers" innerhalb des pluralistischen Modells räumt *Xue* denn auch selbst ein.[362] Gründe der Logik sprechen also bei richtigem Verständnis des allgemeinen Persönlichkeitsrechts nicht gegen eine Koexistenz von allgemeinem Persönlichkeitsrecht und besonderen Persönlichkeitsrechten.

Gegen das dem Sachenrecht entnommene Beispiel ist überdies einzuwenden, dass vielen Schutzpositionen des Persönlichkeitsrechts eben kein solcher Ausschließlichkeitsgrad zukommt wie den absoluten Rechten.[363] Der Vergleich mit den Sachenrechten ist daher wenig tragfähig.

(2) Das Beispiel Deutschlands

Als Beispiel für die Umsetzung des monistischen Modells führt *Xue* das deutsche Recht an.[364] Nach dem Zweiten Weltkrieg habe sich in Deutschland aus dem Widerspruch zwischen dem zivilrechtlich auf wenige besondere Persönlichkeitsinteressen beschränkten Persönlichkeitsschutz und dem verfassungsrechtlichen Postulat eines umfassenden Persönlichkeitsschutzes ein monistisches Persönlichkeitsrecht entwickelt, das die zuvor anerkannten besonderen Persönlichkeitsrechte vollständig umfasse. Die besonderen Persönlichkeitsinteressen wie das eigene

---

358 Zu dieser Unterscheidung oben b).

359 Vgl. *Wei*, Civil Law (1. Aufl.) S. 638; *Yang*, Personal Right S. 123; *Yin*, Allgemeines Persönlichkeitsrecht S. 12.

360 Deutlicher als in der Vorauflage nun *Wei*, Civil Law S. 664.

361 *Hu*, General Personality Right S. 134 (linke Spalte). *Hu* S. 134 (rechte Spalte oben) sieht darin einen Widerspruch zur Definition des allgemeinen Persönlichkeitsrechts als Produkt einer Abstraktion aus den besonderen Persönlichkeitsrechten. – Worin genau dieser Widerspruch besteht bzw. wie zwischen der Funktion eines Rechts und seiner Inhaltsbestimmung ein Widerspruch bestehen kann, wird jedoch nicht näher dargelegt. Vgl. zur mangelnden Differenzierung *Hus* in derartigen Fragen auch Fn. 350.

362 *Xue*, Modelle des Persönlichkeitsrechts S. 64.

363 Vgl. oben B.II. 2.a)(2) insbesondere bei Fn. 244.

364 Zum Folgenden *Xue*, Modelle des Persönlichkeitsrechts S. 67.

Bild, der Ruf oder der Name seien nun sämtlich dem Schutz dieses monistischen Persönlichkeitsrechts unterstellt.

Diese Darstellung der deutschen Rechtslage trifft nicht zu. Das heutige deutsche Zivilrecht kennt neben dem allgemeinen Persönlichkeitsrecht durchaus auch besondere Persönlichkeitsrechte wie das Namensrecht und das Recht am eigenen Bild.[365] Dieses Missverständnis *Xues* mag dadurch begünstigt sein, dass er seine Kenntnisse über das deutsche Recht wenigstens teilweise nicht direkt aus deutscher, sondern aus italienischer Literatur und damit lediglich aus zweiter Hand bezieht.[366]

d) Stellungnahme

Zusammenfassend ist zur Frage nach dem Verhältnis des allgemeinen Persönlichkeitsrechts zu den besonderen Persönlichkeitsrechten zu sagen: Es sprechen keine stichhaltigen Gründe gegen ein Nebeneinander von allgemeinem Persönlichkeitsrecht und besonderen Persönlichkeitsrechten. Vielmehr kann durch diese Kombination ein Höchstmaß an Bestimmtheit erreicht und gleichzeitig ein Übermaß an Starrheit verhindert werden.[367]

4. Das allgemeine Persönlichkeitsrecht im geltenden Recht

Eine ausdrückliche Anerkennung des allgemeinen Persönlichkeitsrechts enthält das geltende Recht der VR China bislang nicht.[368] Dennoch versucht insbesondere *Yang*[369], das allgemeine Persönlichkeitsrecht dort an verschiedenen Stellen zu verankern.

a) Der Schutz der Würde der Persönlichkeit

Ausgehend von seiner Auffassung, dass die Würde der Persönlichkeit das wichtigste Element des allgemeinen Persönlichkeitsrechts darstelle und gar als Synonym für dieses verwendet werde,[370] argumentiert *Yang* vorwiegend mit Erwähnungen der Würde der Persönlichkeit im positiven Recht.

Ein Ansatzpunkt im Verfassungsrecht ist Art. 38 S. 1 chVerf, wonach die Würde der Persönlichkeit der Bürger der VR China unverletzlich ist. Mit dieser Vorschrift biete die chVerf dem allgemeinen Persönlichkeitsrecht in gleicher Weise eine

---

365 Vgl. nur Palandt/*Sprau* § 823 Rn. 84, 85; in der chinesischen Literatur *Yao/Zhou*, Zivilrechte S. 37 linke Spalte. Näher oben B.I.2 sowie unten C.III. 4.

366 Hierauf deutet insbesondere der Literaturnachweis bei *Xue*, Modelle des Persönlichkeitsrechts Fn. 25 hin.

367 Daher unternimmt sogar *Xue*, Modelle des Persönlichkeitsrechts S. 71/72 trotz seiner Ablehnung einer solchen Kombination den Versuch, ein praktisches Ergebnis zu erreichen, das die Vorteile des monistischen und des pluralistischen Modells in sich vereint.

368 So erklärt sich, dass *Jiang*, Zivilrecht S. 281 ff. bei seiner Darstellung der Persönlichkeitsrechte nur auf die besonderen Persönlichkeitsrechte eingeht, ohne auch zum allgemeinen Persönlichkeitsrecht Stellung zu beziehen.

369 *Yang*, Personal Right S. 119–122, 131/132.

370 *Yang*, Personal Right S. 129.

Grundlage wie etwa das deutsche Grundgesetz.[371] Dieser Schutz der Würde der Persönlichkeit wurde erst in die noch heute geltende 4. Verfassung von 1982[372] aufgenommen. Die Greuel der „Kulturrevolution“, während der die Würde der Persönlichkeit mit Füßen getreten worden war,[373] hatten die Notwendigkeit der Stärkung des Rechtsbewusstseins allzu deutlich gemacht.[374, 375] Ausgehend von Art. 38 S. 1 chVerf fand ab 1982 der Schutz der Würde der Persönlichkeit nach und nach Eingang in die einfachgesetzlichen Vorschriften der im Aufbau befindlichen chinesischen Rechtsordnung.[376]

Unter den einfachgesetzlichen Vorschriften ist zunächst § 101 AGZ zu nennen, der die Würde der Persönlichkeit des Bürgers dem Schutz des Gesetzes unterstellt.[377] Allerdings ist dieser Passus des § 101 AGZ von zwei Halbsätzen umgeben, die das Recht am Ruf betreffen, so dass der Eindruck entsteht, die Würde der Persönlichkeit sei lediglich Gegenstand dieses besonderen Persönlichkeitsrechts.[378]

Daneben sehen einige Spezialgesetze den Schutz der Würde der Persönlichkeit von Angehörigen bestimmter Personengruppen vor, so § 3 Abs. 2 des Behindertenschutzgesetzes (BehindertenSchG), §§ 5 Nr. 1, 21, 55 des Minderjährigenschutzgesetzes (MinderjährSchG), § 42 Abs. 2 S. 1 des Frauenschutzgesetzes (FrauenSchG) und § 14 chVerbrSchG.[379] Anders als in § 101 AGZ wird in § 42 Abs. 2 S. 1 FrauenSchG deutlich zwischen dem Recht am Ruf und der Würde der Persönlichkeit unterschieden,[380] und § 14 chVerbrSchG stellt die Würde der Persönlichkeit des Verbrauchers ganz in den Mittelpunkt.

Eine wichtige Grundlage für den nicht auf bestimmte Personengruppen beschränkten praktischen Schutz des allgemeinen Persönlichkeitsrechts wird in § 1 der SeelSE-Auslegung des Obersten Volksgerichts gesehen:

> Wenn eine natürliche Person wegen der rechtswidrigen Verletzung eines der folgenden Persönlichkeitsrechte beim Volksgericht Klage auf Ersatz des seelischen Schadens erhebt, muss das Volksgericht diese Klage nach dem Recht zur Behandlung annehmen:
> (…)
> 3. bei Verletzung des Rechts auf Würde der Persönlichkeit und des Rechts auf persönliche Freiheit.
> Wenn jemand unter Verstoß gegen die gesellschaftlichen öffentlichen Interessen oder die gesellschaftliche öffentliche Moral die Privatsphäre oder andere Persönlichkeitsinteressen eines

---

371 YANG, Personal Right S. 119.
372 Näheres oben unter A.III. 1.a).
373 YANG, Personal Right S. 130; WANG, Persönlichkeitsrecht S. 175.
374 WANG, Probleme des Persönlichkeitsrechts S. 14; YANG, Personal Right S. 130; WANG, Persönlichkeitsrecht S. 175.
375 Die Parallele zur Entwicklung des allgemeinen Persönlichkeitsrechts in Deutschland nach den Erfahrungen des „Dritten Reichs“ ist offensichtlich.
376 YANG, Personal Right S. 130.
377 YANG, Personal Right S. 119; WANG, Persönlichkeitsrecht S. 171.
378 YANG, Personal Right S. 119. YANG, Gesetzgebungsbericht S. 5 bezeichnet dies als „schwerwiegenden Fehler“.
379 YANG, Personal Right S. 120 teilweise unter Bezugnahme auf mittlerweile überholte Fassungen der Gesetze.
380 YANG, Personal Right S. 121.

anderen verletzt und der Geschädigte wegen Rechtsverletzung mit einer Klage beim Volksgericht Ersatz des seelischen Schadens verlangt, muss das Volksgericht die Klage nach dem Recht zur Behandlung annehmen.

Yang[381] sieht das allgemeine Persönlichkeitsrecht hier sowohl im Recht auf Würde der Persönlichkeit (Abs. 1 Nr. 3)[382] als auch in den „anderen Persönlichkeitsinteressen" (Abs. 2) verortet. Er bemängelt jedoch zum einen, dass der Inhalt des allgemeinen Persönlichkeitsrechts dadurch unnötig auseinandergerissen werde. Zum anderen werde es der Bedeutung des allgemeinen Persönlichkeitsrechts nicht gerecht, dass das Recht auf Würde der Persönlichkeit in einer Reihe mit den in Abs. 1 Nr. 1 bis 3 aufgezählten besonderen Persönlichkeitsrechten genannt werde und dadurch mit diesen auf eine Stufe gestellt erscheine.

Dagegen meint *Wang*[383], das allgemeine Persönlichkeitsrecht sei am Recht auf Würde der Persönlichkeit und am Recht auf persönliche Freiheit, also an § 1 Abs. 1 Nr. 3 SeelSE-Auslegung insgesamt, festzumachen. Er versteht das Recht auf persönliche Freiheit in Abs. 1 Nr. 3 also nicht als besonderes Persönlichkeitsrecht, sondern als Teil des allgemeinen Persönlichkeitsrechts, jedoch ohne die Gründe für seine Auffassung mitzuteilen.

Ausschließlich in der Erwähnung des Rechts auf Würde der Persönlichkeit in § 1 Abs. 1 Nr. 3 SeelSE-Auslegung erblickt schließlich *Liu*[384] die Anerkennung des allgemeinen Persönlichkeitsrechts; er setzt die Begriffe „allgemeines Persönlichkeitsrecht" und „Recht auf Würde der Persönlichkeit" sogar ausdrücklich gleich.[385]

b) Der Gleichberechtigungsgrundsatz

Neben der Würde der Persönlichkeit ist auch die Gleichberechtigung der Persönlichkeit ein Element des allgemeinen Persönlichkeitsrechts. Als Grundlagen dieses Elements im positiven Recht nennt *Yang*[386] den verfassungsrechtlichen Grundsatz

---

381 Zum Folgenden *Yang*, Personal Right S. 131/132.

382 Dieses steht hier auch nach Auffassung der Verfasser der SeelSE-Auslegung stellvertretend für das allgemeine Persönlichkeitsrecht, vgl. *Chen Xianjie* (陈现杰), Ein bedeutender Fortschritt des justiziellen Schutzes der Persönlichkeitsrechte – Verständnis und Anwendbarkeit der „Auslegung des Obersten Volksgerichts zu einigen Fragen der Feststellung der Haftung auf Ersatz seelischer Schäden bei zivilrechtlichen Rechtsverletzungen" (人格权司法保护的重大进步和发展 –《最高人民法院关于确定民事侵权精神损害赔偿责任若干问题的解释》的理解与适用), in: Volksgerichtszeitung (人民法院报) vom 28. 3. 2001 (zitiert nach *Wang*, Persönlichkeitsrecht S. 172 Fn. 1). Ebenso nennt *Forschungsbüro des OVG*, Handbuch zu Gründen in Zivilfällen S. 26 die SeelSE-Auslegung als Grundlage des allgemeinen Persönlichkeitsrechts, ergänzt dies aber durch die (zirkuläre) Argumentation mit § 5 AGZ (dort heißt es lediglich: „Legale zivile Rechte und Interessen der Bürger und juristischen Personen genießen den Schutz des Gesetzes; keine Organisation und kein Einzelner darf sie verletzen." [Übersetzung von *Münzel*, Chinas Recht 12. 4.86/1]).

383 *Wang*, Persönlichkeitsrecht S. 172.

384 *Liu*, Zivilrecht S. 154.

385 Ähnlich, wenn auch etwas zurückhaltender in der Formulierung: *Su*, Zivilrecht S. 148.

386 *Yang*, Personal Right S. 127.

der Gleichheit aller Bürger der VR China vor dem Gesetz[387] (Art. 33 Abs. 2 chVerf) sowie dessen einfachgesetzliche Ausprägung in den §§ 2 und 3 AGZ. Zu beachten ist, dass diese Vorschriften der AGZ neben den Bürgern (in den AGZ heißt es stets „Bürger“ statt „natürliche Person“[388]) auch die juristischen Personen mit einbeziehen.

c) Ausdrückliche Anerkennung durch das Oberste Volksgericht?

In den vom Obersten Volksgericht Anfang des Jahres 2008 erlassenen „Bestimmungen zu Gründen in Zivilfällen“ (ZivilGrBest) ist unter Ziff. 9 ausdrücklich von „Streitigkeiten aus dem allgemeinen Persönlichkeitsrecht“ die Rede. Allerdings dienen die ZivilGrBest vornehmlich dem Zweck, die Vergabe von Schlagwörtern durch die Volksgerichte für die von ihnen behandelten Fälle zu standardisieren (Vorbemerkung zu den ZivilGrBest Ziff. 4.1), was unter anderem eine statistische Erfassung ermöglichen und eine einheitliche und korrekte Rechtsanwendung begünstigen soll (Vorbemerkung zu den ZivilGrBest Ziff. 1). Allzu große Bedeutung wird man der Erwähnung des allgemeinen Persönlichkeitsrechts in dieser eher randständigen Vorschrift daher wohl nicht beimessen können.

VI. Das Verhältnis der Persönlichkeitsrechte zur Rechtsfähigkeit

Das Verhältnis der Persönlichkeitsrechte zur Rechtsfähigkeit wird – soweit ersichtlich – in der neueren chinesischen Literatur allenfalls sehr kurz und ohne jede Problematisierung erörtert:

Wei[389] sagt zwar zunächst, was ein Zivilsubjekt sein wolle, müsse Persönlichkeitsrechte haben. Dies könnte bedeuten, dass nach *Weis* Ansicht die Persönlichkeitsrechte der Rechtsfähigkeit vorgelagert sind. Die folgenden Ausführungen sind in dieser Hinsicht jedoch uneindeutig, da es nur heißt, dass natürliche bzw. juristische Personen im Zeitpunkt der Geburt bzw. der Errichtung sowohl zu Zivilsubjekten werden als auch Persönlichkeitsrechte innehaben.[390, 391] Vermutlich geht es *Wei* vorrangig um die Abgrenzung der Persönlichkeitsrechte zu den übrigen abso-

---

387 Dieser Grundsatz wurde in die 1982er Verfassung erneut aufgenommen, nachdem er bereits in der Verfassung aus dem Jahr 1954 enthalten gewesen war, vgl. *Peng*, Erläuterung des Verfassungsänderungsentwurfs S. 8.

388 Vgl. dazu unten C.I.

389 *Wei*, Civil Law S. 646: „人格权是作为民事主体所应当具备的。“

390 *Wei*, Civil Law S. 646: „〔...〕即成为民事主体，也便享有了人格权。“

391 Man könnte einwenden, diese Behauptung betreffe nur den *Zeitpunkt* des Erwerbs von Persönlichkeitsrechten einerseits und Rechtsfähigkeit andererseits (Gleichzeitigkeit), nicht aber das zwischen beiden bestehende *logische Verhältnis*. Es wäre aber zu erwarten, dass von zwei gleichzeitig eintretenden Umständen der in logischer Hinsicht vorrangige zuerst genannt wird. *Wei* nennt jedoch zuerst die Eigenschaft als Zivilsubjekt und dann die Persönlichkeitsrechte. Es scheint daher zweifelhaft, ob *Wei* sich mit seiner ersten Aussage wirklich zur Frage des Verhältnisses der Persönlichkeitsrechte zur Rechtsfähigkeit äußern will bzw. ob er hier überhaupt ein Problem sieht.

luten Rechten über das Merkmal der Inhärenz 固有性, wie sie etwa von YANG[392] vorgenommen wird: Anders als die Sachenrechte müssen Persönlichkeitsrechte nicht erst erworben werden.

WANG[393] sieht die Rechtsfähigkeit als Voraussetzung für die Innehabung von Persönlichkeitsrechten, äußert diese Ansicht aber nur im Zusammenhang mit dem Problem der „anderen Organisationen".[394] Allgemein scheint man der Auffassung zu sein, die Persönlichkeitsrechte seien wie die übrigen subjektiven Rechte nicht dem positiven Recht vorgegeben, sondern würden durch dieses erst verliehen, wie CHEN[395] dies bereits im Jahr 1986 vertreten hat. Demnach ist die Rechtsfähigkeit als Voraussetzung für die Innehabung von Rechten den Persönlichkeitsrechten vorgelagert.[396]

In der deutschen Literatur hat es Versuche gegeben, die Persönlichkeitsrechte, genauer: das allgemeine Persönlichkeitsrecht, auf andere Weise zur Rechtsfähigkeit in Beziehung zu setzen, woraus sich auch Konsequenzen für die Frage nach den Persönlichkeitsrechten der juristischen Personen ergeben. Im Folgenden werden diese Ansätze vorgestellt und im Anschluss daran die Frage beantwortet, ob ihnen Anregungen für die Diskussion über die Persönlichkeitsrechte der juristischen Personen im chinesischen Recht zu entnehmen sind. Nur wenn dies zu bejahen ist, ist im Weiteren noch auf diese abweichenden Ansätze einzugehen. Anderenfalls kann für die weitere Diskussion davon ausgegangen werden, dass das allgemeine Persönlichkeitsrecht und folglich auch die besonderen Persönlichkeitsrechte subjektive Rechte sind.

1. Verengung des Begriffs der Rechtsfähigkeit (LEUZE)

LEUZE tritt für einen eingeschränkten Begriff der Rechtsfähigkeit ein, der lediglich die Fähigkeit bezeichnen soll, Träger solcher Rechte zu sein, die nicht angeboren sind.[397] Das allgemeine Persönlichkeitsrecht beruht nach LEUZES Auffassung auf der Menschenwürde, so dass es der positiven Rechtsordnung vorgegeben und dem Menschen angeboren ist.[398] Die Rechtsfähigkeit ist nach diesem Verständnis also nicht Voraussetzung für die Innehabung des allgemeinen Persönlichkeitsrechts, vielmehr folgt die in diesem eingeschränkten Sinn verstandene Rechtsfähigkeit erst aus dem allgemeinen Persönlichkeitsrecht.[399]

---

392 YANG, Personal Right S. 25.
393 WANG, Persönlichkeitsrecht S. 42.
394 Zu den „anderen Organisationen" vgl. unten E.
395 CHEN, Personenrechte S. 16.
396 Vgl. CHEN, Personenrechte S. 16.
397 LEUZE, Entwicklung des Persönlichkeitsrechts S. 119.
398 LEUZE, Entwicklung des Persönlichkeitsrechts S. 118.
399 LEUZE, Entwicklung des Persönlichkeitsrechts S. 119. – Diese Auffassung klingt bereits bei ENNECCERUS/NIPPERDEY, AT des Bürgerlichen Rechts S. 477 Fn. 4 an, wo es heißt, das Persönlichkeitsrecht umfasse u.a. die Fähigkeit, Träger von Rechten und Pflichten zu sein. Von LEUZE, Entwicklung des Persönlichkeitsrechts S. 118 Fn. 13 wird ENNECCERUS/NIPPERDEY, AT

Es drängt sich der Einwand auf, dass auch ein angeborenes allgemeines Persönlichkeitsrecht logisch die Fähigkeit voraussetzt, Träger dieses Rechts zu sein. *Leuze* sieht diesen Einwand, tut ihn jedoch als „wertlose Spitzfindigkeit" ab und verweist knapp darauf, das angeborene allgemeine Persönlichkeitsrecht umfasse die von diesem Recht nicht unterscheidbare (und nach *Leuzes* Vorstellungen ja gerade nicht zur Rechtsfähigkeit zu zählende) Fähigkeit, Träger des allgemeinen Persönlichkeitsrechts zu sein.[400] Die Verengung des Begriffs der Rechtsfähigkeit in dem oben beschriebenen Sinn erscheint somit als bloßer terminologischer Kunstgriff *Leuzes* zum Zweck der Entkräftung des soeben dargestellten Einwandes.

Welchen praktischen Nutzen seine Konstruktion hat, legt *Leuze* nicht dar. Allein der (durchaus positive) Symbolwert der Überordnung des auf der Menschenwürde fußenden und der Rechtsordnung vorgegebenen allgemeinen Persönlichkeitsrechts über die Rechtsfähigkeit hilft kaum über die zweifelhafte Begründung dieser Konstruktion hinweg.

2. Aufspaltung des Personbegriffs (*Klingner*)

Klingner meint, das allgemeine Persönlichkeitsrecht sei nicht als subjektives Recht erfassbar. Dafür führt er zwei Gründe an: Zum einen sei der Begriff des subjektiven Rechts von demjenigen des Privateigentums an Sachen abgeleitet, das subjektive Recht also etwas, das man unter bestimmten Umständen haben *könne*, wogegen man das allgemeine Persönlichkeitsrecht stets *habe*.[401] Das allgemeine Persönlichkeitsrecht sei eher eine rechtlich relevante Eigenschaft jedes Menschen als dessen subjektives Recht, auch wenn es hinsichtlich seines rechtlichen Schutzes den subjektiven Rechten formal angeglichen sei.[402] Zum anderen sei das allgemeine Persönlichkeitsrecht anders als die subjektiven Rechte unabhängig von einer positivrechtlichen Zuweisung, da es auf der Menschenwürde gründe, die ihrerseits der Rechtsordnung vorgegeben sei.[403]

Nach dem herkömmlichen Verständnis von der Person als möglichem Inhaber subjektiver Rechte kann ein allgemeines Persönlichkeitsrecht jedoch nur als subjektives Recht in Beziehung zur Person gesetzt werden. Um seine Auffassung vom allgemeinen Persönlichkeitsrecht als etwas Drittem „zwischen subjektivem Recht und Nicht-Recht"[404] aufrechterhalten zu können, führt *Klingner* daher einen differenzierenden Personbegriff ein. Das potentielle Subjekt subjektiver Rechte bezeichnet er als Person im engeren Sinn, wogegen der Personbegriff im weiteren Sinn neben dieser potentiellen Zuständigkeit noch eine aktuelle Zuständigkeit,

---

des Bürgerlichen Rechts S. 581 lediglich als Beleg für die naturrechtliche Ableitung des allgemeinen Persönlichkeitsrechts angeführt.

400 *Leuze*, Entwicklung des Persönlichkeitsrechts S. 65.

401 *Klingner*, Rechtsfähigkeit und allgemeines Persönlichkeitsrecht S. 47.

402 *Klingner*, Rechtsfähigkeit und allgemeines Persönlichkeitsrecht S. 48.

403 *Klingner*, Rechtsfähigkeit und allgemeines Persönlichkeitsrecht S. 49, 50.

404 *Klingner*, Rechtsfähigkeit und allgemeines Persönlichkeitsrecht S. 54.

nämlich die Innehabung des allgemeinen Persönlichkeitsrechts, beinhalte.[405] Die juristische Person sei Person nur im engeren Sinn, der Mensch dagegen Person im weiteren Sinn.[406]

Ähnlich wie die Konstruktion *Leuzes*[407] scheint auch das von *Klingner* entworfene Modell vornehmlich dem Zweck zu dienen, die besondere Stellung des allgemeinen Persönlichkeitsrechts zur Geltung zu bringen. Dieses hebt er wohl vor allem aus Gründen der Symbolwirkung aus dem Kreis der subjektiven Rechte heraus; hinsichtlich des praktischen Schutzes ergibt sich daraus kein Unterschied, wie *Klingner*[408] selbst einräumt. Seine Aufspaltung des Personbegriffs in einen (in seiner Bedeutung dem herkömmlichen Personbegriff entsprechenden) engen und einen weiten Personbegriff ermöglicht es ihm, einerseits die natürlichen Personen mit dem allgemeinen Persönlichkeitsrecht auszustatten, obwohl er dieses nicht als subjektives Recht ansieht, andererseits aber dennoch die juristischen Personen, denen nach seiner Ansicht kein allgemeines Persönlichkeitsrecht zukommt, weiterhin als Personen zu bezeichnen.

3. Stellungnahme

Die beiden vorgestellten Modelle weisen mehrere Gemeinsamkeiten auf:

Erstens entspringt die Rechtsfähigkeit des Menschen sowohl nach *Leuze* als auch nach *Klingner* dessen in der Menschenwürde verankerten und damit der Rechtsordnung vorgegebenen allgemeinen Persönlichkeitsrecht. In der chinesischen Rechtswissenschaft hingegen geht man wenigstens zum Teil davon aus, dass sogar die Menschenrechte selbst den Bürgern erst von der Verfassung „verliehen" werden.[409] Die Idee eines der Rechtsordnung vorgegebenen allgemeinen Persönlichkeitsrechts fände daher wohl keine ungeteilte Zustimmung.

Zweitens sind beide Autoren bestrebt, diese von ihnen angenommene herausgehobene Stellung des allgemeinen Persönlichkeitsrechts in dogmatischer Hinsicht durch die Überordnung des allgemeinen Persönlichkeitsrechts über die Rechtsfähigkeit zur Geltung zu bringen. Die zu diesem Zweck vorgenommene Verengung (*Leuze*) bzw. Aufspaltung (*Klingner*) hergebrachter Begriffe kann jedoch nicht vollständig überzeugen, zumal nicht sichtbar wird, welchen praktischen Nutzen diese begrifflichen Operationen bringen.

Von entscheidender Bedeutung für die oben gestellte Frage, ob sich hier Anregungen für die Diskussion über die Persönlichkeitsrechte der juristischen Personen im

---

405 *Klingner*, Rechtsfähigkeit und allgemeines Persönlichkeitsrecht S. 57. – Die Verwendung der Attribute „eng" und „weit" bezieht sich also auf den *Anwendungsbereich* des so spezifizierten Personbegriffs; hinsichtlich der zu erfüllenden Voraussetzungen ist freilich der „weite" Personbegriff der engere von beiden.

406 *Klingner*, Rechtsfähigkeit und allgemeines Persönlichkeitsrecht S. 59.

407 Dazu oben 1.

408 *Klingner*, Rechtsfähigkeit und allgemeines Persönlichkeitsrecht S. 48, 53.

409 Vgl. etwa *Sun*, Recht der deliktischen Handlungen S. 156 bei Fn. 34.

chinesischen Recht finden lassen, ist jedoch ein dritter Punkt: Beide Autoren gehen davon aus, dass das allgemeine Persönlichkeitsrecht dem positiven Recht vorgegeben sei und ausschließlich dem Menschen, nicht auch den juristischen Personen, zustehe. Von dort aus gelangen sie zu ihren Konstruktionen des Verhältnisses zwischen allgemeinem Persönlichkeitsrecht und Rechtsfähigkeit. Im chinesischen Recht stellt sich aber gerade die umgekehrte Frage: Dass die juristischen Personen rechtsfähig sind, unterliegt keinem Zweifel; fraglich ist nur, ob zu dieser Rechtsfähigkeit ein allgemeines Persönlichkeitsrecht hinzukommen kann oder gar muss. Es wäre folglich ein Zirkelschluss, den oben dargestellten Konstruktionen des Verhältnisses zwischen allgemeinem Persönlichkeitsrecht und Rechtsfähigkeit Argumente zur Beantwortung dieser Frage zu entnehmen.

Daher ist im Weiteren davon auszugehen, dass die Persönlichkeitsrechte subjektive Rechte[410] und folglich der Rechtsfähigkeit nachgeordnet sind.[411]

---

410 So in der deutschen Literatur z.B. Staudinger/*Habermann/Weick* Rn. 18; *Rüthers/Stadler*, AT BGB § 5 Rn. 3; *Pawlowski*, AT BGB § 3 II 1 Rn. 292a.

411 So auch *Wang*, Persönlichkeitsrecht S. 42, der die Eigenschaft als Zivilsubjekt als Voraussetzung für die Innehabung von Persönlichkeitsrechten sieht.

C. Das Persönlichkeitsrecht der natürlichen Personen

Die folgende Übersicht über die Persönlichkeitsrechte der natürlichen Personen hat in erster Linie den Zweck, das Terrain für die Diskussion der Persönlichkeitsrechte der juristischen Personen abzustecken. Denn dieser Diskussion liegt ganz überwiegend die Frage zugrunde, ob und inwieweit die juristischen Personen in Analogie zu den natürlichen Personen durch Persönlichkeitsrechte geschützt werden können. Die für die natürlichen Personen anerkannten oder wenigstens in Erwägung gezogenen besonderen Persönlichkeitsrechte geben also den Rahmen vor, innerhalb dessen sich die Überlegungen zur juristischen Person bewegen.

Infolge dieser Zwecksetzung soll hier nicht auf alle Einzelfragen eingegangen werden. Weitgehend ausgespart bleiben die Schranken des Schutzes; von der Darstellung der Verletzungshandlungen und der Ansprüche im Verletzungsfall sowie der Frage des pränatalen und postmortalen Persönlichkeitsschutzes der natürlichen Personen wird gänzlich abgesehen.

I. Bürger und natürliche Person

In den AGZ wird statt des Ausdrucks „natürliche Person 自然人" durchweg der Ausdruck „Bürger 公民" verwendet; so nennt beispielsweise § 2 AGZ die Bürger und die juristischen Personen als gleichberechtigte Subjekte des Zivilrechts. Die einzige Ausnahme stellt die Überschrift des 2. Kapitels dar, die lautet: „Bürger (natürliche Personen)". Bürger der VR China sind gem. Art. 33 Abs. 1 chVerf alle Menschen mit chinesischer Staatsbürgerschaft. Die durch den Klammerzusatz der Kapitelüberschrift vorgenommene Gleichsetzung des engeren Begriffs „Bürger" mit dem weiteren Begriff „natürliche Person" scheint also nicht zuzutreffen. Jedoch gelten nach § 8 Abs. 2 AGZ die auf die Bürger bezogenen Vorschriften der AGZ auch für Ausländer und Staatenlose im Gebiet der VR China, sofern gesetzlich nichts anderes bestimmt ist.[412] Dies erklärt den Klammerzusatz der Überschrift des 2. Kapitels: Wo „Bürger" steht, ist infolge der Vorschrift des § 8 Abs. 2 AGZ grundsätzlich „natürliche Person" zu lesen.

Die Bedeutung dieses Sprachgebrauchs wird unterschiedlich eingeschätzt. Manche schließen daraus, dass das Zivilrecht nicht dem Privatrecht, sondern dem öffentlichen Recht angehöre.[413] Dies wird mit dem Hinweis abgelehnt, es sei selbstverständlich, dass sich die Gesetze eines Staates vornehmlich an die Bürger dieses

---

412 Näher dazu *CHEN*, Chinese Law S. 227f.

413 Dies referieren ohne Angabe von Quellen *GUO* et al., Personenrecht S. 126. Die Auffassung, das Zivilrecht sei öffentliches Recht, wurde jedenfalls vertreten von *TAO*, Entwurf des Zivilgesetzbuches S. 434 (Vortrag von *TAO*, der einer der Leiter der damaligen Arbeitsgruppe zur Erstellung eines Zivilgesetzbuchentwurfs war, in der Zentralen Kaderschule für Politik und Recht am 20. 7. 1981 anlässlich der Vorstellung des von 1979 an gerechnet dritten Entwurfs eines Zivilgesetzbuchs [vgl. *MÜNZEL*, Zivilgesetzbuch S. 425]).

Staates richteten.[414] Mit demselben Argument wendet man sich auch gegen die Auffassung *Zhangs*[415], in der Verwendung des Ausdrucks „Bürger“ zeige sich die Abgeschottetheit und Nicht-Privatrechtlichkeit des Zivilrechts.[416]

Einen Hinweis auf den Ursprung der praktischen Gleichsetzung der Begriffe „Bürger“ und „natürliche Person“ gibt die Aussage *Jiangs*, ein großer Unterschied zwischen Bürger und natürlicher Person bestehe nur in Ländern, in denen zwischen öffentlichem Recht und Privatrecht unterschieden werde.[417] Diese Unterscheidung wurde in der sozialistischen sowjetischen Rechtswissenschaft als Überbleibsel bürgerlichen Rechtsdenkens bezeichnet, das angesichts der Einheit der Gesellschaftsverhältnisse auf das Sowjetrecht nicht passe.[418, 419] Dieses Argument spielte auch in dem Streit um die Abgrenzung zwischen „Wirtschaftsrecht“[420] und Zivilrecht[421] eine Rolle, der aus der Sowjetunion übernommen worden war[422] und der noch die Entwurfsarbeiten Anfang der 1980er Jahre behindert hat,[423] dann aber aufgrund

---

414 *Guo* et al., Personenrecht S. 126. Gegen die Einordnung des Zivilrechts als öffentliches Recht auch *Jiang/Zhang*, Zivilrecht S. 33 und *passim*. *Ma*, Civil Law S. 33 ordnet das Zivilrecht ohne Umschweife dem Privatrecht zu.

415 *Zhang Junhao* (张俊浩), Prinzipien der Zivilrechtswissenschaft (民法学原理), Beijing 1997, S. 98 (zitiert nach *Guo* et al., Personenrecht S. 126 Fn. 1 und *Jiang*, Zivilrecht S. 100 Fn. 1).

416 *Guo* et al., Personenrecht S. 126.

417 *Jiang*, Zivilrecht S. 99.

418 *Reich*, Sozialismus und Zivilrecht S. 293.

419 *Wei*, Civil Law S. 52 bemerkt, die sowjetische Rechtswissenschaft habe den Begriff „natürliche Person“ abgelehnt, weil man der Ansicht gewesen sei, dieser lasse alle politischen und wirtschaftlichen Faktoren unberücksichtigt und eigne sich nicht zur Abgrenzung des sowjetischen Rechts vom kapitalistischen Recht. (Interessanterweise zeigt sich nach Ansicht von *Zheng*, AGZ und Bürger S. 16 aber gerade in der Überwindung der Differenzierung zwischen „natürlicher Person“ und „Bürger“ der sozialistische Charakter des chinesischen Zivilrechts.) Konkreter heißt es bei *Chen*, Chinese Law S. 226f., die Ablehnung habe darauf beruht, dass man die naturrechtliche Lehre (der der Begriff „natürliche Person“ zugeordnet wurde) für mit der marxistisch-leninistischen Doktrin unvereinbar hielt. Wie *Chen* weiter ausführt, zeigt sich hier ein konzeptioneller Unterschied zwischen chinesischem und westlichem Recht: Nach chinesischem Verständnis werde die Rechtspersönlichkeit des Menschen durch den Staat nicht lediglich anerkannt, sondern ihm erst durch den Staat verliehen. Allerdings wird dies heute wenigstens teilweise anders gesehen, so von *Ma*, Civil Law S. 94.

420 In Anlehnung an *Reich*, Sozialismus und Zivilrecht S. 302 ist diese auf die Gesetzgebung zielende Bedeutung des Konzepts „Wirtschaftsrecht“ zu unterscheiden von dessen Bedeutung für Rechtswissenschaft und Rechtsunterricht, wo der Begriff „Wirtschaftsrecht“ unbestritten seine Berechtigung hat. So stellen *Heuser*, Wirtschaftsrecht und *Wolff*, Wirtschaftsrecht unter dieser Überschrift diejenigen Bereiche des Rechts dar, die für wirtschaftliche Aktivitäten in China relevant sind.

421 Nach *Chen*, Chinese Law S. 221 hing dieser Streit mit der Debatte um die privat- oder öffentlichrechtliche Einordnung des Zivilrechts zusammen: Diese drehte sich um die *Natur* des Zivilrechts, jener um die *Reichweite* des Zivilrechts.

422 Zu diesem Streit im Sowjetrecht *Reich*, Sozialismus und Zivilrecht S. 288–303, wo das Argument der überholten Unterscheidung von öffentlichem Recht und Privatrecht auf S. 293 erwähnt wird. Das „Wirtschaftsrecht“ im Sinn dieser Debatte sollte für die plangebundenen Wirtschaftsverträge zwischen (staatlichen) Unternehmen gelten, wogegen die allenfalls indirekt plangebundenen Verträge mit Bürgern durch das Zivilrecht geregelt werden sollten, vgl. *Reich*, Sozialismus und Zivilrecht S. 292.

423 *Sun/Yang*, Zehn Jahre AGZ S. 5; *Münzel*, Chinas Recht 12. 4.86/1 Anm. 1.

seiner praktischen Bedeutungslosigkeit eingeschlafen ist.[424] Möglicherweise handelt es sich bei der Verwendung des Ausdrucks „Bürger" statt „natürliche Person" in den AGZ um einen Ausläufer dieser Debatte.[425]

Abschließend kann festgehalten werden, dass wie bereits ausgeführt[426] unter dem „Bürger" im Sinne der AGZ die „natürliche Person" zu verstehen ist.[427] Gleiches gilt mit folgender Maßgabe auch für die vorliegende Darstellung: Überall dort, wo es der Klarheit der Gegenüberstellung zur juristischen Person dient, ist von „natürlichen Personen" die Rede (so bereits in der Überschrift dieses Abschnitts, vgl. S. 61); wo aber die zitierten Quellen vom „Bürger" sprechen, wird dies nach Möglichkeit übernommen.

II. Rechtsfähigkeit der natürlichen Person

Beginn und Ende der Rechtsfähigkeit der natürlichen Person ergeben sich aus der Vorschrift des § 9 AGZ, wonach die Zivilrechtsfähigkeit des Bürgers mit der Geburt beginnt und mit dem Tod endet.

Als Zeitpunkt der Geburt i.S.d. § 9 AGZ sind grundsätzlich alle Stadien des Geburtsvorgangs vom Einsetzen der Wehen über das teilweise bzw. vollständige Verlassen des Mutterleibs und das Abtrennen der Nabelschnur bis hin zum ersten selbständigen Atemzug oder zum ersten Schrei des Neugeborenen denkbar.[428] Nach der pragmatischen Regelung des § 1 Abs. 1 Ziff. 1 AGZ-Ansichten ist Zeitpunkt der Geburt der im Haushaltregister ausgewiesene Zeitpunkt; bei Fehlen dieses Nachweises gilt der Zeitpunkt, der in der vom Krankenhaus ausgestellten Geburtsurkunde angegeben ist. Nur wenn auch dieser Nachweis fehlt,

---

424 MÜNZEL, Chinas Recht 12. 4.86/1 Anm. 1. – Einen erneuten (fruchtlos gebliebenen) Vorstoß in Richtung des Erlasses von „Allgemeinen Grundsätzen des Wirtschaftsrechts" in Parallele zu den AGZ unternahm im Jahr 1991 *XIE*, „Allgemeine Grundsätze des Wirtschaftsrechts".

425 Eine andere Überlegung, die ebenfalls auf „sozialistische" Wurzeln des Phänomens verweist, findet sich bei *HEUSER*, Wirtschaftsrecht S. 58: Nach *HEUSER* ist die Verwendung des Begriffs „Bürger" statt „natürliche Person" das Ergebnis der in der chinesischen Rechtsordnung geltenden (dem „sozialistischen" Rechtssystem entsprechenden) Ansicht, alle Rechte seien durch den Staat geschaffen, Adressat staatlicher Gesetzgebung könnten aber nur die Bürger des jeweiligen Staates sein. – Mit der gleichen Selbstverständlichkeit wie in den AGZ werden Bürger und natürliche Personen gleichgesetzt bei *Autorenkollektiv*, Das sozialistische Recht S. 350, was ebenfalls darauf hindeutet, dass dies ein Merkmal des sozialistischen Rechts ist.

426 Oben S. 61.

427 So *GUO* et al., Personenrecht S. 125; ebenso *WEI*, Civil Law (1. Aufl.) S. 50 mit dem Hinweis, dass im VertragsG von 1999 ausschließlich der Ausdruck „natürliche Person" verwendet wird (vgl. § 2 Abs. 1 VertragsG, wo ganz ähnlich wie in § 2 AGZ von gleichberechtigten Subjekten die Rede ist, statt der „Bürger" aber die „natürlichen Personen" genannt werden). Bereits *TONG*, AGZ spricht ohne Erläuterung zunächst (Überschrift S. 33) vom „Bürger", dann (S. 34/35) aber von „natürlichen Personen". – Auch in § 1 Abs. 1 SeelSE-Auslegung ist von Persönlichkeitsrechten „der natürlichen Personen" die Rede, obwohl die einschlägigen Vorschriften der AGZ stets vom „Bürger" sprechen.

428 Vgl. *YANG*, Persönlichkeitsrecht S. 129, 130.

wird der Geburtszeitpunkt unter Heranziehung „anderer einschlägiger Beweise“ ermittelt.

Jedenfalls noch nicht rechtsfähig ist der Embryo.[429] Jedoch entfaltet die mit der Geburt erlangte Rechtsfähigkeit bereits im Embryonalstadium eine gewisse Vorwirkung: So heißt es in § 28 des chinesischen Erbrechtsgesetzes (ErbG):

> Bei der Teilung des Nachlasses muß der Erbteil einer Leibesfrucht vorbehalten werden. Ist die Leibesfrucht bei der Geburt tot, so wird mit dem vorbehaltenen Erbteil nach der gesetzlichen Erbfolge verfahren.[430]

Dies gewährleistet den Schutz der erbrechtlichen Interessen des Embryos für den Fall, dass der Embryo lebend geboren wird.[431] Keinen derartigen Schutz sieht das geltende Recht jedoch für den Fall der pränatalen Gesundheitsschädigung vor.[432] In Anlehnung an die erbrechtliche Regelung schlägt *WEI* vor, dem trotz der Gesundheitsschädigung lebend Geborenen einen Schadensersatzanspruch zuzuerkennen.[433]

Hinsichtlich der Bestimmung des Todeszeitpunktes wird in Anlehnung an § 1 Abs. 1 Ziff. 1 AGZ-Ansichten vorgeschlagen, sich in der Praxis grundsätzlich an den in der Sterbeurkunde ausgewiesenen Zeitpunkt zu halten.[434] Natürlich gibt es wie auch bei der Frage des Geburtszeitpunkts zahlreiche an physiologische Merkmale (z.B. Herz-, Gehirn- oder Lungenfunktion) anknüpfende Ansätze,[435] die hier aber ebensowenig von rechtspraktischem Nutzen sind wie dort.

III. Besondere Persönlichkeitsrechte

Die Anzahl der befürworteten besonderen Persönlichkeitsrechte der natürlichen Personen schwankt von Autor zu Autor innerhalb einer Bandbreite von 7 bis 12 besonderen Persönlichkeitsrechten.[436] Dies liegt hauptsächlich daran, dass manche als eigenständiges besonderes Persönlichkeitsrecht betrachten, was andere in den

---

429 *WEI*, Civil Law S. 54; *MA*, Civil Law S. 70; *JIANG*, Zivilrecht S. 102.

430 Übersetzung von *MÜNZEL*, Chinas Recht 10. 4.85/1 (die alte Rechtschreibung wurde auf ausdrücklichen Wunsch *MÜNZELS* beibehalten).

431 *JIANG*, Zivilrecht S. 102/103; ebenso *MA*, Civil Law S. 70, der nachdrücklich darauf hinweist, dass diese Regelung nichts daran ändert, dass der Embryo nicht rechtsfähig ist.

432 *WEI*, Civil Law S. 55; *JIANG*, Zivilrecht S. 103.

433 *WEI*, Civil Law S. 55. *De lege ferenda* weitergehend *JIANG*, Zivilrecht S. 103, der vorschlägt, bereits dem Embryo unter bestimmten Voraussetzungen Rechtsfähigkeit zu verleihen.

434 *YANG*, Persönlichkeitsrecht S. 131.

435 *YANG*, Persönlichkeitsrecht S. 131.

436 *YIN*, Subject of Civil Law S. 112ff.: 7; *GUO* et al., Personenrecht S. 377ff., 443ff.: 8 (5 „Rechte am Körper“ und 3 Persönlichkeitsrechte; zu den Besonderheiten der Konzeption von *GUO* et al. vgl. oben B.IV.2); *JIANG*, Zivilrecht S. 281 ff. und *WANG*, Persönlichkeitsrecht S. 303 ff. sowie *WEI*, Civil Law S. 648ff.: 10; *WEI*, Civil Law (1. Aufl.) S. 642ff.: 11 (über die in der aktuellen Auflage genannten besonderen Persönlichkeitsrechte hinaus wird dort das Recht auf Selbstbestimmung über die Ehe behandelt); *SU*, Zivilrecht S. 148ff. und *YANG*, Personal Right S. 136ff.: 12.

Schutzbereich eines anderen besonderen Persönlichkeitsrechts einbeziehen wollen.[437]

1. Gesetzlich geregelte oder von der Rechtsprechung anerkannte Persönlichkeitsrechte

a) Recht auf Leben

Das Recht auf Leben[438] 生命权 wird durch § 98 AGZ gewährleistet. Das Leben ist die natürliche Grundlage für die Existenz der Rechtspersönlichkeit des Bürgers und für seine zivilrechtlichen Aktivitäten.[439] Die besondere Bedeutung des Rechts auf Leben als wichtigstes Personenrecht wird dadurch verdeutlicht, dass § 98 AGZ ganz am Beginn der Regelung der Personenrechte steht.[440] Allerdings hat es keine ausdrückliche[441] Aufnahme in die Verfassung gefunden – im Unterschied zur persönlichen Freiheit (Art. 37 chVerf) und zur Würde der Persönlichkeit (Art. 38 chVerf) des Bürgers[442].

Gegenstand des Rechts auf Leben ist die Sicherheit des Lebens.[443] Das Recht wird mit der Geburt erworben und endet mit dem Tod.[444] Aber auch der Schutz des Lebens des (noch nicht rechtsfähigen, vgl. oben II.) Embryos wird diskutiert.[445]

b) Recht auf Gesundheit

Auch das Recht auf Gesundheit 健康权 ist in § 98 AGZ geregelt. Es wird als wichtige Voraussetzung für die zivilrechtlichen Aktivitäten des Bürgers bezeichnet.[446]

---

437 Beispielhaft dafür der Überblick bei Yin, Personal Right S. 22 Fn. 2.

438 Die Unterscheidung zwischen Rechtsgütern und Rechten ist dem chinesischen Recht fremd, vgl. Feuerstein, Außervertragliches Haftungsrecht S. 89.

439 Tang/Gao, Neuer AGZ-Kommentar S. 2273.

440 Tang/Gao, Neuer AGZ-Kommentar S. 2266.

441 In Art. 33 Abs. 3 chVerf heißt es lediglich, der Staat respektiere und schütze die Menschenrechte.

442 Der verfassungsrechtliche Schutz ist in persönlicher Hinsicht allerdings auf Bürger i.S.d. Art. 33 Abs. 1 chVerf beschränkt, also auf Staatsangehörige der VR China. Eine dem § 8 Abs. 2 AGZ entsprechende Vorschrift (vgl. dazu oben C.I) gibt es in der chVerf nicht.

443 Tang/Gao, Neuer AGZ-Kommentar S. 2273; Yang et al., Personenrechte S. 162, 164.

444 Tang/Gao, Neuer AGZ-Kommentar S. 2273.

445 Yang, Personal Right S. 139 meint, das Leben des Embryos sei zwar eine Form von Leben, aber eben nur eine „vorfristige Form des Lebens 先期的生命形式". Auch diese Vorstufe sei rechtlich geschützt; jedoch wird zu diesem Schutz nichts Näheres mitgeteilt. – Die Gründe für diese etwas unklare Haltung scheinen auf bei Wang, Persönlichkeitsrecht S. 339, der auf die Zusammenhänge zwischen Ein-Kind-Politik, pränataler Geschlechtsbestimmung, Abtreibungen und künftigem Männerüberschuss in China hinweist: Das Problem ist von einiger politischer Brisanz (vgl. Heilmann, Politisches System S. 197–199). Ausdrücklich stellt Chen, Chinese Law S. 229 einen Zusammenhang zwischen der Abtreibungspraxis als Mittel der Kontrolle des Bevölkerungswachstums und dem eingeschränkten Schutz der Interessen des Embryos her.

446 Tang/Gao, Neuer AGZ-Kommentar S. 2266.

Die sachliche[447] Reichweite des Schutzbereichs des Rechts auf Gesundheit ist umstritten. Einigkeit besteht darüber, dass jedenfalls die körperliche Gesundheit erfasst sein soll. Darüber hinaus bejaht eine Ansicht auch den Schutz der seelischen Gesundheit.[448] Die Gegenmeinung lehnt dies ab und erkennt nur solche Beeinträchtigungen als Gesundheitsverletzung an, die sich physiologisch niederschlagen; in den Schutzbereich sollen also nur Beeinträchtigungen der nervlichen Gesundheit 精神健康 als Funktionsstörungen des Nervensystems 神经系统 fallen, nicht dagegen Beeinträchtigungen der seelischen Gesundheit 心理健康.[449] Begründet wird dies damit, dass das Recht auf Gesundheit ein stoffliches[450] Persönlichkeitsrecht sei.[451]

Die restriktive Ansicht verkennt, dass körperliche und seelische Vorgänge und Zustände bei näherem Hinsehen nur schwer voneinander zu trennen sind:[452] Mit jeder Beeinträchtigung des menschlichen Befindens geht physiologisch ein bestimmter Zustand des Nervensystems einher. Die Unterscheidung einer „seelischen" von einer „nervlichen" Gesundheit könnte also allenfalls anhand sehr unscharfer Kriterien durchgeführt werden: Ein solches Kriterium könnte die Dauerhaftigkeit der Beeinträchtigung sein, so dass nur (wie lange?) andauernde Veränderungen des Zustands des Nervensystems als Gesundheitsbeeinträchtigung zu sehen wären. Diese Überlegungen zeigen, dass die zunächst einleuchtend wirkende begriffliche Differenzierung zwischen nervlicher und seelischer Gesundheit praktisch kaum durchführbar ist.[453]

Für die restriktive Ansicht bringt *Yang* vor, die Einbeziehung der seelischen Gesundheit führe zu einer Vermischung des Schadensersatzes wegen Gesundheitsverletzung mit dem Schmerzensgeldanspruch für seelisches Leid. Dies stimmt zwar insofern, als offenbar tatsächlich die Gefahr der Verwirrung besteht: *Tang/Gao* führen als Beispiel für die Verletzung der seelischen Gesundheit neben der irrtümlichen Überbringung der Nachricht vom Tod eines nahen Angehörigen auch die Rufschädigung an.[454] Der zweite Fall ist richtigerweise nicht als Schädigung der seelischen Gesundheit einzuordnen, sondern als Verletzung des Rechts am Ruf[455] (mit der möglichen Folge der Zuerkennung eines Schmerzensgeldanspruchs, vgl. § 1 Abs. 1 Nr. 2 SeelSE-Auslegung). Zwangsläufig ist diese Verwirrung indes nicht: *Wang* befürwortet zwar die Einbeziehung der seelischen Gesund-

---

447 Eine Frage der zeitlichen Reichweite ist das Problem des Schutzes im Fall der pränatalen Gesundheitsschädigung, dazu oben C.II.
448 *Tang/Gao*, Neuer AGZ-Kommentar S. 2274.
449 *Yang*, Personal Right S. 155.
450 Zu den Klassifizierungsversuchen vgl. oben B.IV. 2.
451 *Yang*, Personal Right S. 155.
452 So auch *Tang/Gao*, Neuer AGZ-Kommentar S. 2274/2275.
453 Jedenfalls weist diese Fragestellung über den Bereich der Rechtswissenschaft hinaus. Einen sehr pointierten Überblick über die verschiedenen Ansätze zur Lösung des sog. Leib-Seele-Problems von *Descartes* bis zur heutigen Neuropsychologie bietet *Marx*, Das Licht im Inneren des Kopfes.
454 *Tang/Gao*, Neuer AGZ-Kommentar S. 2274.
455 Vgl. dazu unten C.III. 1.f).

heit,[456] stellt aber gleichzeitig klar, dass auch bei Schädigung der seelischen Gesundheit in erster Linie Ersatz des Vermögensschadens, d.h. Ersatz der Kosten der Heilbehandlung, zu leisten ist.[457]

Die erste, auch die seelische Gesundheit einbeziehende Ansicht hat den Vorzug, dass sie die Möglichkeit eröffnet, die Entscheidung darüber, ob eine Beeinträchtigung Krankheitswert hat, der Medizin zu überlassen.[458] Überdies geben TANG/GAO zu bedenken, dass die Nichteinbeziehung der seelischen Gesundheit zu einer übermäßigen Ausweitung des Anwendungsbereichs des Schmerzensgeldanspruchs führen würde,[459] da dies dann die einzige Möglichkeit wäre, dem an seiner seelischen Gesundheit Geschädigten einen Anspruch zu gewähren. In das Recht auf Gesundheit sollte folglich nicht nur die körperliche, sondern auch die seelische Gesundheit einbezogen werden.

c) Recht am Körper

In § 98 AGZ wird ein Recht am Körper 身体权[460] nicht ausdrücklich genannt. Teilweise wird zur Begründung des Rechts am Körper darauf verwiesen, dass dieses nach der gesetzgeberischen Intention vom Recht auf Gesundheit aus § 98 AGZ umfasst sei.[461] Überzeugender ist der Hinweis auf Vorschriften, in denen das Recht am Körper mehr oder weniger ausdrücklich angesprochen wird: Art. 37 Abs. 3 chVerf verbietet die widerrechtliche körperliche Durchsuchung des Bürgers; § 119 AGZ enthält eine Schadensersatzpflicht bei Verletzung des Körpers eines Bürgers, die durch §§ 146, 147 AGZ-Ansichten für Fälle der Minderung oder des Verlusts der Arbeitsfähigkeit bzw. des Todes des Verletzten konkretisiert wird.[462] Vor allem aber wird das Recht am Körper in § 1 Abs. 1 Nr. 1 SeelSE-Auslegung ausdrücklich neben dem Recht auf Leben und dem Recht auf Gesundheit erwähnt; ferner ebenso in Ziff. 1 der ZivilGrBest[463].

Zur Abgrenzung des Rechts am Körper vom Recht auf Gesundheit wird ausgeführt, ersteres schütze die Integrität des Körpers, während letzteres die Funktion des Organismus schütze.[464] Verletzungen des Körpers wirkten sich in der Regel äußerlich aus, wogegen Gesundheitsschädigungen das Körperinnere betreffen.[465] Eine Körperverletzung gehe nicht notwendig mit einer Gesundheitsschädigung

---

456 WANG, Persönlichkeitsrecht S. 372.
457 WANG, Persönlichkeitsrecht S. 371/372.
458 Wie es das Oberste Volksgericht ja auch hinsichtlich des Geburtszeitpunktes vorsieht, vgl. oben C.II.
459 TANG/GAO, Neuer AGZ-Kommentar S. 2275.
460 GUO et al., Personenrecht S. 377 sprechen statt vom Recht am Körper von einem „Recht am stofflichen Organismus 物质机体权“ oder „Recht am Körper im engeren Sinn“, vgl. dazu oben B.IV. 2.
461 TANG/GAO, Neuer AGZ-Kommentar S. 2275; YANG, Personal Right S. 179.
462 Hinweise bei JIANG, Zivilrecht S. 285.
463 Beachte zu diesen Bestimmungen B.V. 4.c).
464 WANG, Persönlichkeitsrecht S. 379; YANG et al., Personenrechte S. 130.
465 TANG/GAO, Neuer AGZ-Kommentar S. 2276, JIANG, Zivilrecht S. 284.

einher.[466] Als Beispiele für eine Verletzung des Körpers ohne gleichzeitige Gesundheitsschädigung werden genannt: Abrasieren der Augenbrauen oder Kahlscheren einer Kopfhälfte (sog. Yin-Yang-Kopf 阴阳头),[467] also die Entstellung des körperlichen Erscheinungsbildes des Verletzten, sowie Übergießen des Kopfes mit Jauche[468] oder das Verabreichen von Ohrfeigen[469], d.h. körperliche Misshandlungen.

d) Recht am Namen

Nach § 99 Abs. 1 AGZ hat der Bürger ein Recht an seinem Familien- und Vornamen 姓名权. In den Schutzbereich fallen u. a. auch Schriftstellerpseudonyme 笔名 und Künstlernamen 艺名, soweit diese als für eine bestimmte Person stehend verstanden werden können und damit wie Familien- und Vorname die Funktion eines Erkennungszeichens haben.[470]

(1) Wirtschaftliche Bedeutung

Das durch § 99 Abs. 1 AGZ gewährleistete Recht, den eigenen Namen zu gebrauchen, umfasst unter Umständen auch eine wirtschaftliche Komponente: Der Berechtigte kann seinen Namen nicht nur selbst gebrauchen, sondern er kann dies für bestimmte Situationen auch einem anderen erlauben,[471] etwa zu Werbezwecken.[472] Von Bedeutung sind hier in erster Linie die Werbung mit den Namen bekannter oder berühmter Personen[473] sowie die Verwendung solcher Namen als Firma oder als Marke.[474]

In den beiden letzten Fällen stellt sich das Problem, dass die aus dem Namen bestehende Firma oder Marke zwar einen Gebrauch des Namens darstellt, der Name durch diese besondere Art des Gebrauchs aber nicht mehr dem Namensrecht, sondern dem Recht an der Bezeichnung[475] bzw. dem Markenrecht unterfällt.[476] Im Fall des Rechts an einer Marke bedeutet das beispielsweise, dass dieses (anders als das höchstpersönliche Namensrecht) gem. § 39 des chinesischen Markengesetzes (chMarkenG) übertragen werden kann, was beträchtlich zur wirtschaftlichen Funktionalität der Marke beiträgt. Um dieser erwünschten, weil den Bedürfnissen des Wirtschaftslebens entsprechenden Folge willen gilt also der Schutz des Namensrechts aus § 99 Abs. 1 AGZ nicht. Das wird damit erklärt, dass das Gebrauchsrecht am Namen in diesen Fällen „in gewissem Sinn" übertragen werde und der Name

466 Statt aller nur TANG/GAO, Neuer AGZ-Kommentar S. 2276.
467 JIANG, Zivilrecht S. 285.
468 JIANG, Zivilrecht S. 285.
469 WANG, Persönlichkeitsrecht S. 379.
470 WANG, Persönlichkeitsrecht S. 407.
471 TANG/GAO, Neuer AGZ-Kommentar S. 2280.
472 Vgl. GUO et al., Personenrecht S. 485; WANG, Persönlichkeitsrecht S. 409.
473 WANG, Persönlichkeitsrecht S. 409; YANG et al., Personenrechte S. 178/179.
474 YANG, Personal Right S. 197.
475 Näher zu diesem in § 99 Abs. 2 S. 1 AGZ geregelten Recht an der Bezeichnung unter D.II. 1.a).
476 YANG, Personal Right S. 197.

dann „kein Name im eigentlichen Sinn" (gemeint ist: kein Name i.S.d. § 99 Abs. 1 AGZ) mehr sei.[477] Dies ist wohl dahingehend einzuschränken bzw. zu präzisieren, dass der Name nur in seiner durch Einräumung des Nutzungsrechts geschaffenen Funktion als Unternehmenskennzeichen oder Marke kein Name i.S.d. § 99 Abs. 1 AGZ mehr ist. Daneben bleibt aber die Funktion des Namens als Kennzeichen seines ursprünglichen Trägers erhalten[478]; insoweit ist der Name weiterhin dem Schutz des Namensrechts unterstellt.

(2) Keine Einbeziehung des urheberrechtlichen Namensnennungsrechts

Fraglich ist, ob das urheberrechtliche Recht auf Namensnennung als Bestandteil des Namensrechts einzuordnen ist. Nach § 10 Abs. 1 Nr. 2 des chinesischen Urheberrechtsgesetzes (chUrhG) umfasst das Namensnennungsrecht die Befugnis des Werkschöpfers, die Urheberschaft für sich zu reklamieren und seinen Namen im Zusammenhang mit dem Werk zu nennen.

Wang räumt zwar ein, dass Namensrecht und Namensnennungsrecht in enger Beziehung zueinander stehen, hält aber nur das Namensrecht für ein Persönlichkeitsrecht, wogegen das Namensnennungsrecht ein urheberrechtliches Recht sei und nicht als Teil des Namensrechts verstanden werden könne.[479] Er stützt diese Auffassung darauf, dass sich die beiden Rechte in dreierlei Hinsicht unterschieden: Erstens sei das Namensrecht untrennbar mit der Person verbunden, das Namensnennungsrecht hingegen könne übertragen oder aufgegeben werden; zweitens werde nur das Namensrecht automatisch mit der Geburt erworben, das Namensnennungsrecht dagegen nur unter bestimmten weiteren Voraussetzungen; schließlich sei Gegenstand des Namensnennungsrechts anders als beim Namensrecht nicht der Name selbst, sondern das urheberrechtlich geschützte Werk.[480]

Wangs erstes Argument ist mit dem geltenden Recht nicht vereinbar. Dass das nach § 20 chUrhG keiner zeitlichen Beschränkung unterworfene Namensnennungsrecht weder übertragen noch aufgegeben werden kann,[481] ergibt sich (wenigstens hinsichtlich der Übertragbarkeit[482]) im Umkehrschluss aus § 10 Abs. 3 chUrhG. Dort wird festgelegt, dass die in § 10 Abs. 1 Nr. 5 bis 17 chUrhG geregelten Rechte übertragbar sind; das in § 10 Abs. 1 Nr. 2 chUrhG geregelte Namensnennungsrecht ist demnach nicht übertragbar. Auch verzichtet der Urheber, indem er die Namensnennung unterlässt, keineswegs auf sein Namensnennungsrecht, sondern übt es gerade dadurch (in negativer Weise) aus.[483]

---

477 *Yang*, Personal Right S. 197.
478 In dieser Funktion ist der Name nicht übertragbar, vgl. *Yang* et al., Personenrechte S. 179.
479 *Wang*, Persönlichkeitsrecht S. 414.
480 *Wang*, Persönlichkeitsrecht S. 414, 415.
481 *Wu*, Geistiges Eigentum S. 63.
482 Den Fall des *Ghostwriting* (Veröffentlichung eines Buchs nicht unter dem Namen des tatsächlichen Urhebers, sondern unter demjenigen des Auftraggebers), an den *Wang* möglicherweise gedacht hat, wird man daher als rein schuldrechtliche Verpflichtung des Urhebers gegenüber dem Auftraggeber, sein Namensnennungsrecht nicht auszuüben, verstehen müssen.
483 *Liu*, Intellectual Property S. 63.

Auch *Wangs* zweitem Einwand, das Namensnennungsrecht werde nicht automatisch mit der Geburt erworben und sei deshalb nicht als Bestandteil des (angeborenen) Namensrechts einzuordnen, fehlt es an Überzeugungskraft: Zum einen legt *Wang* nicht dar, inwiefern es ein konstituierendes Merkmal von Persönlichkeitsrechten ist, ihrem Träger von Geburt an zugeordnet zu sein. Zum anderen kann vom Standpunkt der Gegenmeinung aus ebenso gut behauptet werden, das Namensnennungsrecht sei eben doch „angeboren", da es ja Bestandteil des mit der Geburt erworbenen Namensrechts sei. Die Erfüllung der Voraussetzung für die Entstehung des Namensnennungsrechts (Schöpfung eines urheberrechtlich geschützten Werks) würde nach dieser Konzeption gerade kein eigenständiges Persönlichkeitsrecht nachträglich hervorbringen, sondern lediglich einem Teilaspekt des von Anfang an innegehabten Namensrechts zur Geltung verhelfen.

Die dritte Überlegung *Wangs*, der Gegenstand des urheberrechtlichen Namensnennungsrechts sei nicht der Name, sondern das Werk, bedarf der Präzisierung. Das Namensnennungsrecht stellt zwar in der Tat einen Bezug zwischen Urheber und Werk her, jedoch geschieht dies vermittels der Namensnennung. Das Werk ist also nur mittelbarer Gegenstand des Namensnennungsrechts; sein unmittelbarer Inhalt ist das Recht des Urhebers, unter Verwendung des Personennamens oder eines Künstlernamens die Beziehung zwischen Schöpfer und Schöpfung herzustellen.[484] Auch *Wangs* letztes Argument kann daher nicht überzeugen.

Dennoch ist *Wang* im Ergebnis zuzustimmen: Es ist jedenfalls sachnäher, das urheberrechtliche Namensnennungsrecht als Teil des subjektiven Urheberrechts aufzufassen, als es in das Namensrecht einzubeziehen. Eine andere Frage ist es, ob das als Teil des Urheberrechts verstandene Namensnennungsrecht ein (Urheber-)Persönlichkeitsrecht ist oder nicht.[485]

e) Recht am Bild

Das Recht am (eigenen) Bild 肖像权 ist in § 100 AGZ geregelt. Bild im Sinn dieser Vorschrift ist die Darstellung der äußeren Erscheinung eines Menschen durch Fotografie, Film, Video, Malerei, Bildhauerei[486] oder andere künstlerische[487] Verfahrensweisen. Es muss sich nicht um eine naturgetreue Abbildung handeln, jedoch muss das Bild einen durchschnittlichen Betrachter in die Lage versetzen, die dargestellte Person zu identifizieren.[488] Es muss sich also grundsätzlich um die Darstellung der Gesichtszüge eines Menschen handeln.[489] Allerdings wird eingeräumt, dass der Fortschritt der computergestützten Herstellung und Bearbeitung von Bildern und Videos es erforderlich macht, den Schutz auf andere Körpermerkmale zu erweitern. Als Beispiel wird die Möglichkeit genannt, Körperhaltung und Stimme

484 *Jiang*, Zivilrecht S. 290.
485 Dazu unten D.III. 7.
486 Vgl. für diese Aufzählung statt aller *Tang/Gao*, Neuer AGZ-Kommentar S. 2284.
487 So die ganz h.M.; zu Einzelheiten und zur vorzugswürdigen Mindermeinung sogleich.
488 *Yang*, Personal Right S. 223; *Jiang*, Zivilrecht S. 293.
489 *Guo* et al., Personenrecht S. 444; *Wang*, Persönlichkeitsrecht S. 446.

eines Menschen mit dem Äußeren eines anderen Menschen zu kombinieren.[490] Auch genügt es, wenn die Identifizierung erst durch die Verbindung der Darstellung mit Schriftzeichen, also etwa einer Namensnennung in der Bildunterschrift, ermöglicht wird.[491] Dagegen ist eine Darstellung ausschließlich in Form von Schriftzeichen, also mit rein sprachlichen Mitteln, kein Bild i.S.d. § 100 AGZ.[492]

Im Allgemeinen wird verlangt, dass das Bild im Wege einer „künstlerischen" Verfahrensweise entstanden ist.[493] *Wang* relativiert diese Position jedoch, indem er von der Herstellung einer Abbildung „im Wege der bildenden Kunst oder in anderer Form" spricht.[494] *Yang* hält zwar formal ausdrücklich an diesem Merkmal fest, hält es aber für möglich und geboten, dieses sehr weit auszulegen, so dass auch rein technische Mittel noch unter die künstlerische Herstellung fallen.[495] Am konsequentesten erscheint der Vorschlag von *Guo* et al., die Einschränkung auf eine künstlerische Herstellung ganz aufzugeben.[496]

Nach ganz überwiegender Auffassung umfasst das Recht am Bild neben dem Nutzungsrecht auch das Recht, Bilder überhaupt erst herzustellen.[497] Anders sehen dies nur *Guo* et al., die die Herstellung von Bildern nicht dem Recht am Bild zuordnen, da dieses Recht die Existenz eines Bildes voraussetze. Indem sie die unautorisierte Herstellung von Bildern stattdessen als Verletzung des Rechts auf Privatsphäre[498] verstehen, gelangen aber auch sie zu einem Schutz des Berechtigten in dieser Hinsicht.[499]

In § 100 AGZ heißt es zur Frage des Schutzes durch das Recht am Bild:

> Der Bürger hat ein Recht am [eigenen] Bild, ohne sein Einverständnis darf das Bild eines Bürgers nicht mit Gewinnerzielungsabsicht verwendet werden.

Einigkeit besteht darüber, dass diese Vorschrift nicht bewirkt, dass nur die Verwendung eines Bildes *mit Gewinnerzielungsabsicht* eine Verletzung des Rechts am Bild ist. Zu diesem Ergebnis gelangt man aber auf unterschiedlichen Wegen:

Teilweise wird argumentiert, § 100 AGZ enthalte nach seinem Wortlaut und seiner Position innerhalb der Systematik der AGZ nicht die Voraussetzungen einer Verletzung des Rechts am Bild, sondern schreibe lediglich vor, dass für die rechtmä-

---

490 *Wang*, Persönlichkeitsrecht S. 447.
491 *Yang*, Personal Right S. 226; *Jiang*, Zivilrecht S. 293.
492 *Wang*, Persönlichkeitsrecht S. 448; *Yang*, Personal Right S. 226/227; *Jiang*, Zivilrecht S. 293.
493 *Tang/Gao*, Neuer AGZ-Kommentar S. 2284; *Wang*, Persönlichkeitsrecht S. 446; wohl auch *Jiang*, Zivilrecht S. 294.
494 *Wang*, Persönlichkeitsrecht S. 450.
495 *Yang*, Personal Right S. 223 unten.
496 *Guo* et al., Personenrecht S. 443.
497 *Tang/Gao*, Neuer AGZ-Kommentar S. 2284; *Yang*, Personal Right S. 228; *Wang*, Persönlichkeitsrecht S. 450; *Jiang*, Zivilrecht S. 293/294; *Feuerstein*, Außervertragliches Haftungsrecht S. 97 m.w.N.
498 Näher dazu unten C.III. 2.a).
499 *Guo* et al., Personenrecht S. 447.

ßige Verwendung des Bildes eines anderen mit Gewinnerzielungsabsicht dessen Einverständnis erforderlich ist.[500]

Andere hingegen verstehen § 100 AGZ zwar durchaus so, dass die Gewinnerzielungsabsicht eine Voraussetzung für eine Verletzung des Rechts am Bild ist. Sie wenden sich aber gegen dieses unerwünschte Ergebnis, indem sie zum Teil mit den Erfordernissen eines effektiven Rechtsschutzes argumentieren.[501] Überzeugender weist *Wang* darauf hin, dass bereits im März 1988 ein vom Obersten Volksgericht veranstaltetes Fachsymposium zu dem Ergebnis gelangt ist, eine Gewinnerzielungsabsicht sei keine Voraussetzung für die Verletzung des Rechts am Bild.[502] Wieder andere stützen sich auf einen Antwortbrief des Obersten Volksgerichts[503], in dem es dieser Ansicht gefolgt ist.[504]

f) Recht am Ruf[505]

Nach § 101 AGZ hat der Bürger ein Recht an seinem Ruf 名誉权. Der Ruf ist das Resultat der umfassenden Beurteilung eines bestimmten Bürgers durch die Gesellschaft hinsichtlich seiner Tugendhaftigkeit, seiner Befähigung, seines Prestiges, seiner Verdienste und Qualifikationen etc.[506] Regelmäßig ist die den Ruf ausma-

500 *Tang/Gao*, Neuer AGZ-Kommentar S. 2286/2287; *Yang*, Personal Right S. 237.

501 So z. B. *Wang*, Persönlichkeitsrecht S. 464; *Guo* et al., Personenrecht S. 447.

502 *Wang*, Persönlichkeitsrecht S. 463.

503 Antwortbrief des Obersten Volksgerichts vom 26. 1. 1991 an das Volksgericht der Oberstufe in Shanghai, abgedruckt bei *Tang/Gao*, Neuer AGZ-Kommentar S. 2283. Näheres bei *Feuerstein*, Außervertragliches Haftungsrecht S. 98.

504 So *Yang/Yin*, Recht am Bild S. 95.

505 *Feuerstein*, Außervertragliches Haftungsrecht übersetzt 名誉 mit „Ehre", 荣誉 mit „Ruf". In Fn. 477 weist er auf die umgekehrte Lösung bei *Münzel*, Chinas Recht 12.4.86/1 hin, lehnt diese aber ab, da sich aus den Definitionen der Begriffe in der chinesischen Literatur ergebe, dass 名誉权 das Recht auf Ehre und 荣誉权 das Recht auf Ruf bedeute. Ähnlich wie *Feuerstein*, jedoch ohne Begründung, spricht auch *Qi* (*Qi*, Ehrenschutz) von einem „Ehrenrecht" aus § 101 AGZ. – Die vorliegende Arbeit schließt sich aus folgenden Gründen dennoch der Ansicht *Münzels* an: Wie *Feuerstein*, Außervertragliches Haftungsrecht ausführt, ist das 名誉权 das Recht auf Unverletzlichkeit des durch die unparteiische gesellschaftliche Beurteilung erlangten eigenen Persönlichkeitswertes (S. 100), das 荣誉权 dagegen das Recht auf Unverletzlichkeit der für besondere Verdienste und Leistungen offiziell verliehenen Auszeichnung (S. 109). Mit dem deutschen Wort „Ruf" kann nach diesen Definitionen m. E. nur 名誉 übersetzt werden, da ein „Ruf" in diesem Sinn nicht von amtlicher Seite verliehen werden kann.
Denkbar wäre allenfalls, auf den Ausdruck „Ruf" bei der Übersetzung der fraglichen Begriffe ganz zu verzichten und 名誉 wie *Feuerstein* mit „Ehre", 荣誉 dann aber mit „Ehrenbezeichnung" zu übersetzen. Jedoch spricht § 102 AGZ ausdrücklich von einem Recht an der Ehre 荣誉权, nicht an der in der Vorschrift ebenfalls erwähnten Ehrenbezeichnung 荣誉称号. Außerdem würde dies in unnötiger Weise Verwechslungen der beiden Rechte begünstigen. Schließlich erscheint „Ruf" gegenüber „Ehre" als die treffendere Übersetzung des wie oben definierten 名誉, da „Ruf" m. E. stärker als „Ehre" an ein gesellschaftliches Urteil denken lässt. So wird auch bei *Shu*, Civil Law S. 36/37 名誉 mit „reputation", 荣誉 mit „honour" übersetzt. Auch wenn *Senger*, Einführung S. 171, 172 zum vorsichtigen Umgang mit Übersetzungen chinesischer Gesetzestexte in westliche Sprachen mahnt, kann diese Übersetzung doch immerhin als Indiz die hier vertretene Auffassung unterstützen.

506 *Tang/Gao*, Neuer AGZ-Kommentar S. 2307; *Wang*, Persönlichkeitsrecht S. 479; *Yang*, Personal Right S. 245.

chende Beurteilung eine positive, also dem jeweiligen Bürger günstige Einschätzung seiner Person.[507]

Neben diesem „Ruf im engeren Sinn", der auch als „objektiver Ruf" bezeichnet werden könnte,[508] umfasst der „Ruf im weiteren Sinn" noch die (subjektive) Selbstachtung 名誉感[509] des Bürgers.[510] Diese Selbstachtung fällt jedoch nach allgemeiner Meinung nicht in den Schutzbereich des Rechts am Ruf, da der Ruf ein objektives gesellschaftliches Urteil sei.[511]

Wenn GUO et al. ausführen, der Ruf sei ein subjektives Urteil,[512] steht dies nur auf den ersten Blick in Widerspruch zur oben dargestellten Auffassung. Es geht ihnen dabei nämlich um die Subjektivität des *Zustandekommens* des Rufs durch eine Vielzahl subjektiver Einschätzungen, die unter Umständen ganz irrational sein können. Dagegen bezieht sich die Behauptung der Objektivität des Rufs nicht auf dessen Zustandekommen. Vielmehr zielt sie darauf, die Entscheidung darüber, ob eine bestimmte Handlung den Ruf beschädigt hat, nicht vom subjektiven Empfinden des Geschädigten abhängig zu machen.[513]

Notwendige (aber auch hinreichende[514]) Voraussetzung einer Verletzung des Rechts am Ruf ist, dass die Herabsetzung einem Dritten zur Kenntnis gelangt ist.[515] Es fehlt also ein zivilrechtlicher[516] Schutz gegen herabwürdigende Äußerungen oder Tätlichkeiten, die keinem Dritten zur Kenntnis gelangen – sofern man nicht bereit ist, solche Fälle über das allgemeine Persönlichkeitsrecht[517] zu lösen. Möglicherweise geht diese Schutzlücke auf die Auffassung zurück, die Selbstachtung sei einer Verletzung durch Handlungen eines anderen gar nicht zugänglich und könne als etwas Subjektiv-Moralisches kein Gegenstand des Rechts sein.[518]

---

507 TANG/GAO, Neuer AGZ-Kommentar S. 2307; WANG, Persönlichkeitsrecht S. 483. – Der Sache nach wäre es also nicht falsch, 名誉 mit „*guter* Ruf" zu übersetzen (am Schutz seines schlechten Rufs wäre wohl ohnehin kaum jemand interessiert). In § 101 AGZ ist aber lediglich vom „Ruf" die Rede, was ja die Erläuterung der Literatur, es handle sich dabei in aller Regel um einen guten Ruf, erst erforderlich macht. Daher wird 名誉 hier mit „Ruf" übersetzt.

508 So der Vorschlag von YANG, Personal Right S. 247.

509 Zur Frage der Übersetzung vgl. Fn. 306.

510 YANG, Personal Right S. 246/247; JIANG, Zivilrecht S. 295.

511 YANG, Personal Right S. 249; TANG/GAO, Neuer AGZ-Kommentar S. 2307; WANG, Persönlichkeitsrecht S. 480/481; GUO et al., Personenrecht S. 463.

512 GUO et al., Personenrecht S. 464.

513 YANG, Personal Right S. 249; TANG/GAO, Neuer AGZ-Kommentar S. 2307; WANG, Persönlichkeitsrecht S. 480/481.

514 Es ist also nicht die in der Regel aus tatsächlichen Gründen schwierig zu treffende Feststellung erforderlich, dass sich das gesellschaftliche Urteil über den Verletzten zu dessen Nachteil verändert hat; vgl. WANG, Recht am Ruf S. 95.

515 WANG, Recht am Ruf S. 95; YANG et al., Personenrechte S. 226.

516 Entsprechendes gilt für das Strafrecht, vgl. FEUERSTEIN, Außervertragliches Haftungsrecht S. 100 m.w.N.

517 Vgl. dazu C.IV.

518 Diese Auffassung wurde vertreten von LONG *Xianming* (龙显铭), Der Schutz des privatrechtlichen Persönlichkeitsrechts (私法上人格权之保护), Taipeh 1948, S. 70, 71: 内部的名誉乃与他人之诽谤无关系而存在，故不能为他人之行为所侵害，即此种意义之名誉，全为主观上之道德上者，不能为法律之对象。(Zitiert nach WANG, Persönlichkeitsrecht S. 480.)

g) Recht an der Ehre[519]

Die Bürger haben ein Recht an ihrer Ehre 荣誉权 und dürfen nicht rechtswidrig ihrer Ehrenbezeichnungen 荣誉称号 beraubt werden, § 102 AGZ.

(1) Definition der „Ehre“

Ehre im Sinn dieser Vorschrift ist die positive Beurteilung eines bestimmten Bürgers durch eine bestimmte Organisation.[520] Eine solche Organisation kann beispielsweise die Regierung, die Arbeitseinheit oder das Kollektiv sein.[521] Allgemeiner gesprochen muss diese Organisation gegenüber dem Beurteilten eine gewisse Autorität innehaben, wie dies etwa bei einer berufsständischen Organisation, der der Beurteilte angehört, der Fall ist.[522] Die Beurteilung muss anhand im voraus bestimmter Kriterien nach einem festgelegten Verfahren erfolgen und sich auf eine bestimmte Tätigkeit des Beurteilten beziehen.[523] Gegenstand der Ehre sind also in der Regel besondere Leistungen oder Verdienste des Beurteilten,[524] wogegen der Ruf eines Bürgers eine umfassende Beurteilung seiner gesamten Persönlichkeit darstellt.[525]

Nur ganz vereinzelt wird auf die Frage eingegangen, ob auch Negativbeurteilungen unter die Ehre i. S. d. § 102 AGZ fallen. Hierbei geht es nicht um die bloße Versagung einer positiven Beurteilung bei Fehlen der einschlägigen Voraussetzungen, sondern um den Sonderfall, dass ausdrücklich ein negatives Urteil ausgesprochen wird. Das geschieht beispielsweise durch die Bezeichnung eines Films als „schlechtester Film“,[526] was ein negatives Urteil über die Arbeit der an der Produktion des Films Beteiligten einschließt. Eine solche Negativbeurteilung soll deshalb nicht unter den Ehrbegriff fallen, weil sie nur von einer sehr geringen Anzahl von Bürgern und ohne ein festgelegtes Verfahren getroffen werde.[527] Überzeugender erscheint es, die Beschränkung auf positive Beurteilungen damit zu begründen, dass kaum jemand am Schutz einer negativen Beurteilung seiner selbst bzw. seiner Leistungen interessiert sein wird.

(2) Schutzbereich des Rechts an der Ehre

Anknüpfungspunkt für den durch das Recht an der Ehre gewährten Schutz ist in erster Linie die Ehrenbezeichnung als Ausdruck einer positiven Beurteilung, etwa die Bezeichnung als „Vorbildlicher Arbeiter“, „Hervorragender Schauspieler“,

---

519 Zur Übersetzung vgl. Fn. 505.
520 TANG/GAO, Neuer AGZ-Kommentar S. 2315.
521 *YANG*, Personal Right S. 302.
522 *GUO* et al., Personenrecht S. 525.
523 *YANG*, Personal Right S. 303.
524 *YANG*, Personal Right S. 301.
525 *WANG*, Persönlichkeitsrecht S. 491.
526 *GUO* et al., Personenrecht S. 527.
527 *GUO* et al., Personenrecht S. 527.

„Kampfheld" oder „Weltmeister".[528] Nach h.M. gewährt das Recht auf Ehre nur Schutz vor rechtswidriger Entziehung bereits verliehener Ehrenbezeichnungen, es entsteht also erst mit der Verleihung einer Ehrenbezeichnung.[529] Dagegen ist die Möglichkeit der Erlangung von Ehrenbezeichnungen vom Recht an der Ehre nicht umfasst; vielmehr handelt es sich bei dieser Möglichkeit noch nicht um ein Recht, sondern um die Qualifikation zum Rechtserwerb, also um einen Aspekt der Rechtspersönlichkeit[530] und nicht des Persönlichkeitsrechts. Dagegen wird eingewendet, es sei kaum akzeptabel, dass nach der h.M. nur einer kleinen Minderheit überhaupt das Recht an der Ehre zustehe,[531] jedoch wird nicht näher begründet, warum dies nicht akzeptabel sein soll. Außerdem hat die h.M. den Gesetzeswortlaut auf ihrer Seite: In § 102 AGZ ist neben der grundsätzlichen Feststellung, dass die Bürger ein Recht an der Ehre haben, lediglich vom Schutz vor rechtswidriger Entziehung von Ehrenbezeichnungen die Rede.

Es wird diskutiert, ob das Recht an der Ehre neben dem Schutz ideeller Vorteile auch den Schutz etwaiger materieller Komponenten der Auszeichnung umfasst. Als solche materielle Komponenten werden die mit Ehrenbezeichnungen verbundenen Geld- oder Sachpreise, Pokale und Orden genannt.[532] Hilfreich ist hier die Unterscheidung zwischen dem Recht, eine im voraus bestimmte materielle Komponente der Auszeichnung auch tatsächlich verliehen zu bekommen (Erlangungsrecht)[533] einerseits und dem Recht, über bereits erhaltene materielle Auszeichnungskomponenten zu verfügen (Verfügungsrecht) andererseits.[534] Darüber hinaus kann unterschieden werden zwischen materiellen Komponenten, die die verliehene Ehrenbezeichnung verkörpern (Pokale, Orden etc.) und solchen materiellen Komponenten, die keine derartige Verkörperungsfunktion erfüllen (sonstige Sachpreise, Geldpreise).[535]

Das Verfügungsrecht über bereits erhaltene materielle Komponenten der Auszeichnung ist nicht dem Recht auf Ehre, sondern dem Vermögensrecht zuzuordnen.[536] Dies gilt auch für solche materielle Komponenten, die die verliehene Ehren-

---

528 YANG, Personal Right S. 303. – Die Auszeichnungen als „Vorbildlicher Arbeiter 劳动模范" und als „Bestarbeiter 先进工作者" sind sogar in Art. 42 Abs. 3 S. 3 chVerf als Mittel staatlicher Förderung des sozialistischen Arbeitswettbewerbs 社会主义劳动竞赛 vorgesehen.

529 WANG, Persönlichkeitsrecht S. 491; YANG, Personal Right S. 304.

530 JIANG, Zivilrecht S. 300. („[Rechts-]Persönlichkeit" ist nach richtiger Ansicht gleichbedeutend mit „Rechtsfähigkeit", vgl. unten D.III. 1.a).)

531 GUO et al., Personenrecht S. 528.

532 YANG, Personal Right S. 307.

533 YANG, Personal Right S. 307 weist ausdrücklich darauf hin, dass es hier nicht um die Möglichkeit der Erlangung einer Ehrenbezeichnung selbst geht (dazu soeben oben), sondern nur um die Erlangung von materiellen Vorteilen, die mit einer bereits verliehenen Ehrenbezeichnung verbunden sind.

534 Diese Unterscheidung trifft YANG, Personal Right S. 307/308. – In dieser Hinsicht nicht differenzierend dagegen FEUERSTEIN, Außervertragliches Haftungsrecht S. 109.

535 Vgl. GUO et al., Personenrecht S. 534.

536 YANG, Personal Right S. 308; wohl auch FEUERSTEIN, Außervertragliches Haftungsrecht S. 109; a. A. GUO et al., Personenrecht S. 533.

bezeichnung verkörpern.[537] Umgekehrt ist das Erlangungsrecht jedenfalls bezüglich materieller Komponenten mit Verkörperungsfunktion als Teil des Rechts an der Ehre zu verstehen,[538] da diese teilweise oder gar ausschließlich ideellen Wert haben. Streiten lässt sich allerdings über die Frage, ob das auch bei fehlender Verkörperungsfunktion gelten soll. Zum Teil wird dies ohne weiteres bejaht.[539] Dem kann m. E. nur zugestimmt werden, wenn ein Geld- oder Sachpreis trotz fehlender Verkörperungsfunktion von auch ideellem Wert ist. Ob es hierfür ausreicht, dass der Geehrte die Verleihung eines Geld- oder Sachpreises möglicherweise nicht nur als „Bezahlung“ für besondere Leistungen, sondern auch als ideelle Auszeichnung empfindet, erscheint wenigstens zweifelhaft. Konsequenter ist es, hier einen Schutz nicht durch das Recht an der Ehre, sondern über das Vermögensrecht anzunehmen.[540]

(3) *Statusrecht oder Persönlichkeitsrecht*

Ausnahmsweise soll hier in aller Kürze exemplarisch auf die Frage der Einordnung des Rechts an der Ehre als Status- oder als Persönlichkeitsrecht eingegangen werden.

Manche Autoren halten das Recht an der Ehre für ein Statusrecht,[541] andere lassen die Frage offen.[542] *Jiang* sieht sowohl persönlichkeitsrechtliche als auch statusrechtliche Elemente des Rechts an der Ehre und ordnet es letztlich als Persönlichkeitsrecht ein.[543] Auch *Yang* ist der Auffassung, das Recht an der Ehre weise sowohl statusrechtliche als auch persönlichkeitsrechtliche Elemente auf.[544] Er stellt fest, es sei ein Statusrecht[545] mit persönlichkeitsrechtlichen Merkmalen[546]. Diese wohl eher dem Statusrecht zuneigende Einordnung hindert *Yang* jedoch nicht, das

---

537 So ausdrücklich *Yang*, Personal Right S. 308.

538 *Yang*, Personal Right S. 308; *Guo* et al., Personenrecht S. 533. – A.A. *Jiang*, Zivilrecht S. 300/301 ohne Differenzierung nach Vorliegen oder Fehlen der Verkörperungsfunktion.

539 *Yang*, Personal Right S. 308 und *Guo* et al., Personenrecht S. 533 differenzieren nicht nach Vorliegen oder Fehlen der Verkörperungsfunktion.

540 In diesem Sinn auch *Feuerstein*, Außervertragliches Haftungsrecht S. 109. Für diese Lösung (allerdings ohne Differenzierung nach Vorliegen oder Fehlen der Verkörperungsfunktion) auch *Jiang*, Zivilrecht S. 300/301.

541 *Guo* et al., Personenrecht S. 524 ff. behandeln das Recht auf Ehre als eines der dort ab S. 475 dargestellten Statusrechte; auch *Wang*, Persönlichkeitsrecht S. 491 sieht das Recht auf Ehre als Statusrecht. *Zhong* lehnt ebenfalls eine Einordnung als Persönlichkeitsrecht ab, da es sich beim Recht an der Ehre nicht um ein Privatrecht, sondern um ein (durch nicht justiziable hoheitliche Entscheidung verliehenes) Privileg 特权 handle (*Zhong*, Persönlichkeitsrecht der JP S. 217, 216).

542 *Tang/Gao*, Neuer AGZ-Kommentar S. 2317 sprechen sich lediglich gegen die Einordnung des Rechts an der Ehre als Teil des Rechts am Ruf aus. Dagegen nehmen sie zur ebenfalls angesprochenen Frage der Einordnung als Status- oder Persönlichkeitsrecht nicht Stellung.

543 *Jiang*, Zivilrecht S. 300.

544 *Yang*, Personal Right S. 301.

545 *Yang*, Personal Right S. 305/306.

546 *Yang*, Personal Right S. 306.

Recht an der Ehre in seinem ausweislich des Titels den Persönlichkeitsrechten gewidmeten Buch zu behandeln.[547]

Hier zeigt sich beispielhaft, dass die Einordnung eines Rechts als Status- oder als Persönlichkeitsrecht im Allgemeinen mit einiger Beliebigkeit gehandhabt wird. Wirklich gestritten wird um diese Frage soweit ersichtlich nicht. Dies mag daran liegen, dass die Entscheidung der Einordnungsfrage keine erkennbaren praktischen Konsequenzen hat.

h) Recht auf persönliche Freiheit

(1) Terminologie

In den einschlägigen zivilrechtlichen Abhandlungen in chinesischer Sprache ist ganz überwiegend von einem 人身自由权 die Rede.[548] Dies wird hier ins Deutsche übersetzt mit „Recht auf persönliche Freiheit“[549]. Gegen die ebenfalls anzutreffende Bezeichnung als 自由权[550] („Recht auf Freiheit“) erhebt *JIANG*[551] den Einwand, dass jedes subjektive Recht eine Freiheit darstelle, die Ausdrucksweise „Recht auf Freiheit“ mithin nicht sinnvoll sei. Dagegen lehnt *YANG* den Ausdruck „Recht auf Freiheit“ nicht rundheraus ab, sondern versteht ihn als Sammelbegriff für politische Freiheitsrechte 政治自由权 einerseits und zivile Freiheitsrechte 民事自由权 andererseits.[552] Als erstere werden z. B. Rede- und Versammlungsfreiheit, Glaubensfreiheit etc. genannt;[553] zu den letzteren wird neben der Ehefreiheit 婚姻自由 und der Vertragsfreiheit 契约自由 auch die persönliche Freiheit 人身自由 gezählt.[554]

---

547 Für die Einordnung als Persönlichkeitsrecht spricht neuerdings auch, dass Ziff. 5 ZivilGrBest die „Streitigkeiten aus dem Recht an der Ehrenbezeichnung“ unter der Überschrift „1. Teil: Persönlichkeitsrechtsstreitigkeiten“ anführt; vgl. zu diesen Bestimmungen aber B.V. 4.c).

548 *JIANG*, Zivilrecht S. 285 ff.; *YANG*, Personal Right S. 318 ff.; *YANG*, Persönlichkeitsrecht S. 283 ff. (anders noch *YANG*, Recht auf Freiheit: 自由权); *WANG*, Persönlichkeitsrecht S. 386 ff. – Anders *WEI*, Civil Law S. 661 ff.: 自由权.

549 *MÜNZEL*, Chinas Recht 8. 3. 2001/1 übersetzt diesen Ausdruck in § 1 Abs. 1 Nr. 3 SeelSE-Auslegung dagegen mit „Recht auf körperliche Freiheit“. Dies stimmt zwar mit dem vorzugswürdigen Verständnis des Schutzbereichs des in Rede stehenden Rechts überein, wonach dieser nur die Handlungsfreiheit umfasst. Jedoch schließt *MÜNZELS* Übersetzung die Gegenansicht, die darüber hinaus noch eine „Freiheit des Geistes“ einbeziehen will (Einzelheiten sogleich unter (2)), von vornherein aus, obwohl der chinesische Ausdruck grundsätzlich beide Deutungen zulässt. Zur Darstellung des Meinungsspektrums erscheint die hier vorgeschlagene Übersetzung mit „Recht auf persönliche Freiheit“ geeigneter.

550 *WEI*, Civil Law S. 661 ff. Darauf geht wohl auch die Bezeichnung als „Recht auf Freiheit“ bei *FEUERSTEIN*, Außervertragliches Haftungsrecht S. 113 ff. zurück.

551 *JIANG*, Zivilrecht S. 285/286.

552 *YANG*, Persönlichkeitsrecht S. 285/286.

553 *WANG*, Persönlichkeitsrecht S. 388 (dort als öffentlich-rechtliche Freiheitsrechte bezeichnet); *WEI*, Civil Law S. 661; *YANG*, Personal Right S. 321.

554 *YANG*, Persönlichkeitsrecht S. 286.

(2) *Schutzbereich*

Hinsichtlich der Reichweite des Schutzbereichs des Rechts auf persönliche Freiheit stellen sich im Wesentlichen zwei Fragen: Zum einen ist zu klären, ob der Inhalt dieses Rechts sich auf die verfassungsrechtlichen Freiheitsgewährungen[555] erstreckt; vor allem aber wird diskutiert, ob das Recht auf persönliche Freiheit nur die Handlungsfreiheit schützt oder darüber hinaus auch eine „Freiheit des Geistes".

Die erste Frage wird einhellig so beantwortet, dass das zivilrechtliche Recht auf persönliche Freiheit nicht auf den Schutz der verfassungsrechtlich gewährten Freiheiten gerichtet sei. Vielmehr müsse man zwischen politischen und zivilen Freiheitsrechten unterscheiden, wobei Aufgabe des Zivilrechts nur der Schutz letzterer sei.[556]

Weniger einheitlich ist das Meinungsbild hinsichtlich der zweiten Frage. Einer Auffassung zufolge umfasst das Recht auf persönliche Freiheit sowohl das Recht auf körperliche Freiheit 身体自由权, das auch Recht auf Handlungsfreiheit 行动自由权 genannt wird[557], als auch das Recht auf geistige Freiheit 精神自由权.[558] Die geistige Freiheit wird auch als Freiheit des Denkens 思维自由[559] oder als Willensfreiheit 意志自由[560] bezeichnet. Das Recht auf geistige Freiheit wird verstanden als das Recht der natürlichen Person, gemäß ihrem Willen und ihren Interessen im Rahmen der gesetzlichen Vorschriften selbstbestimmt zu denken und über ihre inneren gedanklichen Aktivitäten frei zu verfügen[561] sowie jede rechtswidrige Einmischung anderer auszuschließen[562]. Dies sei die Voraussetzung für die Vornahme wirksamer Zivilgeschäfte[563, 564] Zur Begründung wird § 149 AGZ-Ansichten herangezogen, wo es heißt:

---

555 Näher dazu unten (3).

556 *Jiang*, Zivilrecht S. 286 und *Yang*, Personal Right S. 321, die die Unterscheidung politischer und ziviler Freiheiten als ungefähr der „traditionellen" (*Jiang*) bzw. „westlichen" (*Yang*) Unterscheidung von öffentlichem Recht und Privatrecht entsprechend bezeichnen. *Wang*, Persönlichkeitsrecht S. 388 spricht sogar direkt von öffentlich-rechtlichen Freiheitsrechten 公法上的自由权 und privatrechtlichen Freiheitsrechten 私法上的自由权.
Wei, Civil Law S. 661 legt zwar zunächst dar, der Ausdruck „Recht auf Freiheit 自由权" habe sowohl eine verfassungsrechtliche als auch eine zivilrechtliche Bedeutung, beschränkt sich dann aber ausdrücklich auf den zivilrechtlichen Aspekt.

557 Darauf weist *Yang*, Personal Right S. 324 hin. – *Jiang*, Zivilrecht S. 286 beschränkt den Inhalt des Rechts auf persönliche Freiheit auf die Handlungsfreiheit und meint daher, „Recht auf Handlungsfreiheit" sei die sachlich treffendere Bezeichnung für das Recht auf persönliche Freiheit insgesamt. Im Interesse eines einheitlichen Sprachgebrauchs spricht *Jiang* aber im Übrigen ebenfalls vom „Recht auf persönliche Freiheit". – *Wei*, Civil Law S. 662 spricht von einem 行为自由权, was ebenfalls als Recht auf Handlungsfreiheit übersetzt werden kann.

558 *Yang*, Personal Right S. 324 (und bereits *Yang*, Recht auf Freiheit S. 12).

559 Darauf weist *Yang*, Personal Right S. 324 hin.

560 *Wei*, Civil Law S. 662.

561 *Yang*, Persönlichkeitsrecht S. 289.

562 *Wei*, Civil Law S. 662.

563 Das „Zivilgeschäft" 民事活动 des chinesischen Rechts entspricht dem „Rechtsgeschäft" des deutschen Rechts, vgl. *Münzel*, Chinas Recht 12. 4. 1986/1 Anm. 2 a.E.

564 *Yang*, Persönlichkeitsrecht S. 289; *Wei*, Civil Law (1. Aufl.) S. 655.

> Wenn jemand in Briefen, Telegrammen oder in anderer Form, indem er fremde Namen räuberisch gebraucht oder sich anmaßt, andere betrügt oder täuscht und es so dazu bringt, daß das Vermögen oder der Ruf dieser anderen geschädigt wird, muß der Rechtsverletzer die zivile Haftung übernehmen.[565]

Die betreffenden Fälle seien in Wahrheit nicht solche der Verletzung des Rechts am Ruf, sondern der Verletzung des Rechts auf Willensfreiheit.[566] Demnach geht es hier im Kern um die Entschließungsfreiheit.

Gegen den Schutz einer „geistigen Freiheit" durch das Recht auf persönliche Freiheit wendet sich mit überzeugenden Argumenten *Wang*.[567] Das Recht könne – nicht zuletzt aufgrund von Beweisproblemen – das menschliche Denken nicht auf diese Weise zu seinem Gegenstand machen, und die Einbeziehung der „geistigen Freiheit" verwische die Grenze zwischen dem privatrechtlichen Recht auf persönliche Freiheit und den öffentlich-rechtlichen, also allein gegen den Staat gerichteten Freiheitsrechten.[568] Die rechtswidrige Willensbeeinflussung sei überdies keine Frage des Deliktsrechts, sondern betreffe die Wirksamkeit von Zivilrechtshandlungen.[569] Nach *Wangs* zutreffender Ansicht ist hier also nicht das Recht auf persönliche Freiheit einschlägig, sondern der allgemeine Grundsatz der Privatautonomie.[570]

Allein *Wangs* letztes Argument vermag nicht zu überzeugen: Gegen die Begründung über § 149 AGZ-Ansichten wendet er ein, derartige Fälle beträfen nicht die Verletzung des Rechts auf persönliche Freiheit, sondern die Verletzung des Rechts am Namen.[571] Damit verkennt er jedoch die Schutzrichtung des § 149 AGZ-Ansichten: Dieser Vorschrift geht es augenscheinlich nicht um den Schutz desjenigen, dessen Name sich ein anderer zum Zweck der Täuschung eines Dritten angemaßt hat, sondern um den Schutz jenes getäuschten Dritten.

Allerdings kann auf anderem Weg die Argumentation der Gegenansicht mit § 149 AGZ-Ansichten wenigstens teilweise entkräftet werden: Die dort angesprochene Haftung des Rechtsverletzers ist nicht zwangsläufig eine Haftung aus unerlaubter Handlung. Vielmehr kann sie – ausgehend von *Wangs* zutreffender Auffassung, wonach derartige Fälle die Wirksamkeit von Zivilrechtshandlungen

---

565 Übersetzung von *Münzel*, Chinas Recht 12.4.86/1 (die alte Rechtschreibung wurde auf ausdrücklichen Wunsch *Münzels* beibehalten).

566 *Yang*, Persönlichkeitsrecht S. 290.

567 *Wang*, Persönlichkeitsrecht S. 399f. Ohne nähere Begründung beschränkt auch *Jiang*, Zivilrecht S. 286 das Recht auf persönliche Freiheit auf die Handlungsfreiheit. – Die Feststellung von *Feuerstein*, Außervertragliches Haftungsrecht S. 114, man sei sich einig, dass sich das bei ihm so genannte „Recht auf Freiheit" aus der Freiheit des Geistes und der Freiheit des Körpers zusammensetze, kann daher nun wohl nicht mehr aufrecht erhalten werden.

568 *Wang*, Persönlichkeitsrecht S. 399.

569 *Wang*, Persönlichkeitsrecht S. 399/400.

570 Diese wird u.a geschützt durch die Vorschriften über die Unwirksamkeit bzw. Anfechtbarkeit von Zivilrechtshandlungen. Dies sind § 58 Nr. 3 i.V.m. §§ 68–70 AGZ-Ansichten bzw. § 59 Nr. 1 AGZ i.V.m. § 71 AGZ-Ansichten; eine Sonderregelung für Verträge enthält § 54 Abs. 2 VertragsG.

571 *Wang*, Persönlichkeitsrecht S. 400.

betreffen – unter Umständen auch als Haftung aus ungerechtfertigter Bereicherung gem. § 92 AGZ erklärt werden; dies jedenfalls dann, wenn der Vermögenseinbuße des Getäuschten ein Vermögenszuwachs auf Seiten des Täuschenden gegenübersteht.

Nach richtiger Ansicht umfasst das Recht auf persönliche Freiheit also nur die Handlungsfreiheit, nicht auch den Schutz einer „Freiheit des Geistes". Als Besonderheit des chinesischen Rechts ist abschließend noch zu erwähnen, dass auch die Beschränkung der Nutzungsmöglichkeit öffentlicher Verkehrswege die Handlungsfreiheit verletzt.[572]

(3) Grundlagen

Das Recht auf persönliche Freiheit ist nicht ausdrücklich in den AGZ geregelt. Es wird aber argumentiert, dass allein aus dem Fehlen einer expliziten Regelung in den AGZ nicht geschlossen werden könne, ein Schutz dieses Rechts sei nicht vorgesehen.[573] Der Gesetzgeber habe das Recht auf persönliche Freiheit vielmehr als selbstverständlich vorausgesetzt.[574] Auch könne aus dem in den AGZ (§§ 98, 106 Abs. 2) vorgesehenen Schutz für Leben und Gesundheit auf den Schutz des Rechts auf persönliche Freiheit geschlossen werden.[575] Darüber hinaus wird in einigen spezialgesetzlichen Vorschriften die „persönliche Freiheit 人身自由" (jedoch nicht das „*Recht auf* persönliche Freiheit") erwähnt, so z. B. in § 25 VebrSchG, § 37 FrauenSchG und § 3 Nr. 1, 2 des chinesischen Staatsentschädigungsgesetzes (StaatsEntschG).

Die Unverletzlichkeit des Rechts auf persönliche Freiheit ist auch in Art. 37 Abs. 1 chVerf festgeschrieben.[576] Allerdings ist der praktische Wert dieser Vorschrift gering; so plädiert WANG für eine ausdrückliche Regelung in einem künftigen Zivilgesetzbuch mit dem Argument, die chinesische Verfassung sei nicht justiziabel.[577] Ohnehin ist fraglich, ob die chVerf zur Begründung eines Rechts angeführt werden kann, dessen Inhalt von der Literatur gerade ausdrücklich auf die zivilrechtliche (in Abgrenzung zur politischen) Freiheit beschränkt wird.[578]

Die bisher in Betracht gezogenen Grundlagen für das Recht auf persönliche Freiheit sind eher schwach. Eine wirklich tragfähige Grundlage ist aber die ausdrück-

572 YANG, Personal Right S. 326; JIANG, Zivilrecht S. 287; FEUERSTEIN, Außervertragliches Haftungsrecht S. 116 mit Fn. 602.

573 YANG, Personal Right S. 323.

574 YANG, Personal Right S. 322 mit Fn. 2 unter Berufung auf LIANG *Huixing* (梁慧星), Die verschiedenen Probleme des chinesischen Zivil- und Wirtschaftsrechts (中国民法经济法诸问题), Beijing 1991, S. 74.

575 WANG, Persönlichkeitsrecht S. 394.

576 Darauf weisen hin: WEI, Civil Law (1. Aufl.) S. 654; YANG, Personal Right S. 323.

577 WANG, Persönlichkeitsrecht S. 396. Anders als in der Vorauflage erwähnt WEI, Civil Law S. 661 Art. 37 Abs. 1 chVerf nun nicht mehr. – Zur Frage der Anwendbarkeit der Verfassung durch die (ordentlichen) Gerichte vgl. oben A.III. 3.

578 Vgl. oben (2).

liche Nennung dieses Rechts in § 1 Abs. 1 Nr. 3 SeelSE-Auslegung als geschütztes Persönlichkeitsrecht.[579, 580]

i) Recht auf Selbstbestimmung über die Ehe

Das Recht auf Selbstbestimmung über die Ehe 婚姻自主权 ist im 1. Halbsatz des § 103 AGZ geregelt,[581] worauf im 2. Halbsatz das Verbot von Kaufehen, arrangierten Ehen und anderen Eingriffen in die Ehefreiheit 婚姻自由 folgt. In der Sache besteht Einigkeit darüber, dass das Recht auf Selbstbestimmung über die Ehe neben der Eheschließung auch die Ehescheidung betrifft.

Die Terminologie hingegen ist uneinheitlich: Teilweise wird das Recht auf Selbstbestimmung über die Ehe als subjektives Recht begrifflich scharf von der Ehefreiheit als Institut des objektiven Rechts 婚姻自由制度 abgegrenzt.[582] Diese Auffassung stützt sich darauf, dass sowohl in Art. 49 Abs. 4 chVerf als auch in § 2 Abs. 1 und § 3 Abs. 1 S. 1 EheG sowie dem mit § 3 Abs. 1 S. 1 EheG wortgleichen § 103 Hs. 2 AGZ die Ehefreiheit angesprochen wird, wogegen § 103 Hs. 1 AGZ vom Recht auf Selbstbestimmung über die Ehe spricht.[583] Die Vertreter dieser Ansicht sprechen im Zusammenhang mit dem subjektiven Recht auf Selbstbestimmung über die Ehe nicht von der Ehefreiheit, sondern vom Recht auf Selbstbestimmung (der Entscheidung) über die Eheschließung 结婚自主(决定)权 und vom Recht auf Selbstbestimmung (der Entscheidung) über die Ehescheidung 离婚自主(决定)权.[584] Andere vermischen das Recht auf Selbstbestimmung über die Ehe und die Ehefreiheit zu einem (dem geschriebenen Recht unbekannten) „Recht auf Ehefreiheit 婚姻自由权“[585] und sprechen infolgedessen von der „Eheschließungsfreiheit 结婚自由“ sowie der „Ehescheidungsfreiheit 离婚自由“[586].

Vielfach wird darauf hingewiesen, dass das Recht auf Selbstbestimmung über die Ehe eine Ausprägung des Schutzes der Willensfreiheit[587] bzw. der persönlichen

---

579 Dagegen überzeugt der Hinweis auf § 149 AGZ-Ansichten nicht, vgl. bereits oben (2).

580 Das Oberste Volksgericht hatte bereits zuvor (in Dokumenten aus den Jahren 1994 bis 2001) von der persönlichen Freiheit 人身自由 bzw. dem Recht auf persönliche Freiheit 人身自由权 gesprochen, vgl. *Wei*, Civil Law S. 661.

581 Angesichts des Umstandes, dass das Recht auf Selbstbestimmung über die Ehe gesetzlich geregelt ist, überrascht es, dass *Wei*, Civil Law S. 641 ff. dieses Recht nicht erwähnt (weder als besonderes Persönlichkeitsrecht noch als Statusrecht), wogegen *Wei*, Civil Law (1. Aufl.) S. 655 ff. ausführlich darauf eingeht. Möglicherweise liegt hier ein Redaktionsversehen vor. Im Folgenden wird daher zum Recht auf Selbstbestimmung über die Ehe stets die 1. Auflage zitiert.

582 *Yang*, Personal Right S. 374, 375.

583 *Yang*, Personal Right S. 374, 375.

584 So *Yang*, Personal Right S. 376 und *Jiang*, Zivilrecht S. 288. Dagegen verwendet *Wei*, Civil Law (1. Aufl.) S. 656 die Begriffe „Recht auf Entscheidung über die Eheschließung 结婚决定权“ bzw. „Recht auf Entscheidung über die Ehescheidung 离婚决定权“.

585 So *Wang*, Persönlichkeitsrecht S. 402 und *Su*, Zivilrecht S. 152. *Tang/Gao*, Neuer AGZ-Kommentar S. 2343 setzen sogar ausdrücklich das Recht auf Selbstbestimmung über die Ehe und das „Recht auf Ehefreiheit“ gleich.

586 *Tang/Gao*, Neuer AGZ-Kommentar S. 2344, 2345.

587 *Tang/Gao*, Neuer AGZ-Kommentar S. 2344; *Wei*, Civil Law (1. Aufl.) S. 656; *Yang*, Personal Right S. 373, 376.

Freiheit[588] sei. Dennoch wird die Eigenständigkeit des Rechts auf Selbstbestimmung über die Ehe betont.[589] Auch befürwortet man ganz überwiegend die Einordnung dieses Rechts als (besonderes) Persönlichkeitsrecht.[590] In Ausnahme dazu ignorieren GUO et al.[591] das Recht auf Selbstbestimmung über die Ehe in ihrer Abhandlung über die Personenrechte vollständig, obwohl dieses Recht in den AGZ ausdrücklich als Personenrecht geregelt ist.

2. Von der Literatur befürwortete Persönlichkeitsrechte

Neben den gesetzlich geregelten oder von der Rechtsprechung anerkannten besonderen Persönlichkeitsrechten werden in der Literatur noch weitere besondere Persönlichkeitsrechte befürwortet. Zu deren Begründung greift man regelmäßig auf die chVerf oder einfachgesetzliche Normen zurück.

a) Recht auf Privatsphäre

(1) Ursprung und Schutzbereich

Das Konzept der „Privatsphäre" beruht auf dem menschlichen Schamgefühl,[592] welches, so JIANG, den Ursprung menschlicher Zivilisation darstellt.[593] Was dem Einzelnen als der Privatsphäre zugehörig gilt, hängt von seinen Lebensumständen als Bewohner von Stadt oder Land, als Mitglied einer Agrar- oder Industriegesellschaft ab.[594] Es handelt sich also um einen in besonderem Maß gesellschafts- und zeitgebundenen Begriff.[595] Die Fortschritte in der Kommunikationstechnik engen den Raum, in dem der Einzelne ganz für sich allein sein kann, mehr und mehr ein.[596] Umso stärker wird das Bedürfnis, sich einen solchen privaten Rückzugsraum zu bewahren.[597] Dazu tragen auch die infolge verbesserter materieller Lebensbedingungen gestiegenen Anforderungen an die „Lebensqualität" bei.[598] Der

---

588 *JIANG*, Zivilrecht S. 288; *WANG*, Persönlichkeitsrecht S. 402.
589 *YANG*, Personal Right S. 374; *WANG*, Persönlichkeitsrecht S. 402.
590 *YANG*, Personal Right S. 374; *YANG/WANG*, Recht auf Selbstbestimmung über die Ehe S. 70 linke Spalte; *WANG*, Recht auf Selbstbestimmung über die Ehe S. 491; *WEI*, Civil Law (1. Aufl.) S. 655. Auch *JIANG*, Zivilrecht behandelt dieses Recht im Abschnitt über die Persönlichkeitsrechte (S. 281 ff.). *WANG*, Persönlichkeitsrecht S. 402 ordnet das Recht auf Selbstbestimmung über die Ehe zwar als besonderes Persönlichkeitsrecht ein, widmet ihm jedoch keine gesonderte Darstellung neben den übrigen besonderen Persönlichkeitsrechten.
591 *GUO* et al., Personenrecht. Ebenso *WEI*, Civil Law – allerdings nur in der 2. Auflage und wohl aufgrund eines Redaktionsversehens (vgl. oben Fn. 581). Wahrscheinlich ebenfalls infolge eines Versehens fehlt eine Darstellung dieses Rechts auch bei *YANG*, Persönlichkeitsrecht, wogegen *YANG*, Personal Right S. 370 ff. ausführlich auf das Recht auf Selbstbestimmung über die Ehe eingeht.
592 *YANG*, Personal Right S. 331.
593 *JIANG*, Zivilrecht S. 296/297.
594 *WANG*, Persönlichkeitsrecht S. 563.
595 *YIN*, Personal Right S. 22.
596 *GUO* et al., Personenrecht S. 450.
597 *TANG/GAO*, Neuer AGZ-Kommentar S. 2314.
598 *GUO* et al., Personenrecht S. 450.

Begriff der Privatsphäre ist also einer ständigen Entwicklung unterworfen.[599] Entsprechend zahlreich sind die unterschiedlichen Versuche der Definition und Systematisierung, über die hier nur ein knapper Überblick gegeben werden kann:

Ganz einhellig wird betont, dass der Schutz der Privatsphäre seine Grenze in entgegenstehenden öffentlichen Interessen (etwa im Bereich der Strafverfolgung) findet.[600] Im Übrigen gehen die Auffassungen über die Ausdehnung der zu schützenden Privatsphäre jedoch auseinander.

Eine sehr weite Definition des Schutzbereichs umfasst mit persönlichen Informationen 个人信息, persönlichen Angelegenheiten 个人私事 sowie (räumlicher) Individualsphäre 个人领域 alle denkbaren Aspekte der Privatsphäre.[601] Inhaltlich sehr ähnlich ist die vor allem in der Begrifflichkeit leicht abweichende Unterscheidung zwischen privaten Informationen 私人信息, privaten Aktivitäten 私人活动 und privatem Raum 私人空间[602] und damit zwischen einem immateriellen, einem dynamischen und einem materiellen Aspekt.[603] Eine weitere, etwas pauschaler formulierte Variante bildet die Erstreckung des Schutzes auf die Ungestörtheit und Vertraulichkeit des Lebens 生活安宁和秘密.[604]

Die Grenzen des Schutzbereichs etwas enger zieht die Auffassung, wonach dieser alle ihrem Wesen nach zur Privatperson gehörenden Sachen (sog. statischer Aspekt) und Informationen (dort sog. dynamischer Aspekt) umfasst.[605] Die oben als dynamischer Aspekt systematisierten privaten Aktivitäten bleiben also ausgespart.

Die engste Definition beschränkt den Schutzbereich auf Informationen über Umstände des Privatlebens.[606] Das Privatleben selbst, d.h. private Aktivitäten und der räumlich-gegenständliche Bereich, innerhalb dessen diese sich entfalten, bleibt ausgeklammert. Zu der nach dieser Ansicht geschützten Sphäre gehören jedoch nicht alle Informationen über Umstände des Privatlebens, sondern nur solche, deren Verbreitung der Berechtigte nicht wünscht.[607] Dabei ist es unbeachtlich, ob Außenstehende eine konkrete Information bereits erhalten haben, so dass beispielsweise auch die Information über ein für jeden offensichtliches Muttermal im Gesicht Teil der Privatsphäre sein kann.[608] Umgekehrt fallen Informationen, die der Berechtigte bereits zur Verbreitung freigegeben hat, infolge dieser Freigabe nicht mehr in die Privatsphäre.[609]

---

599 *Zhou*, Privacy Right Protection S. 97.
600 *Yin*, Personal Right S. 22; *Yang*, Personal Right S. 330; *Jiang*, Zivilrecht S. 296; *Wang*, Persönlichkeitsrecht S. 568/569; *Tang/Gao*, Neuer AGZ-Kommentar S. 2315; *Guo* et al., Personenrecht S. 449; *Ma*, Recht auf Privatsphäre S. 80 rechte Spalte.
601 *Tang/Gao*, Neuer AGZ-Kommentar S. 2314.
602 *Ma*, Recht auf Privatsphäre S. 80 rechte Spalte.
603 *Yang*, Personal Right S. 330.
604 *Wang*, Persönlichkeitsrecht S. 563.
605 *Guo* et al., Personenrecht S. 449.
606 *Jiang*, Zivilrecht S. 297; weitere Nachweise bei *Wang*, Persönlichkeitsrecht S. 560 Fn. 5.
607 *Jiang*, Zivilrecht S. 297.
608 *Jiang*, Zivilrecht S. 297.
609 *Jiang*, Zivilrecht S. 297/298; *Zhou*, Privacy Right Protection S. 97.

Diese Einschränkung des Schutzes auf ein rein subjektiv definiertes Privatgeheimnis hat den großen Vorzug, dass der so verstandene Schutzbereich klar konturiert ist.[610] Die Ausklammerung des Privatlebens selbst hat dabei keine größeren Schutzlücken zur Folge: Schutz vor Einmischungen in Privatangelegenheiten bieten das Recht auf persönliche Freiheit und dessen konkrete Ausprägungen wie das Recht auf Selbstbestimmung über die Ehe.

(2) Grundlage

Eine gesetzliche Regelung des Rechts auf Privatsphäre gibt es im chinesischen Recht bislang nicht. Das Oberste Volksgericht hat jedoch bereits mehrfach die Privatsphäre des Bürgers angesprochen. Darüber hinausgehend fordert die Literatur ein eigenständiges Recht auf Privatsphäre 隐私权 als besonderes Persönlichkeitsrecht, wobei sie sich auf Verfassungsrecht und einige spezialgesetzliche Regelungen beruft.

(a) Stellungnahmen des Obersten Volksgerichts

In § 140 Abs. 1 AGZ-Ansichten heißt es:

> Wenn schriftlich, mündlich oder in anderer Form Privatangelegenheiten eines Bürgers verbreitet werden, oder wenn Tatsachen erdichtet und offen die Persönlichkeit eines anderen herabgesetzt wird oder mit Beleidigungen oder Verleumdungen der Ruf eines anderen geschädigt wird, ist dies, wenn es gewisse Auswirkungen hat, als eine das Recht des Bürgers an seinem Ruf verletzende Handlung anzusehen.

Später hat das Oberste Volksgericht in Ziff. 7 Abs. 3 seiner „Antworten auf einige Fragen zur Verhandlung von Fällen zum Recht am Ruf" (Ruf-Antworten) ausgeführt:

> Wenn ohne Einverständnis des anderen eigenmächtig Material aus der Privatsphäre veröffentlicht oder schriftlich oder mündlich Privatangelegenheiten eines anderen verbreitet werden und dadurch der Ruf des anderen geschädigt wird, ist dies wie eine Verletzung des Rechts des anderen an seinem Ruf zu behandeln.

Die in diesen beiden Dokumenten zum Ausdruck gekommene Position des Obersten Volksgerichts wird im Sinne eines „indirekten"[611] Schutzes der Privatsphäre im Wege einer analogen Anwendung[612] der (gesetzlichen) Regelung des Rechts am Ruf verstanden. Dies geht aber wohl über das vom Obersten Volksgericht Gesagte hinaus, das nur das Selbstverständliche feststellt, nämlich dass eine Verletzung des Rechts am Ruf auch dann als eine solche zu behandeln ist, wenn sie gleichzeitig die Privatsphäre des Verletzten beeinträchtigt.

Zuletzt ist das Oberste Volksgericht in § 1 SeelSE-Auslegung auf die Privatsphäre eingegangen, die dort allerdings nicht als eines der Persönlichkeitsrechte (Abs. 1), sondern als Persönlichkeitsinteresse (Abs. 2) angeführt wird:

---

610 Dies räumt als Vertreter der Gegenansicht auch WANG, Persönlichkeitsrecht S. 561 ein.
611 YANG, Personal Right S. 338; WANG, Persönlichkeitsrecht S. 588.
612 WANG, Persönlichkeitsrecht S. 589; YANG, Personal Right S. 253.

> Wenn eine natürliche Person wegen der rechtswidrigen Verletzung eines der folgenden Persönlichkeitsrechte beim Volksgericht Klage auf Ersatz des seelischen Schadens erhebt, muss das Volksgericht diese Klage nach dem Recht zur Behandlung annehmen:
> 1. bei Verletzung des Rechts auf Leben, des Rechts auf Gesundheit und des Rechts am Körper,
> 2. bei Verletzung des Rechts am Namen, des Rechts am Bild, des Rechts am Ruf und des Rechts an der Ehre,
> 3. bei Verletzung des Rechts auf Würde der Persönlichkeit und des Rechts auf persönliche Freiheit.
>
> Wenn jemand unter Verstoß gegen die gesellschaftlichen öffentlichen Interessen oder die gesellschaftliche öffentliche Moral die Privatsphäre oder andere Persönlichkeitsinteressen eines anderen verletzt und der Geschädigte wegen Rechtsverletzung mit einer Klage beim Volksgericht Ersatz des seelischen Schadens verlangt, muss das Volksgericht die Klage nach dem Recht zur Behandlung annehmen.

Immerhin gewährt § 1 Abs. 2 SeelSE-Auslegung statt eines „indirekten" Schutzes nun „direkten" Schutz, indem für den Fall der Verletzung der Privatsphäre eine Klagemöglichkeit eingeräumt wird.[613] Jedoch wird die Privatsphäre nur als Persönlichkeitsinteresse, nicht als Persönlichkeitsrecht angesprochen.[614] Im Unterschied zur Verletzung von Persönlichkeitsrechten (Abs. 1) ist daher Anspruchsvoraussetzung, dass die Verletzungshandlung einen Verstoß gegen gesellschaftliche öffentliche Interessen oder die gesellschaftliche öffentliche Moral darstellt. Folglich ist zwar nicht zu leugnen, dass § 1 Abs. 2 SeelSE-Auslegung einen Fortschritt darstellt[615]; jedoch ist die Einordnung als bloßes Persönlichkeitsinteresse zu bemängeln.[616] Etwas zu weit geht *Wang*, der in § 1 Abs. 2 SeelSE-Auslegung die „Anerkennung des Konzepts des Rechts auf Privatsphäre"[617] erblickt.

(b) Die Argumentation der Literatur

Die Literatur tritt für ein Recht auf Privatsphäre als eigenständiges besonderes Persönlichkeitsrecht ein.[618] Über das Recht am Ruf sei kein vollständiger Schutz der Privatsphäre zu erreichen. Es gebe Informationen über Aspekte der Privatsphäre, deren Verbreitung zwar nicht rufschädigend sei, an deren Geheimhaltung der Berechtigte aber dennoch interessiert sein könne,[619] etwa bei Informationen über das Bestehen von Adoptionsverhältnissen.[620] Auch § 1 Abs. 2 SeelSE-Auslegung, der die Privatsphäre als bloßes „Persönlichkeitsinteresse" einordnet, bietet keinen hinreichenden Schutz.[621]

---

613 *Yang*, Personal Right S. 335.
614 So seit neuerem aber in Ziff. 6 der ZivilGrBest (Nennung von „Streitigkeiten aus dem Recht auf Privatsphäre" unter der Überschrift „Persönlichkeitsrechtsstreitigkeiten"); vgl. zu diesen Bestimmungen jedoch B.V. 4.c).
615 *Yin*, Personal Right S. 22.
616 *Yang*, Personal Right S. 335.
617 *Yang*, Personal Right S. 335.
618 *Yang*, Personal Right S. 338; *Zhang*, Recht auf Privatsphäre S. 67.
619 *Yang*, Personal Right S. 253.
620 *Wang*, Persönlichkeitsrecht S. 571.
621 Vgl. oben (a).

Zur Begründung eines eigenständigen Rechts auf Privatsphäre wird auf einige Vorschriften des geltenden Rechts hingewiesen, die den Schutz der Privatsphäre bezwecken:[622] Bereits § 111 des chinesischen Strafprozessgesetzes von 1979 (nunmehr § 152 Abs. 1 S. 2 des Strafprozessgesetzes [StPG]) verbietet die öffentliche Verhandlung von Fällen, die die Privatsphäre betreffen. Eine ähnliche Bestimmung findet sich in § 58 des „versuchsweise durchgeführten Zivilprozessgesetzes" aus dem Jahr 1982 (nunmehr § 120 ZPG). Die kurz darauf verabschiedete 1982er chVerf sieht in Art. 38 bis 40 den Schutz der persönlichen Würde und der Wohnung des Bürgers sowie die Freiheit des Briefverkehrs und des Briefgeheimnisses vor. § 30 des Minderjährigenschutzgesetzes aus dem Jahr 1991 (nunmehr § 39 Abs. 1 MinderjährSchG) verbietet die Veröffentlichung von Privatangelegenheiten Minderjähriger. In § 39 S. 2 des FrauenSchG 1992 ist das Verbot enthalten, Ruf und Persönlichkeit von Frauen durch die Verbreitung von Privatangelegenheiten zu verletzen.

Das *Recht* auf Privatsphäre als solches wurde, soweit ersichtlich, erstmals durch die Änderung des FrauenSchG im Jahr 2005 in das Gesetzesrecht der VR China eingeführt: In § 42 der neuen Fassung, der nach Ziff. 25 des Beschlusses zur Änderung des FrauenSchG (FrauenSchGÄndBeschl) aus den §§ 38, 39 der alten Fassung gebildet wurde, heißt es in Abs. 1:

> Die Rechte der Frauen am Ruf, an der Ehre, auf Privatsphäre und am eigenen Bild sowie ihre übrigen Persönlichkeitsrechte stehen unter gesetzlichem Schutz.

Es ist denkbar, dieser Vorschrift in Verbindung mit dem in Art. 33 Abs. 2 chVerf niedergelegten Grundsatz der Gleichheit aller Bürger vor dem Gesetz zu entnehmen, dass nun allen Bürgern ein Recht auf Privatsphäre zusteht.[623] Mangels verfassungsgerichtlicher Mechanismen[624] kann davon aber erst dann mit Sicherheit ausgegangen werden, wenn ein solches Recht auf Privatsphäre in einer künftigen Kodifikation des Zivilrechts ausdrücklich geregelt ist.

(3) Möglicher Grund für den bisher nur „indirekten" Schutz

Das chinesische Wort für „Geheimnis, Privatsphäre" 隐私 wurde früher oft mit dem Wort 阴私 „dunkles Geheimnis" in Verbindung gebracht,[625] was wohl durch die große Ähnlichkeit der Aussprache der beiden Wörter begünstigt worden ist. Während das erste Wort neutral als „persönliche Angelegenheit, die man nicht mitteilen oder die man nicht an die Öffentlichkeit bringen *möchte*" verstanden

622 YANG, Personal Right S. 334/335; auf zwei weitere von WANG, Persönlichkeitsrecht S. 589 genannte Vorschriften soll hier nicht näher eingegangen werden.
623 Daneben ist noch an § 105 AGZ zu denken, der seinem Wortlaut nach aber eher gegen die Benachteiligung von Frauen als auf die Gleichberechtigung der Geschlechter gerichtet zu sein scheint: „Frauen genießen die gleichen Zivilrechte wie Männer." (Übersetzung von MÜNZEL, Chinas Recht 12. 4.86/1). So steht auch die Kommentierung bei TANG/GAO, Neuer AGZ-Kommentar S. 2420–2447 zwar unter der Überschrift „Grundsatz der Gleichberechtigung von Mann und Frau", behandelt dann aber ausschließlich den Schutz der Rechte der Frauen.
624 Vgl. oben A.III. 2.b).
625 WANG, Persönlichkeitsrecht S. 588; YANG, Personal Right S. 336.

wird, hat das zweite Wort eine tendenziell negative Bedeutung, nämlich „(oft: ungute) Angelegenheit, die man nicht mitteilen *kann*".[626]

Diese Vermengung der beiden Bedeutungen mag ein Grund dafür sein, dass in die AGZ kein Recht auf Privatsphäre aufgenommen wurde.[627] Sie erklärt auch den Ansatz des Obersten Volksgerichts, die Privatsphäre nur „indirekt" über das Recht am Ruf zu schützen, da die Verbreitung eines „dunklen Geheimnisses" eines anderen stets eine Rufschädigung darstellt.[628]

Mittlerweile ist jedoch allgemein anerkannt, dass eine Beschränkung des Begriffs der Privatsphäre auf „dunkle Geheimnisse" zu eng ist[629] und dass diese nur einen Teil der Privatsphäre ausmachen.[630]

b) Recht am Kredit

(1) Schutzbereich

Der Kredit 信用 im Sinne des Rechts am Kredit 信用权 wird gemeinhin beschrieben als Verbindung eines „subjektiven" und eines „objektiven" Elements:[631] In „subjektiver" Hinsicht basiert der Kredit auf der wirtschaftlichen Leistungsfähigkeit[632] des Subjekts des Rechts am Kredit.[633] Überwiegend wird zusätzlich zur Leistungs*fähigkeit* noch die Leistungs*bereitschaft* verlangt, die sich z.B. in der bisherigen Vertragstreue des Rechtssubjekts äußert und die entweder als Teil einer im weiten Sinn verstandenen Leistungsfähigkeit eingeordnet[634] oder selbständig neben diese gestellt[635] wird. An dieses „subjektive" Element knüpft das „objektive" Element des Kredits an, nämlich die entsprechende gesellschaftliche Beurteilung des Subjekts des Rechts am Kredit. Inhalt dieser Beurteilung ist das wirtschaftliche Ver-

---

626 Beide Definitionen nach: Wörterbuch der modernen chinesischen Sprache (现代汉语词典), Beijing [5]2005, S. 1629 bzw. S. 1622 (Hervorhebungen nicht im Original).
627 WANG, Persönlichkeitsrecht S. 588.
628 WANG, Persönlichkeitsrecht S. 588.
629 WANG, Persönlichkeitsrecht S. 588; *GUO* et al., Personenrecht S. 449.
630 ZHANG, Recht auf Privatsphäre S. 62.
631 So ausdrücklich YANG, Personal Right S. 285; QING, Recht am Kredit S. 150 rechte Spalte. Auch die bei ZHONG, Persönlichkeitsrecht der JP S. 218/219 (m.w.N.) wiedergegebenen sechs verschiedenen Definitionen des Kredits enthalten bei gewissen Unterschieden in Detailfragen durchweg diese beiden Elemente.
632 ZHANG, Recht am Kredit S. 427 meint hingegen, das Abstellen auf die (aus seiner Sicht: „allgemeine 一般") wirtschaftliche Leistungsfähigkeit mache eine Abgrenzung des Rechts am Kredit vom Recht am Ruf unmöglich und spricht daher stattdessen von der (nach ZHANG, Recht am Kredit S. 424 „speziellen 特定") „Fähigkeit, Schulden zu begleichen 偿债能力". – Inwiefern sich diese Fähigkeit von der wirtschaftlichen Leistungsfähigkeit unterscheidet, bleibt unklar. Vor allem aber ist nach richtiger Ansicht (vgl. unten bei Fn. 648) Gegenstand des Rechts am Ruf anders als von ZHANG angenommen nicht eine Beurteilung in wirtschaftlicher, sondern (hauptsächlich) in moralischer Hinsicht. Das Abgrenzungsproblem, von dem aus ZHANG seinen Gedanken entwickelt, besteht also nach richtiger Ansicht nicht.
633 QING, Recht am Kredit S. 151 rechte Spalte.
634 So YANG, Personal Right S. 284/285.
635 So WANG, Persönlichkeitsrecht S. 538; QING, Recht am Kredit S. 151 rechte Spalte.

trauen, das die Gesellschaft dem Subjekt entgegenbringt.[636] „Objektiv" ist dieses Element insofern, als es eben um eine gesellschaftliche Beurteilung und nicht um die Selbsteinschätzung des Rechtssubjekts geht,[637] die Beurteilung mithin nicht der direkten willkürlichen Beeinflussung durch das Rechtssubjekt unterliegt.[638, 639]

Unter dem Kredit ist also die gesellschaftliche Beurteilung der wirtschaftlichen Leistungsfähigkeit und -bereitschaft eines bestimmten Subjekts zu verstehen.

(2) Grundlage des Rechts am Kredit

Die AGZ enthalten keine ausdrückliche Regelung eines Rechts am Kredit,[640] und auch das Oberste Volksgericht hat nicht zu einem solchen Recht Stellung genommen.[641] Erwähnt wird der Kredit (nicht jedoch ein *Recht am* Kredit) immerhin in § 14 Abs. 2 der Verordnung über die Verwaltung der Registrierung von Gesellschaften (GesRegVwVO); allerdings lediglich dahingehend, dass der Kredit nicht als bewertete Einlage in eine Gesellschaft eingebracht werden kann. Für die Konstruktion eines Rechts am Kredit kommt daher entweder die Einbeziehung dieses Rechts in das Recht am Ruf (§ 101 AGZ) oder ein Schutz über § 14 des chinesischen Gesetzes gegen den unlauteren Wettbewerb (chUWG) in Betracht. § 14 chUWG lautet:

> Unternehmer dürfen keine falschen Tatsachen[642] erdichten oder verbreiten und [dadurch] das Ansehen des Geschäfts oder den Ruf der Waren von Wettbewerbern schädigen.

An der Lösung über die Anwendung des § 14 chUWG ist zu bemängeln, dass diese Vorschrift nur Schutz vor Verletzungen durch Unternehmer i.S.d. § 2 Abs. 3 chUWG[643] bietet.[644] Auch kann nur ein Unternehmer Verletzter sein, vgl. § 2 Abs. 2

---

636 *Wu*, Recht am Kredit S. 43 linke Spalte; *Yang*, Personal Right S. 285. – *Zhang*, Recht am Kredit S. 432 sieht das Vertrauen dagegen nicht als Inhalt des Rechts am Kredit, sondern als erst durch die Ausübung des Rechts erlangten Vorteil.

637 *Wang*, Persönlichkeitsrecht S. 538.

638 *Wu*, Recht am Kredit S. 45 rechte Spalte.

639 Diese Benennung der Elemente als „subjektiv" und „objektiv" erscheint wenig hilfreich, da man mit ebenso guten Gründen umgekehrt verfahren könnte: Objektives Element wären dann die tatsächlichen wirtschaftlichen Verhältnisse und das tatsächliche Geschäftsgebaren des Rechtssubjekts. Diesem objektiven Element könnte die gesellschaftliche Beurteilung, also die Gesamtheit der Beurteilungen des Rechtssubjekts durch die einzelnen Mitglieder der Gesellschaft, als subjektives Element gegenübergestellt werden.

640 *Li/Zhu*, Recht am Kredit S. 100.

641 Diese Feststellung von *Feuerstein*, Außervertragliches Haftungsrecht S. 118 ist nach wie vor gültig.

642 Im Original: 虚伪事实. Da Tatsachen aber nicht falsch (oder richtig) sein können, ist das Wort „Tatsache" hier wohl im Sinne von „Tatsachenbehauptung" zu verstehen.

643 § 2 Abs. 3 chUWG lautet: „Als Unternehmer bezeichnet dies Gesetz juristische Personen, andere Wirtschaftsorganisationen und Einzelne, die Warenverkehr oder auf Gewinn gerichtet Dienstleistungen (im folgenden schließt „Waren" Dienstleistungen ein) betreiben." (Übersetzung von *Münzel*, Chinas Recht 2. 9.93/1).

644 Auch vor Verletzungen durch Unternehmer bietet die Vorschrift nach ihrem Wortlaut nur dann Schutz, wenn der Verletzte dem Verletzer als Wettbewerber 竞争对手 gegenübersteht, vgl. *Wu*, Recht am Kredit S. 46 rechte Spalte. Praktisch ergibt sich daraus aber kaum eine weitere Einschränkung des Schutzes: Das Wettbewerbsverhältnis 竞争关系 wird im Bereich des chUWG in einem weiten Sinn verstanden; so wird in Fällen des § 14 chUWG vom Vorliegen chUWG. Die Möglichkeit einer analogen Anwendung des § 14 chUWG auf Fälle, in denen der Verletzer und/oder der Verletzte kein Unternehmer ist, wird in der Literatur soweit ersichtlich nicht diskutiert.[645]

Gegen den von der Praxis beschrittenen Lösungsweg über das Recht am Ruf[646, 647] wird zu Recht eingewandt, das Recht am Kredit und das Recht am Ruf wiesen trotz vieler Gemeinsamkeiten in entscheidenden Punkten Unterschiede auf: Insbesondere sei hauptsächlicher Gegenstand des Rechts am Ruf die gesellschaftliche Beurteilung einer Persönlichkeit in moralischer Hinsicht, während es beim Recht am Kredit vorrangig um die wirtschaftliche Seite gehe.[648] Daher sei eine Verletzung des Rechts am Kredit ohne gleichzeitige Rufschädigung möglich.[649] Unter den gegebenen Umständen sei dieser Lösungsweg aber immerhin dem Schutz über § 14 chUWG vorzuziehen, auch wenn im Hinblick auf ein künftiges Zivilgesetzbuch ein Schutz über eine ausdrückliche Regelung des Rechts am Kredit zu favorisieren sei.[650]

Wie der geforderte ausdrückliche Schutz im Einzelnen ausgestaltet werden soll, ist umstritten. Überwiegend wird eine Regelung als eigenständiges (besonderes) Persönlichkeitsrecht vorgeschlagen,[651] wogegen andere das Recht am Kredit als Immaterialgüterrecht verstehen.[652] Überdies wird als Hindernis für eine gesetzliche Re-

---

der Verletzung auf das Bestehen eines Wettbewerbsverhältnisses zwischen Verletzer und Verletztem geschlossen (vgl. *Sun*, Wettbewerbsverhältnis S. 31/32).

645 *Yang*, Personal Right S. 299 geht lediglich auf die Möglichkeit ein, bei der Schädigung eines Unternehmers durch einen Nicht-Unternehmer für die Schadensberechnung § 20 Abs. 1 chUWG entsprechend anzuwenden.

646 *Yang*, Personal Right S. 294; *Feuerstein*, Außervertragliches Haftungsrecht S. 118 mit Fn. 623. Dagegen meint *Wu*, Recht am Kredit S. 47 rechte Spalte, die chinesische Rechtspraxis schütze das Recht am Kredit über das chUWG; ebenso *Qing*, Recht am Kredit S. 152 rechte Spalte.

647 Als Beispiel für diese Praxis wird oft eine Entscheidung des Volksgerichts der Unterstufe des Bezirks Jing'an der Stadt Shanghai aus dem Jahr 1988 (Amtsblatt des Obersten Volksgerichts [最高人民法院公报] 1988, Nr. 1, S. 41–43) angeführt, so etwa bei *Feuerstein*, Außervertragliches Haftungsrecht S. 118 Fn. 623 und bei *Yang*, Persönlichkeitsrecht S. 263/264. Gegen diese Einordnung der Entscheidung ist zu sagen: Hätte es zur Zeit der Entscheidung bereits § 14 chUWG gegeben, dann wäre diese Vorschrift direkt auf den Fall anwendbar gewesen, da es um die Herabsetzung eines Unternehmens bzw. seiner Produkte durch einen Wettbewerber ging. § 14 chUWG schützt jedoch nicht das Recht am Kredit, sondern das Recht am *Goodwill* 商誉权 (*Wu*, Goodwill S. 95, 97), auch wenn die Vorschrift gleichzeitig die grundsätzliche Anerkennung des Rechts am Kredit beinhalten mag (so *Yang*, Personal Right S. 286). Da das Recht am *Goodwill* (dazu unter c)) nicht mit dem Recht am Kredit gleichzusetzen ist, kann diese Entscheidung schwerlich noch als Beispiel für die Praxis des Schutzes des Rechts am Kredit über das Recht am Ruf dienen. Vielmehr handelt es sich bei genauer Betrachtung um ein Beispiel für den (mit Inkrafttreten des chUWG überholten) Schutz des Rechts am *Goodwill* über das Recht am Ruf.

648 *Wang*, Persönlichkeitsrecht S. 549.

649 *Wang*, Persönlichkeitsrecht S. 549/550; *Yang*, Personal Right S. 294.

650 *Yang*, Personal Right S. 295. Für eine ausdrückliche Regelung auch *Wang*, Persönlichkeitsrecht S. 557.

651 *Wang*, Persönlichkeitsrecht S. 538, 539; *Li/Zhu*, Recht am Kredit S. 98; *Yang*, Personal Right S. 294; *Su*, Zivilrecht S. 155.

652 *Wu*, Recht am Kredit S. 47 linke Spalte; *Zhong*, Persönlichkeitsrecht der JP S. 219.

gelung angeführt, dass die Abgrenzung zwischen dem Kredit einerseits und dem *Goodwill* sowie dem Ruf andererseits ungeklärt sei.[653]

(3) Prüfungssystem

Im Zusammenhang mit dem Recht am Kredit wird stets auch die Notwendigkeit eines Kreditprüfungssystems 征信体系[654]/征信制度[655] erörtert (Wu spricht in diesem Zusammenhang von einem Kapital- und Kreditbewertungssystem 资信评估制度[656]). Zentrales Element eines solchen Prüfungssystems ist die Auskunftei 信用报告机构, die auf der Grundlage von beispielsweise bei Banken gesammelten Daten Auskünfte über die Kreditwürdigkeit einer bestimmten Person bzw. eines bestimmten Unternehmens erteilt.[657]

Bisher beschränken sich die Aktivitäten der chinesischen Auskunfteien weitgehend auf die Bewertung der Kreditwürdigkeit von Unternehmen.[658] Nur in Teilen Chinas werden bereits auch Auskünfte über Privatpersonen erteilt, so z.B. in Shanghai.[659] Von der noch ausstehenden einheitlichen Auskunftserteilung über Privatpersonen in ganz China verspricht man sich eine deutliche Erhöhung der Effizienz des Systems.[660] Durchweg wird auf den Konflikt zwischen dem Verkehrsinteresse an einer Risikominimierung durch Datensammlung und Auskunftserteilung einerseits und den Geheimhaltungsinteressen der Betroffenen andererseits hingewiesen.[661] In diesem Zusammenhang wird nachdrücklich die Etablierung eines Rechts auf Privatsphäre als eigenständiges (besonderes) Persönlichkeitsrecht[662] gefordert.[663] Auch wird eine umfassende und einheitliche Regulierung des gesamten Bereichs vorgeschlagen, die insbesondere die Ansprüche der Betroffenen gegenüber den Auskunfteien (Benachrichtigungs-, Auskunfts- und Berichtigungsansprüche) umfassen müsse.[664]

---

653 Li/Zhu, Recht am Kredit S. 100. – Diese Aussage wird man dahingehend präzisieren dürfen, dass über diese Abgrenzungsfragen noch keine Einigkeit erzielt werden konnte; grundsätzlich möglich ist eine solche Abgrenzung durchaus. Vgl. soeben bei Fn. 648 zum Unterschied zwischen Ruf und Kredit; zur Abgrenzung von Kredit und *Goodwill* unten C.III. 2.c)(3).
654 Yang, Personal Right S. 290; Wang et al., Kreditprüfungssystem *passim*.
655 Wang, Persönlichkeitsrecht S. 546.
656 Wu, Recht am Kredit S. 46 linke Spalte.
657 Wang et al., Kreditprüfungssystem S. 82.
658 Yang, Personal Right S. 291; zur Entwicklung des chinesischen Kreditprüfungswesens seit 1989 ebenda S. 290/291.
659 Yang, Personal Right S. 291; näher Wang et al., Kreditprüfungssystem und Li/Zhu, Recht am Kredit S. 100.
660 Li/Zhu, Recht am Kredit S. 100.
661 Yang, Personal Right S. 292/293; speziell zur Gefährdung der individuellen Privatsphäre Li/Zhu, Recht am Kredit S. 100, 102 und Wang et al., Kreditprüfungssystem S. 83 ff.
662 Vgl. dazu oben a).
663 Wang et al., Kreditprüfungssystem S. 91.
664 Wang, Persönlichkeitsrecht S. 547; Yang, Personal Right S. 292/293.

c) Recht am *Goodwill*

Zum Teil wird neben dem Recht am Kredit noch ein Recht am *Goodwill* 商誉权[665] angenommen. Dieses soll jedoch nicht allen Zivilsubjekten zustehen, sondern nur den „Handelssubjekten 商事主体“ unter ihnen.[666] Handelssubjekte sind solche Subjekte, die gewerblich tätig sind,[667] unter den natürlichen Personen also die Einzelgewerbetreibenden (vgl. dazu § 26 AGZ). Das Recht am *Goodwill* wird deshalb auch als „kommerzielles Persönlichkeitsrecht 商事人格权“[668] bzw. „Persönlichkeitsrecht der Handelssubjekte 商事主体人格权“[669] bezeichnet. Teilweise wird gefordert, darüber hinaus die Existenz eines *Goodwill* auch solcher natürlicher Personen anzuerkennen, die zwar keiner gewerblichen Tätigkeit nachgehen, für deren Berufsausübung aber ebenfalls eine vom allgemeinen Ruf[670] unterscheidbare (berufsbezogene) Reputation eine Rolle spielt, wie dies etwa bei Hochschullehrern der Fall sei.[671]

(1) Grundlage

Der *Goodwill* wurde zunächst in bilateralen Investitionsabkommen, die Anfang der 1980er Jahre zwischen der VR China und Schweden bzw. Frankreich geschlossen wurden, als Investitionsform genannt.[672] Drei im Jahr 1992 erlassene Vorschriften[673] erwähnen den *Goodwill* als „immaterielles Kapital 无形资产“[674] von Unter-

---

665 Münzel, Chinas Recht 18. 12. 2005/1 übersetzt den in § 14 Abs. 2 GesRegVwVO genannten Begriff 商誉 mit „guter Ruf einer Firma“. Um stärker zu verdeutlichen, dass das Recht an diesem guten Ruf vom (allgemeinen) guten Ruf zu unterscheiden ist (dazu unten (3)), wird der Begriff hier mit „*Goodwill*“ übersetzt.

666 Yang, Goodwill S. 56 rechte Spalte; Cheng, Commercial Rights of Personality S. 81.

667 Yang, Goodwill S. 55 rechte Spalte.

668 Cheng, Commercial Rights of Personality S. 55.

669 Yang, Goodwill S. 56 rechte Spalte.

670 Zum Recht am Ruf vgl. oben C.III. 1.f).

671 So Cheng, Commercial Rights of Personality S. 81.

672 Vgl. dazu Cheng, Commercial Rights of Personality S. 80; Wu, Goodwill S. 95.

673 Dies sind die „Buchführungsordnung für die Versuchsunternehmen mit Anteilsordnung 股份制试点企业会计制度“ (§ 37), erlassen vom Finanzministerium und von der Staatskommission für die Reform der Wirtschaftsstruktur am 23. 5. 1992, der „Standard für Unternehmensbuchhaltung 企业会计准则“ (§ 31 Abs. 2) und die „Allgemeinen Regeln für die Finanzangelegenheiten der Unternehmen 企业财务通则“ (§ 20 Abs. 1), beide erlassen vom Finanzministerium am 30. 11. 1992 (deutsche Übersetzungen mit Quellenangaben bei Münzel, Chinas Recht 23. 5.92/1, 30. 11.92/1 bzw. 30. 11.92/2).

674 Münzel (Fn. 673) übersetzt das Wort 资产 mit „Vermögen“. Dieses Wort bleibt im Rahmen dieser Arbeit jedoch dem chinesischen 财产 als Übersetzung vorbehalten, weshalb 资产 hier mit „Kapital“ übersetzt wird. Auf diese Weise soll verdeutlicht werden, dass 资产 (Kapital) ein Terminus der Wirtschaftswissenschaft, 财产 (Vermögen) dagegen ein solcher der Rechtswissenschaft ist. Vgl. dazu Yang, Goodwill S. 56 linke Spalte. – Wie wichtig diese Unterscheidung ist, zeigt folgender Umstand: Wu, Goodwill S. 95 führt als Beleg für die Anerkennung der (rechtlichen) Charakterisierung des *Goodwill* als Immaterialgut 无形财产 unter anderem die oben (Fn. 673) genannten Vorschriften an, in denen jedoch gerade nicht von 无形财产, sondern von 无形资产 die Rede ist. Die Argumentation Wus mag dadurch zwar nicht grundlegend erschüttert werden; sie verliert aber doch einen Teil ihrer Überzeugungskraft.

nehmen;[675] nach § 14 Abs. 2 GesRegVwVO kann er jedoch nicht als bewertete Einlage in eine Gesellschaft eingebracht werden.

Das im Jahr 1993 in Kraft getretene chUWG enthält in § 14 das Verbot, als Unternehmer durch das Erdichten oder Verbreiten falscher Tatsachen[676] das Ansehen des Geschäfts 商业信誉 oder den Ruf der Waren 商品声誉 eines Wettbewerbers zu schädigen. Diese Vorschrift wird als direkte gesetzliche Grundlage des Schutzes des (Rechts am) *Goodwill* angesehen.[677] Allerdings gilt § 14 chUWG nur, wenn sowohl der Verletzer als auch der Verletzte Unternehmer ist.[678]

(2) Einordnung als Persönlichkeitsrecht

Der Charakter des Rechts am *Goodwill* ist umstritten.[679] Teils wird es ohne weiteres als geistiges Eigentumsrecht eingeordnet,[680] teils wird diese Einordnung mit dem Hinweis verbunden, es handle sich um ein atypisches geistiges Eigentumsrecht, da z.B. seine Gültigkeit keiner zeitlichen Beschränkung unterliege.[681] Auch werde vertreten, dass das Recht am *Goodwill* ein typisches Vermögensrecht sei.[682] Schließlich wird es als „kommerzielles Persönlichkeitsrecht 商事人格权"[683] bzw. „Persönlichkeitsrecht der Handelssubjekte 商事主体人格权"[684] bei den Persönlichkeitsrechten verortet.[685]

(3) Der Goodwill und sein Verhältnis zum Kredit und zum Ruf

Nach der Definition von LIANG bildet sich der *Goodwill* allmählich auf der Grundlage der Produktion und der Transaktionen sowie der direkt damit verbundenen Wirtschaftshandlungen des Subjekts des *Goodwill* heraus und spiegelt die Gesamtbeurteilung der Produktion, der Produkte, des Absatzes, der Dienstleistungen und weiterer Aspekte dieses Subjekts durch die Gesellschaft wider.[686]

Zum Verhältnis des *Goodwill* zum Kredit werden unterschiedliche Ansichten vertreten. Teile der Literatur ordnen den Begriff *Goodwill* der Wirtschaftswissenschaft

---

675 Vgl. dazu *WU*, Goodwill S. 95.
676 Dazu oben Fn. 642.
677 So *WU*, Goodwill S. 95 und *ZHANG Jin* (张今), Neuer Blick auf das geistige Eigentum (知识产权新视野), Beijing 2000, S. 153 (letztere Quelle zitiert nach *CHENG*, Commercial Rights of Personality S. 80 Fn. 2).
678 Näher zu § 14 chUWG oben C.III. 2.b)(2).
679 Einen Überblick über die verschiedenen Ansichten bieten z.B. *YANG*, Goodwill S. 56 und *WU*, Goodwill S. 91 f.
680 *LIANG*, Goodwill S. 41.
681 *WU*, Goodwill S. 93.
682 Dies berichtet *WANG*, Persönlichkeitsrecht S. 552, jedoch ohne weitere Nachweise.
683 *CHENG*, Commercial Rights of Personality S. 55 ff. stellt den *Goodwill* als eines der Objekte der kommerziellen Persönlichkeitsrechte dar.
684 *YANG*, Goodwill S. 56 rechte Spalte.
685 Vgl. bereits oben vor (1).
686 *LIANG*, Goodwill S. 38. – *YANG*, Goodwill S. 55 rechte Spalte hingegen verwischt mit ihrer auf den ersten Blick ähnlichen Definition die Grenze zwischen *Goodwill* und Kredit, indem sie Kriterien wie die finanzielle Lage und die Vertragstreue in den *Goodwill* einbezieht.

zu und meinen, der Rechtswissenschaft stehe mit dem Kredit bereits ein bedeutungsgleicher Begriff zur Verfügung.[687] Dagegen wird zu Recht eingewandt, *Goodwill* und Kredit seien zwar eng miteinander verbunden, aber dennoch voneinander zu unterscheiden.[688] Insbesondere wird darauf hingewiesen, dass für den *Goodwill* Faktoren wie Produktqualität oder eine freundliche Behandlung der Kunden ausschlaggebend seien, wogegen es beim Kredit auf das gesellschaftliche Vertrauen auf die Erfüllung übernommener Pflichten ankomme.[689]

Wie dem Kredit steht der *Goodwill* auch dem Ruf nicht fern, muss aber von diesem ebenfalls unterschieden werden: Sowohl der Ruf als auch der *Goodwill* stellen ein gesellschaftliches Urteil dar, jedoch kommt dieses Urteil im Fall des Rufs anhand allgemein-moralischer Maßstäbe zustande, wogegen für den *Goodwill* lediglich die Geschäftsmoral eine Rolle spielt.[690] Diese beiden verschiedenartigen Beurteilungen sind voneinander unabhängig und können in Bezug auf ein und dasselbe Subjekt ganz unterschiedlich ausfallen: Der im guten Ruf eines vorbildlichen Familienvaters und beliebten Nachbarn Stehende kann gleichzeitig ein nur geringes Ansehen als Geschäftsmann haben[691] (oder umgekehrt).

Der *Goodwill* ist also sowohl vom Kredit als auch vom Ruf unterscheidbar. Ein eigenständiges Recht am *Goodwill* ist daher grundsätzlich denkbar, auch wenn weder die gesetzliche Grundlage eines solchen Rechts noch sein rechtlicher Charakter völlig geklärt sind.

d) Recht auf Keuschheit

Das weder in den AGZ noch sonst im Zivilrecht ausdrücklich geregelte Recht auf Keuschheit 贞操权 ist das Recht, in Selbstbestimmung außereheliche sexuelle Beziehungen zu unterlassen[692] bzw. über die eigene Keuschheit zu verfügen und andere von deren Beeinträchtigung auszuschließen[693]. Die Bezeichnung als Recht auf Keuschheit lehnt YANG[694] ausdrücklich ab und tritt für die Bezeichnung als „Recht auf sexuelle Selbstbestimmung 性自主权" ein – ohne allerdings hinsichtlich des Inhalts des Rechts von den übrigen Autoren abzuweichen.[695] Vielmehr ist dies wohl durch seine Überlegung motiviert, dass die Keuschheit im Allgemeinen als ein ausschließlich auf Frauen anwendbares Konzept verstanden werde, so dass ein Recht auf Keuschheit in diesem Sinn zu einer nicht akzeptablen Ungleichbehandlung von Frauen und Männern führe.[696] WANG[697] hingegen meint, gerade die Bezeich-

687 CHENG, Commercial Rights of Personality S. 90 bei Fn. 3 m. w. N.
688 WU, Recht am Kredit S. 43 rechte Spalte; CHENG, Commercial Rights of Personality S. 90.
689 CHENG, Commercial Rights of Personality S. 91.
690 LIANG, Goodwill S. 40; ebenso CHENG, Commercial Rights of Personality S. 81.
691 So das Beispiel bei LIANG, Goodwill S. 40 und CHENG, Commercial Rights of Personality S. 81.
692 So die besonders enge Definition bei JIANG, Zivilrecht S. 287.
693 WANG, Persönlichkeitsrecht S. 646; WEI, Civil Law S. 663.
694 YANG, Personal Right S. 352.
695 Die Ausführungen zum Inhalt des Rechts bei YANG, Personal Right S. 355, 356 sind insbesondere denen von WEI, Civil Law (1. Aufl.) S. 658, 659 sehr ähnlich.
696 YANG, Personal Right S. 354.
697 WANG, Persönlichkeitsrecht S. 647.

nung als Recht auf sexuelle Selbstbestimmung berge die Gefahr der Verwechslung von sexueller Selbstbestimmung mit sexueller Freiheit, wogegen der Begriff der Keuschheit nicht nur die Aufforderung zur Achtung der sexuellen Selbstbestimmung eines jeden, sondern auch zur Achtung der Sozialmoral[698] enthalte.[699]

Die Behandlung des Rechts auf Keuschheit als eigenständiges besonderes Persönlichkeitsrecht lehnt *JIANG*[700] mit dem Argument ab, es handle sich lediglich um eine Ausprägung des Rechts auf persönliche Freiheit. Dies ist im Rahmen seiner engen Auffassung des Rechts auf Keuschheit als reines „Unterlassungsrecht 不作为权“[701] konsequent. Diesem Verständnis des Rechts auf Keuschheit wird jedoch entgegengehalten, dass das Recht auf Keuschheit in stärkerem Maß als das Recht auf persönliche Freiheit auf moralischen Überlegungen beruhe[702] und dass etwa in Fällen sexueller Belästigung nicht unbedingt ein Eingriff in die persönliche Freiheit, wohl aber ein Eingriff in das Recht auf Keuschheit vorliege[703]. Ebensowenig ist ein indirekter Schutz des Rechts auf Keuschheit über das Recht am Ruf[704], das Recht am Körper oder das Recht auf Gesundheit ausreichend, da diese Rechte weder alleine noch in ihrer Gesamtheit alle Fälle der Verletzung des Rechts auf Keuschheit zu erfassen vermögen.[705] Folglich ist das Recht auf Keuschheit in die Reihe der besonderen Persönlichkeitsrechte einzuordnen.[706]

e) Recht auf Arbeit und Erholung

Das Recht auf Arbeit und Erholung 作息权 wird, soweit ersichtlich, nur von *GUO* et al.[707] erwähnt. Nach ihrer von der herrschenden Ansicht abweichenden Konzeption gehört dieses Recht zwar nicht zu den Persönlichkeitsrechten, sondern zu den neben den Status- und den Persönlichkeitsrechten unter die Personenrechte fallenden „Rechten am Körper 身体权“. Jedoch wäre es in das von der herrschenden Lehre vertretene System wohl als „stoffliches“ besonderes Persönlichkeitsrecht[708]

---

698 So auch *WEI*, Civil Law S. 663.
699 Zur Sexualmoral der (großstädtischen) chinesischen Jugend *James FARRER*, Opening up. Youth Sex Culture and Market Reform in Shanghai, Chicago 2001.
700 *JIANG*, Zivilrecht S. 286, 287.
701 *JIANG*, Zivilrecht S. 286.
702 *WEI*, Civil Law (1. Aufl.) S. 658.
703 *WANG*, Persönlichkeitsrecht S. 646.
704 Dieser Weg wurde beschritten in einem Gerichtsurteil, von dem *LIU*, Virginity Right S. 58 linke Spalte knapp berichtet: Geklagt hatte eine 24jährige Frau gegen ihren mit ihr zusammenlebenden Freund (von dem sie schwanger war), nachdem sie erfahren hatte, dass dieser bereits eine Familie mit zwei Kindern hatte. (M.E. steht hier allerdings die Täuschungsproblematik im Vordergrund; es ist fraglich, ob das Recht auf Keuschheit auch das Recht auf *irrtumsfreie* Verfügung über die eigene Keuschheit umfasst.)
705 So zutreffend *WANG*, Persönlichkeitsrecht S. 652–654 und *WEI*, Civil Law (1. Aufl.) S. 658; *JIANG*, Zivilrecht S. 286 lehnt jedenfalls den Schutz über das Recht am Ruf ab.
706 So *YANG*, Persönlichkeitsrecht S. 359; *WANG*, Persönlichkeitsrecht S. 650; *WEI*, Civil Law S. 663; *LIU*, Virginity Right S. 60 linke Spalte.
707 *GUO* et al., Personenrecht S. 415 ff.
708 Dazu oben B.IV. 2.

einzuordnen; und auch GUO et al. räumen die teilweise persönlichkeitsrechtliche Prägung des Rechts auf Arbeit und Erholung ein[709].

Als Grundlage dieses Rechts werden das Recht auf Arbeit aus Art. 42 Abs. 1 chVerf (ein typisches Merkmal sozialistischer Verfassungen[710]) und das Recht auf Erholung aus Art. 43 Abs. 1 chVerf sowie dessen einfachgesetzliche Konkretisierung durch § 3 Abs. 1 des Arbeitsgesetzes (ArbeitsG) angeführt.[711]

f) Recht an der Stimme

YANG/YUAN schlagen vor, in ein künftiges chinesisches Zivilgesetzbuch eine Regelung des Rechts an der Stimme 声音权 aufzunehmen.[712] Sie definieren es als ein besonderes Persönlichkeitsrecht, das ein ausschließliches Recht an Aufnahmen der Stimme, ein ausschließliches Recht auf die Verwendung der Stimme (was den Schutz sowohl von ideellen Interessen als auch von Vermögensinteressen einschließe), ein ausschließliches Verfügungsrecht über die Stimme sowie Schutzansprüche umfasse.[713] Weiterhin führen YANG/YUAN aus, dass der Schutz der Stimme nicht über andere besondere Persönlichkeitsrechte realisierbar sei, insbesondere nicht über das Recht auf Privatsphäre.[714]

Zur Begründung dieses Rechts an der Stimme stellen YANG/YUAN zunächst zutreffend fest, dass die Stimme zur Identifizierung einer Person geeignet ist.[715] Anschließend weisen sie auf neuere technische Entwicklungen und auf Regelungen in verschiedenen Rechtsordnungen hin.[716] Dabei gehen sie mit der Entwicklung von Abhörgeräten und den ausländischen Vorschriften zum Schutz der Privatsphäre auch auf Aspekte ein, die schwerlich ein Recht an der Stimme zu stützen vermögen, wie die Autoren später selbst einräumen[717]. Übrig bleiben die Hinweise auf die Möglichkeit, Stimmen zu „klonen“[718] (also am Computer zu synthetisieren) und auf den Schutz der Stimme durch das *Right of Publicity* des US-amerikanischen Rechts[719].

Das *Right of Publicity* wurde entwickelt, um den Schutz von Vermögensinteressen Prominenter zu ermöglichen, die nicht durch das *Right of Privacy* erfasst werden konnten, da dieses sich auf den Schutz ideeller Interessen beschränkt.[720] Anders als

---

709 GUO et al., Personenrecht S. 418.
710 WOLFF, Arbeitsvertrag S. 28 mit Anm. 139.
711 GUO et al., Personenrecht S. 416.
712 YANG/YUAN, Recht an der Stimme S. 103. Vgl. auch die Darstellung bei YANG, Personal Right Law S. 562–575, die auf der Arbeit von YANG und YUAN beruht (so der Hinweis S. 562 Fn. 1).
713 YANG/YUAN, Recht an der Stimme S. 107.
714 YANG/YUAN, Recht an der Stimme S. 105, 106.
715 YANG/YUAN, Recht an der Stimme S. 103.
716 YANG/YUAN, Recht an der Stimme S. 103/104 bzw. S. 104/105.
717 Indem sie das Abhören von Privatgesprächen als Verletzung des Rechts auf Privatsphäre und nicht des Rechts an der Stimme einordnen, YANG/YUAN, Recht an der Stimme S. 108.
718 YANG/YUAN, Recht an der Stimme S. 103.
719 YANG/YUAN, Recht an der Stimme S. 104/105.
720 GÖTTING, Persönlichkeitsrechte als Vermögensrechte S. 243. Dort S. 168 ff. bzw. S. 191 ff. ausführlich zum *Right of Privacy* bzw. zum *Right of Publicity*.

die Umstände der Entstehung des *Right of Publicity* vermuten lassen, kann es heute aber kumulativ mit dem *Right of Privacy* zur Anwendung kommen.[721] Das *Right of Publicity* schützt unter anderem die Stimme als Identitätsmerkmal.[722] Dabei geht es um Fälle, in denen Erfolgsschlager bekannter Interpreten für die Rundfunkwerbung verwendet wurden, wobei man sich nicht der Originaleinspielung bediente, sondern sich lediglich die Aufführungsrechte an dem betreffenden Musikstück sicherte und den Gesangspart durch einen Stimmenimitator nachsingen ließ.[723] Letztlich schützt das *Right of Publicity* also vor der Ausbeutung des Aufmerksamkeitswerts einer bekannten Person.[724]

Die ausdrückliche Bezugnahme[725] auf die *„Bette Midler“*-Entscheidung[726] zeigt, dass nach der Vorstellung von YANG/YUAN jedenfalls bei Prominenten auch diejenigen Fälle unter das Recht an der Stimme fallen sollen, in denen nicht die Originalstimme, sondern eine ähnliche Stimme verwendet wird.[727] Diese kann entweder von einem Stimmenimitator stammen oder computergeneriert sein.

g) Umweltpersönlichkeitsrechte

Vereinzelt wird vorgeschlagen, in ein künftiges Zivilgesetzbuch sogenannte Umweltpersönlichkeitsrechte 环境人格权 aufzunehmen.[728] Anders als etwa das Recht auf Arbeit und Erholung (oben e)) wurden die Umweltpersönlichkeitsrechte auch in jüngerer Zeit noch thematisiert[729], so dass sie im Folgenden etwas ausführlicher behandelt werden sollen.

(1) Grundgedanke

Ausgangspunkt dieser Überlegungen ist die Ansicht, dass zur Lösung der gegenwärtigen Umweltprobleme die chVerf (deren Art. 26 Abs. 1 den Umweltschutz als Staatsziel nennt) und das Umweltschutzgesetz der VR China (chUmwSchG)[730]

---

721 GÖTTING, Persönlichkeitsrechte als Vermögensrechte S. 242/243.

722 GÖTTING, Persönlichkeitsrechte als Vermögensrechte S. 219, 220.

723 GÖTTING, Persönlichkeitsrechte als Vermögensrechte S. 219 nennt als den ersten Fall, in dem dieses Vorgehen als Verletzung des *Right of Publicity* anerkannt wurde, die *„Bette* MIDLER*“*-Entscheidung (MIDLER v. Ford Motor Co., GRUR Int. 1989, S. 338).

724 BASSEWITZ, Persönlichkeitsrecht S. 10.

725 YANG/YUAN, Recht an der Stimme S. 107, wo zweimal auf diese Entscheidung hingewiesen wird.

726 Zur Bedeutung dieser Entscheidung vgl. Fn. 723.

727 In Kombination mit entsprechenden Überlegungen bezüglich der Rechte am Bild und am eigenen Namen (Schutz vor der Verwendung verwechselbarer Bildnisse und Namen) kann so ein Schutzumfang erreicht werden, der demjenigen des *Right of Publicity* sehr nahe kommt.

728 Ablehnend WANG, Persönlichkeitsrecht S. 187, 190/191.

729 TIAN, Umweltpersönlichkeitsrechte.

730 Neben dieses älteste der chinesischen Umweltschutzgesetze (Inhaltsüberblick bei RICHTER, Umweltstrafrecht S. 35–38) sind mittlerweile zahlreiche Spezialgesetze getreten, vgl. FLFGQS Inhaltsverzeichnis S. 7. – Zum Schutz der Umwelt durch das Strafrecht RICHTER, Umweltstrafrecht S. 80–138.

nicht ausreichten.[731] Vielmehr müsse dafür auch das Privatrecht, namentlich das Persönlichkeitsrecht, eingesetzt werden.[732]

(2) Arten

Als Arten der Umweltpersönlichkeitsrechte werden unter anderen[733] das Recht auf Sonnenlicht 阳光权 und das Recht auf saubere Luft 清洁空气权 genannt. Zur Ergänzung wird ein Auffangtatbestand vorgeschlagen,[734] wobei unklar bleibt, wie dieser sich zum allgemeinen Persönlichkeitsrecht verhalten soll bzw. worin die Funktion eines derart zwischen besonderen Persönlichkeitsrechten und allgemeinem Persönlichkeitsrecht zu verortenden Konstrukts besteht.

(3) Einordnung

Die Umweltpersönlichkeitsrechte werden als ideelle Persönlichkeitsrechte klassifiziert, wobei jedoch zugleich darauf hingewiesen wird, dass ihr Zweck der Schutz der (seelischen und körperlichen) Gesundheit des Subjekts sei.[735] Von dieser Zwecksetzung her argumentierend könnte man (in Anlehnung an die Einordnung des Rechts auf Gesundheit als stoffliches Persönlichkeitsrecht) jedoch durchaus in Erwägung ziehen, die Umweltpersönlichkeitsrechte als stoffliche Persönlichkeitsrechte anzusehen.

(4) Verhältnis zu anderen besonderen Persönlichkeitsrechten

Dies führt zu der Frage, wie die Umweltpersönlichkeitsrechte von den Rechten auf Leben, auf Gesundheit und am Körper abgegrenzt werden können. Hierzu heißt es, die Verletzung eines Umweltpersönlichkeitsrechts könne zwar mit einer Verletzung des Rechts auf Gesundheit einhergehen, jedoch sei die Gesundheitsverletzung nicht notwendig *offensichtlich*; der Schutz von Umweltpersönlichkeitsrechten führe also zu einem erweiterten Schutz der Gesundheit.[736] Gleiches wird für solche Fälle angeführt, in denen zwar eine Beeinträchtigung der Gesundheit nachweisbar ist, nicht aber die (für eine Haftung notwendige) Kausalität zwischen der umweltschädigenden Handlung und der Gesundheitsbeeinträchtigung.[737]

(5) Stellungnahme

Es erscheint sehr fraglich, ob die Einführung von Umweltpersönlichkeitsrechten tatsächlich so dringend erforderlich ist wie behauptet. Bereits jetzt verpflichtet das

---

731 TIAN, Umweltpersönlichkeitsrechte S. 150 linke Spalte.
732 LIU, Umweltinteressen S. 107.
733 Die nicht abschließenden Aufzählungen bei LIU, Umweltinteressen S. 108 bzw. TIAN, Umweltpersönlichkeitsrechte S. 151 umfassen vier bzw. sieben Umweltpersönlichkeitsrechte und einen Auffangtatbestand.
734 LIU, Umweltinteressen S. 108; TIAN, Umweltpersönlichkeitsrechte S. 151 rechte Spalte.
735 TIAN, Umweltpersönlichkeitsrechte S. 151 linke Spalte. Denselben Zweck nennt auch LIU, Umweltinteressen S. 108.
736 LIU, Umweltinteressen S. 108.
737 TIAN, Umweltpersönlichkeitsrechte S. 150 rechte Spalte.

Nachbarrecht Grundstücksnachbarn nach § 83 S. 1 AGZ zur gegenseitigen Rücksichtnahme unter anderem in Fragen der Belüftung und Beleuchtung der Grundstücke. Konkretisiert wird dies durch das SachenrechtsG: Nach dessen § 89 dürfen bei der Errichtung von Gebäuden die Belüftung und (natürliche) Beleuchtung benachbarter Gebäude nicht beeinträchtigt werden; § 90 verbietet es den an unbeweglichen Sachen Berechtigten unter anderem, Immissionen in Form von Lärm, Licht, Luft- oder Wasserverunreinigung vorzunehmen. Für den Fall von Verstößen gegen diese Pflichten sieht § 83 S. 2 AGZ eine verschuldensunabhängige Unterlassungs-, Beseitigungs- und Schadensersatzpflicht desjenigen vor, der seinen Grundstücksnachbarn behindert oder schädigt.[738] Bezeichnend ist, dass auch das von *Liu* als Anerkennung eines Rechts auf Sonnenlicht interpretierte Gerichtsurteil[739] ohne weiteres auf die genannten nachbarrechtlichen Vorschriften gestützt werden konnte.

Aber auch außerhalb des Nachbarrechts ist derjenige, der eine Umweltverschmutzung hervorruft, nach § 41 chUmwSchG i.V.m. § 106 Abs. 3 AGZ dem dadurch unmittelbar Geschädigten verschuldensunabhängig zum Ersatz des Schadens verpflichtet (Ausnahme: höhere Gewalt).[740] Bekräftigt wird dies durch die (rein deklaratorische) Vorschrift des § 124 AGZ, wonach die zivile Haftung übernehmen muss, wer unter Verstoß gegen staatliche Umweltschutzbestimmungen die Umwelt verschmutzt und dadurch eine Schädigung anderer Personen herbeiführt. Abweichend von der allgemeinen Beweislastverteilung muss der Geschädigte nicht beweisen, dass die Umweltschädigung für den bei ihm eingetretenen Schaden kausal war; vielmehr genügt es, die Wahrscheinlichkeit der Kausalität darzulegen, woraufhin dem in Anspruch Genommenen der Beweis des Gegenteils obliegt.[741]

Schließlich wäre der Kreis der durch Umweltbeeinträchtigungen in solchen Umweltpersönlichkeitsrechten Verletzten kaum eingrenzbar, da die (unversehrte) Umwelt eine *öffentliche* Ressource ist. Dies räumt auch *Tian* als Befürworter der Umweltpersönlichkeitsrechte ein.[742] Angesichts der daraus resultierenden völlig unübersichtlichen Haftungssituation erscheint es sinnvoller, das Ziel des Umweltschutzes mit den oben vorgestellten bereits eingeführten Instrumenten zu verfolgen.

3. „Rechteschwemme"

Als „Rechteschwemme 权利泛化" beschreibt *Tang*[743] das Phänomen, dass in den letzten Jahren immer wieder Zivilklagen aus vermeintlichen „Rechten" erhoben

738 *Tang/Gao*, Neuer AGZ-Kommentar S. 1457.
739 *Liu*, Umweltinteressen S. 108 Fn. 1 und ergänzend der Kurzbericht unter http://www.china-up.com/gzcy/showcase.asp?id=760 (eingesehen am 5. 5. 2009): Schadensersatz für die Beeinträchtigung des Sonnenlichteinfalls durch ein benachbartes Gebäude. Die Urteilsbegründung ist mir leider nicht zugänglich.
740 Vgl. dazu *Richter*, Umweltstrafrecht S. 34 mit Fn. 19.
741 *Yang*, Personal Right S. 88.
742 *Tian*, Umweltpersönlichkeitsrechte S. 151 linke Spalte.
743 *Tang*, „Rechteschwemme".

werden, die dem geltenden Recht unbekannt sind. Solche „Rechte“ sind etwa das „Recht auf Hundehaltung 养狗权“, das „Recht zu küssen 亲吻权“ oder ein „Recht auf visuelle Hygiene 视觉卫生权“.[744, 745]

Die Ursache dieses Phänomens sieht TANG darin, dass durch die wirtschaftlichen und politischen Reformen Ideen des neuzeitlichen und modernen Privatrechts wie Gleichberechtigung, Selbstbestimmung und die Unverletzlichkeit privater Rechte verbreitet worden seien.[746] Das alles sei derart schnell geschehen, dass nun eine gesellschaftliche Stimmung der Ungeduld und des Strebens nach schnellen Erfolgen herrsche, was durch einen Mangel an juristischem Fachwissen und die ständige Jagd nach Neuem nicht nur in den Medien, sondern sogar in der Justiz noch verschlimmert werde.[747] Aus dem bloßen Umstand, dass etwas nicht verboten ist, leite man fälschlich gleich ein entsprechendes Recht ab.[748]

Einerseits verursache diese „Rechteschwemme“ eine Vergeudung von Ressourcen der Justiz und berge die Gefahr einer Beschädigung der Autorität des Gesetzes.[749] Andererseits sei die „Rechteschwemme“ aber als Ausdruck des wachsenden Rechtsbewusstseins der Bevölkerung zu begrüßen und biete die Chance, im Versuch-und-Irrtum-Verfahren das System der Privatrechte zu vervollständigen.[750]

Die Diskussion um die Einführung neuer besonderer Persönlichkeitsrechte könnte als Teil dieses Versuch-und-Irrtum-Verfahrens verstanden werden. Die Befürworter bisher nicht gesetzlich oder durch die Rechtsprechung anerkannter besonderer Persönlichkeitsrechte verraten denn auch zum Teil ihre Befürchtung, ihr Geschöpf könnte gleichsam einer „Rechteschwemme in Fachkreisen“ zugerechnet werden, indem sie ausdrücklich darauf hinweisen, das von ihnen postulierte Persönlichkeitsrecht sei wohlbegründet und eben kein „Recht zu küssen“ [751]. Inwiefern derartige Befürchtungen begründet sind, wird sich wohl erst mit dem Erlass eines chinesischen Zivilgesetzbuches zeigen.

4. Der Schutz nach deutschem Recht

Die nach der chinesischen Konzeption einheitlich als besondere Persönlichkeitsrechte erfassten Positionen verteilen sich im deutschen Recht auf drei verschiedene

---

744 TANG, „Rechteschwemme“ S. 37. – Eine ähnliche Ausweitung erfährt auch das Konzept der Menschenrechte, auf die sich neuerdings Vertreter der verschiedensten Interessen berufen, vgl. SHI, Menschenrechte auf Chinesisch.

745 Auch bei WEI, Civil Law S. 666, wird das Phänomen am Beispiel des „Rechts zu küssen“ angesprochen – wenn auch nur ganz kurz im Zusammenhang mit dem allgemeinen Persönlichkeitsrecht und nicht unter dem griffigen Schlagwort „Rechteschwemme“: Es sei wenigstens denkbar, ein solches Recht aus dem allgemeinen Persönlichkeitsrecht abzuleiten; allerdings müsse diese Entscheidung den Gerichten vorbehalten bleiben.

746 TANG, „Rechteschwemme“ S. 37.

747 TANG, „Rechteschwemme“ S. 38.

748 TANG, „Rechteschwemme“ S. 38.

749 TANG, „Rechteschwemme“ S. 39.

750 TANG, „Rechteschwemme“ S. 38/39.

751 So YANG/YUAN, Recht an der Stimme S. 106.

Konkretisierungsstufen des Persönlichkeitsschutzes[752]: Teils begegnen sie wie im chinesischen Recht als besondere Persönlichkeitsrechte, teils aber als rechtlich geschützte Interessen (geschützte Rechtsgüter) oder als Fallgruppen des allgemeinen Persönlichkeitsrechts. Die folgenden Beispiele sollen dies veranschaulichen, ohne jedoch einen umfassenden Vergleich des Umfangs des persönlichkeitsrechtlichen Schutzes insgesamt anzustellen oder auf Unterschiede hinsichtlich der Reichweite einzelner Tatbestände[753] einzugehen.

Als besondere Persönlichkeitsrechte sind jedenfalls anerkannt das Recht am Namen (§ 12 BGB) und das Recht am eigenen Bild (§§ 22ff. KUG).[754]

Wohl überwiegend nicht zu den besonderen Persönlichkeitsrechten gezählt wird der Schutz der in § 823 Abs. 1 BGB ausdrücklich genannten Güter Leben, Körper, Gesundheit und Freiheit.[755] Diese sieht *Helle* ebenso wie den Ehrenschutz nach § 823 Abs. 2 BGB i.V.m. §§ 185ff. StGB und den Schutz gegen Kreditgefährdung nach § 824 BGB[756] als bloße rechtlich geschützte Interessen an.[757] Dagegen schlägt *Beater* den Ehren- und Vertraulichkeitsschutz nach § 823 Abs. 2 BGB i.V.m. §§ 185ff. bzw. §§ 201ff. StGB den besonderen Persönlichkeitsrechten zu.[758] Wieder andere sehen den Ehrenschutz ausschließlich im Rahmen des allgemeinen Persönlichkeitsrechts gewährleistet.[759]

Einen nicht geringen Teil des zivilrechtlichen Persönlichkeitsschutzes leistet im deutschen Recht schließlich das allgemeine Persönlichkeitsrecht mit seinen (je nach Autor mehr oder weniger) zahlreichen Fallgruppen;[760] es umfasst beispielsweise ein über den Schutz nach § 825 BGB[761] hinausgehendes Recht auf sexuelle Selbstbestimmung.[762]

---

752 Vgl. dazu oben B.I. 2.

753 So besteht z.B. nach Erman/*Ehmann* Rn. 140 im deutschen Recht kein Schutz vor der Herstellung zeichnerischer Bildnisse, anders dagegen zum chinesischen Recht oben C.III. 1.e).

754 Vgl. nur Soergel/*Beater* Rn. 9; *Medicus*, AT BGB § 64 IV 1 Rn. 1072, 1074; *Fikentscher/Heinemann*, Schuldrecht § 107 II 2 Rn. 1584; *Helle*, Besondere Persönlichkeitsrechte S. 21; *Köhler*, BGB AT § 20 V Rn. 24; *Rüthers/Stadler*, AT BGB § 14 II Rn. 15.

755 Ausdrücklich Soergel/*Beater* Rn. 9, 12; Staudinger/*Habermann/Weick* Rn. 28. Dagegen aber *Fikentscher/Heinemann*, Schuldrecht § 107 II 2 Rn. 1584; auch bei *Brox/Walker*, AT BGB § 33 III 2a Rn. 721 werden diese Güter neben dem Namensrecht und dem Recht am eigenen Bild als „einzelne Persönlichkeitsrechte" genannt.

756 Entschieden gegen Versuche, in der chinesischen Diskussion unter Hinweis auf § 824 BGB für die Anerkennung eines Rechts am Kredit als besonderes Persönlichkeitsrecht zu argumentieren, wendet sich *Zhou*, Credit Right S. 64 rechte Spalte: Diese Vorschrift schütze gerade kein besonderes Persönlichkeitsrecht, sondern ganz allgemein das Vermögen. Nach MünchKomm/*Rixecker* Rn. 4 hingegen schützt § 824 BGB (wenigstens: auch) die „geschäftliche Ehre".

757 *Helle*, Besondere Persönlichkeitsrechte S. 18.

758 Soergel/*Beater* Rn. 9.

759 Staudinger/*Habermann/Weick* Rn. 28.

760 Näher dazu oben B.I. 1.c).

761 Diese Vorschrift deutet *Liu*, Virginity Right S. 59 rechte Spalte im Sinne einer Anerkennung des Rechts auf Keuschheit (oben C.III. 2.d)) als besonderes Persönlichkeitsrecht im deutschen Recht.

762 *Larenz/Wolf*, AT Bürgerliches Recht § 8 III 5 Rn. 30.

VI. Allgemeines Persönlichkeitsrecht

Alle Autoren, die von der Existenz eines allgemeinen Persönlichkeitsrechts im chinesischen Privatrecht ausgehen, sind der Ansicht, dass dieses den natürlichen Personen[763] zusteht.[764] Angesichts der wichtigen lückenfüllenden Funktion des allgemeinen Persönlichkeitsrechts verdient dieser Standpunkt Zustimmung. Der Befund *Feuersteins*, die Existenz eines allgemeinen Persönlichkeitsrechts werde nur selten erörtert und bejaht,[765] ist mittlerweile überholt.

763 Nur hinsichtlich der Frage, ob auch juristische Personen ein allgemeines Persönlichkeitsrecht haben, gehen die Ansichten auseinander, vgl. unten D.III.

764 *Yang*, Personal Right S. 122; *Wang*, Persönlichkeitsrecht S. 159; *Wei*, Civil Law S. 664; *Yin*, Allgemeines Persönlichkeitsrecht S. 11; *Su*, Zivilrecht S. 146; auch *Hu*, General Personality Right geht bei seiner Erörterung des allgemeinen Persönlichkeitsrechts wohl davon aus, dass dieses den natürlichen Personen zusteht. Dagegen nimmt *Jiang*, Zivilrecht S. 281 ff. nicht zum allgemeinen Persönlichkeitsrecht Stellung.

765 *Feuerstein*, Außervertragliches Haftungsrecht S. 89, 121.

D. Das Persönlichkeitsrecht der juristischen Personen

Bevor die besonderen Persönlichkeitsrechte der juristischen Personen des Privatrechts und sodann die Diskussion um ein allgemeines Persönlichkeitsrecht dieser juristischen Personen dargestellt werden, soll zunächst ein Überblick über ausgewählte Aspekte der allgemeinen Situation der juristischen Person im chinesischen Recht gegeben werden.

I. Die juristische Person des Privatrechts im chinesischen Recht

Die vorliegende Arbeit beschränkt sich auf die juristischen Personen des Privatrechts; ausgeschlossen sind also diejenigen juristischen Personen, deren Entstehungstatbestand dem öffentlichen Recht (insbesondere Gründung durch Gesetz oder Verwaltungsakt) zuzuordnen ist. Dadurch soll der Umfang der Darstellung auf ein übersichtliches Maß begrenzt werden. Die Untersuchung der (äußerst interessanten) persönlichkeitsrechtlichen Probleme im Zusammenhang mit den juristischen Personen des öffentlichen Rechts[766, 767] etwa der Frage, ob diese Ehrenschutz genießen, würde den Rahmen dieser Arbeit sprengen.

1. Systematik

Die AGZ behandeln die juristischen Personen 法人[768] im 3. Kapitel (§§ 36 bis 53). Dort sind die juristischen Personen nicht nach ihrer Zugehörigkeit zum Bereich des Privatrechts oder des öffentlichen Rechts, sondern nach den folgenden Kriterien systematisiert[769]:

Zunächst wird zwischen juristischen Unternehmenspersonen 企业法人[770] und nichtunternehmerischen juristischen Personen 非企业法人 unterschieden.[771] Der Schwerpunkt des 3. Kapitels der AGZ liegt dabei auf den juristischen Unternehmenspersonen. Diese sind im 2. Abschnitt des 3. Kapitels (§§ 41 bis 49 AGZ) geregelt.

---

766 Zur in den AGZ nicht geregelten Frage, welche Rolle der Staat im Privatrecht spielt, vgl. *Chen*, Chinese Law S. 235 ff.

767 Dazu ansatzweise *Xue*, Personal Rights of Legal Person S. 55.

768 Nach Gründung der VR China wurde der Begriff „juristische Person" in den 50er Jahren nur gelegentlich verwendet, bevor mit seiner Erwähnung in § 2 WVG im Jahr 1981 seine Renaissance eingeleitet wurde, vgl. *Chen*, Chinese Law S. 230.

769 Ausführlicher (und mit graphischer Übersicht) dazu *Li*, Civil Law S. 309, 310.

770 Eine juristische Person ist niemals selbst ein Unternehmen, sondern kann allenfalls Träger eines Unternehmens sein. Wenn im Folgenden dennoch etwa von „juristischen Unternehmenspersonen" und „Unternehmen, die keine juristische Person sind" die Rede ist, dann nur um der Nähe des sprachlichen Ausdrucks zum Wortlaut der chinesischen Vorschriften willen. Gemeint sind stets unternehmenstragende juristische Personen bzw. Unternehmensträger, die nicht juristische Person sind.

771 *Yin*, Subject of Civil Law S. 171, 173.

Nach dem von der h.M. vertretenen engen Begriff der juristischen Unternehmensperson kommt es für deren Abgrenzung von der nichtunternehmerischen juristischen Person darauf auf, ob die juristische Person auf Gewinnerzielung 营利 ausgerichtet ist oder nicht, wobei nur im ersten Fall eine juristische Unternehmensperson vorliegt.[772] Dies wird zutreffend dahingehend präzisiert, dass die juristische Unternehmensperson sich durch die *Ausschüttung* ihrer Gewinne *an die Investoren* auszeichnet; auch nichtunternehmerische juristische Personen können also auf Gewinnerzielung gerichtete Aktivitäten verfolgen, solange die Gewinne daraus nicht an „Investoren“ ausgeschüttet, sondern auf die Verwirklichung des Zwecks der betreffenden juristischen Person verwendet werden.[773]

Nach dem weiten Begriff der juristischen Unternehmensperson genügt es für die Einordnung als juristische Unternehmensperson hingegen, dass „wirtschaftliche Aktivitäten 经营活动“ ausgeübt werden.[774] Diesem unscharfen Kriterium ist der von der h.M. vertretene enge Begriff der juristischen Unternehmensperson vorzuziehen.

Innerhalb der Gruppe der juristischen Unternehmenspersonen erfolgt eine weitere Unterscheidung nach der Eigentumsform – dies ist ein Produkt der Planwirtschaft[775], von der sich die VR China zugunsten der Errichtung einer „sozialistischen Marktwirtschaft“ abgewandt hat.

An der Unterscheidung zwischen juristischen Unternehmenspersonen und nichtunternehmerischen juristischen Personen wird wohl auch in einer künftigen Zivilrechtskodifikation festgehalten werden.[776] Dagegen wird die Unterscheidung nach der Eigentumsform seit längerem deutlich kritisiert: Die Überwindung der Einteilung der Unternehmen nach der Eigentumsform sei die unverzichtbare Grundlage für die Entwicklung der Unternehmen in Richtung marktwirtschaftlicher Konkurrenz.[777] Ein bedeutender Schritt in diese Richtung ist das Gesellschaftsgesetz (GesG), das Organisationsformen für alle Unternehmen bereitstellt, ohne danach zu unterscheiden, ob ein Unternehmen in Privat-, Kollektiv- oder Staatseigentum steht. Geschmälert wird dieser Erfolg dadurch, dass das GesG Sonderregelungen für Gesellschaften in Staatseigentum enthält (sog. staatseigene Alleinkapitalgesellschaften 国有独资公司, §§ 65 bis 71 GesG).[778]

---

772 *Yin*, Subject of Civil Law S. 171; *Ma*, Civil Law S. 92; *Wei*, Civil Law S. 80.

773 *Jin*, Gewerbliche Aktivitäten nicht auf Gewinnerzielung ausgerichteter JP S. 19, 20; *Wei*, Civil Law S. 81 (dort muss es, wie sich aus dem Kontext ergibt, in Zeile 2 statt „非营利性质的民事活动“ richtig „营利性质的民事活动“ heißen).

774 So *Li*, Civil Law S. 310.

775 *Yin*, Subject of Civil Law S. 173/174. Eine Darstellung aus der Perspektive des Jahres 1986 bietet *Hu*, Juristische Personen (dort insbesondere S. 10 zur Klassifizierung der juristischen Personen).

776 Vgl. *Yin*, Subject of Civil Law S. 412, 413; *Shui*, Unabhängige Haftung der JP S. 124 rechte Spalte.

777 *Jiang Ping* (江平), Gesellschaftsrecht und Unternehmensreform (公司法与企业改革), Vortrag an der Universität zu Köln im Mai 1997 (zitiert nach *Heuser*, Wirtschaftsrecht S. 89 bei Fn. 165).

778 Vgl. (zum noch nicht revidierten GesG) *Heuser*, Wirtschaftsrecht S. 106, 107.

Neben diesen Unterscheidungskriterien wird in der Literatur auch die Möglichkeit angesprochen, zwischen juristischen Personen des Privatrechts und solchen des öffentlichen Rechts zu unterscheiden. Obgleich auf die Bedeutung der Unterscheidung etwa unter dem Aspekt der Errichtung und Abwicklung der juristischen Person[779] oder des Rechtswegs[780] hingewiesen wird, hält man ihre praktische Bedeutung für eher gering.[781] Die grundlegende Bedeutung der Unterscheidung wird jedoch anerkannt.[782]

2. Die juristischen Personen des Privatrechts

Die juristische Person ist in § 36 Abs. 1 AGZ legaldefiniert:

> Eine juristische Person ist eine zivilrechtsfähige und zivilgeschäftsfähige Organisation, die dem Recht gemäß unabhängig Zivilrechte genießt und zivile Pflichten übernimmt.[783]

Das chinesische Privatrecht kennt sechs verschiedene Arten der juristischen Person: die Gesellschaft mit beschränkter Haftung, die Aktiengesellschaft, die Genossenschaft, den Verein, die Stiftung und die nichtkommerzielle Institution.

a) Gesellschaft mit beschränkter Haftung und Aktiengesellschaft

Die Gesellschaft mit beschränkter Haftung (GmbH) 有限责任公司 und die Aktiengesellschaft (AG) 股份有限公司 als juristische Unternehmenspersonen 企业法人 (§ 3 Abs. 1 GesG) sind im GesG geregelt (insbesondere §§ 23 ff. bzw. §§ 77 ff. GesG). (Da sich Personengesellschaften nicht als „Gesellschaft 公司" bezeichnen dürfen, könnte man das GesG genauer als „Kapitalgesellschaftsgesetz" bezeichnen.[784])

b) Genossenschaft

Die chinesische Rechtspraxis kennt zahlreiche Erscheinungsformen der Genossenschaft, z. B. Berufsgenossenschaften der Landwirte, Konsumgenossenschaften, Kredit-, Versicherungs- sowie Produktionsgenossenschaften, die in unterschiedlichem Grad rechtlich normiert sind.[785] Eine für alle Genossenschaften geltende allgemeine Regelung gibt es nicht.[786] Daran hat auch das relativ neue Gesetz über die Berufsgenossenschaften der Landwirte (LandwGenG) nichts geändert.

Die Genossenschaft ist juristische Person[787] (so für die landwirtschaftliche Berufsgenossenschaft ausdrücklich § 4 Abs. 1 LandwGenG). Sie ist weder gemeinnützig

---

779 *Yin*, Subject of Civil Law S. 163; *Ma*, Civil Law S. 89.
780 *Ma*, Civil Law S. 89/90.
781 *Tang/Gao*, Neuer AGZ-Kommentar S. 408; *Wei*, Civil Law S. 85; *Li*, Civil Law S. 307.
782 *Yin*, Subject of Civil Law S. 164.
783 Übersetzung von *Münzel*, Chinas Recht 12. 4. 1986/1.
784 *Heuser*, Wirtschaftsrecht S. 103.
785 *Ma*, Genossenschaft S. 32.
786 *Jin*, Nature of Cooperation S. 100 linke Spalte.
787 *Jin*, Nature of Cooperation S. 102 rechte Spalte; *Chen*, Genossenschaft S. 131 rechte Spalte; *Zhang*, Cooperation S. 134 linke Spalte.

noch auf Gewinnerzielung (im Sinne einer Ausschüttung von Gewinnen an die Mitglieder) ausgerichtet. Die Genossenschaftsmitglieder profitieren zwar regelmäßig wirtschaftlich von der Genossenschaft, jedoch geschieht dies anders als bei GmbH und AG nicht in Abhängigkeit von der Höhe des eingebrachten Kapitals, sondern proportional zum Volumen der mit der Genossenschaft getätigten Geschäfte, weshalb es sich nicht um eine Gewinnausschüttung, sondern um eine Überschussrückgewähr 盈余返还 handelt.[788] Die Genossenschaften werden daher oft als „intermediäre juristische Personen 中间法人" bezeichnet.[789] Jedenfalls ist die Genossenschaft keine juristische Unternehmensperson im engen Sinn[790] (vgl. dazu oben 1.), sondern allenfalls „atypisches Unternehmen 非典型企业" bzw. „Unternehmen *sui generis* 特殊的企业".[791]

Gegen eine Einordnung der Genossenschaften als juristische Unternehmenspersonen[792] spricht unter anderem, dass jedenfalls die landwirtschaftliche Berufsgenossenschaft in § 4 Abs. 1 LandwGenG nicht als juristische Unternehmensperson (so § 3 Abs. 1 GesG für GmbH und AG), sondern lediglich als juristische Person bezeichnet wird. Wäre die landwirtschaftliche Berufsgenossenschaft juristische Unternehmensperson, so wäre es außerdem überflüssig, dass für die Anforderungen an die Bezeichnung der Genossenschaft sowie für den Konkursfall ausdrücklich auf die für Unternehmen geltenden Vorschriften verwiesen wird (§ 10 Nr. 4 LandwGenG i.V.m. § 6 Hs. 2 der Verordnung über die Verwaltung der Registrierung der Berufsgenossenschaften der Landwirte [LandwGenRegVwVO] bzw. § 48 S. 1 LandwGenG).

Zu den Genossenschaften sind auch die sog. Aktienkooperativunternehmen 股份合作企业 zu zählen.[793] Diese haben sich zunächst im ländlichen Bereich herausgebildet und dienten dem Zweck, das Vermögen der im Kollektiveigentum stehenden Dorf- und Kleinstadtunternehmen in Form von Anteilen (in erster Linie) den Mitarbeitern zuzuweisen.[794] Bislang ist man noch nicht zu einem einheitlichen rechtlichen Verständnis der Aktienkooperativunternehmen gelangt.[795] Möglicher-

788 *Ma*, Genossenschaft S. 37, 41.

789 *Chen*, Genossenschaft S. 131 rechte Spalte; *Zhang*, Cooperation S. 134 linke Spalte. Vgl. auch den Hinweis bei *Jin*, Nature of Cooperation, Endnote 5.

790 Gegen die Einordnung als juristische Unternehmensperson *Zhang*, Cooperation S. 134 linke Spalte.

791 *Ma*, Genossenschaft S. 42.

792 In der Praxis werden manche Genossenschaften jedoch als juristische Unternehmenspersonen angesehen, vgl. *Jin*, Nature of Cooperation S. 102 rechte Spalte mit Endnote 6. Etwas unscharf berichtet *Chen*, Genossenschaft S. 130 linke Spalte, die Genossenschaft werde in der Lehre als „eine Form der gewinnorientierten Unternehmensorganisation 营利性企业组织形态" verstanden. Diese Ansicht werde in der chinesischen Literatur von *Ma Junju* (马俊驹) vertreten (jedoch nennt *Chen* keine Fundstelle).

793 *Ma*, Genossenschaft S. 43. Dagegen meinen *Xue*/*Xu*, Genossenschaft S. 71 rechte Spalte, nicht alle Aktienkooperativunternehmen seien Genossenschaften, sondern nur ein großer Teil von ihnen.

794 *Heuser*, Wirtschaftsrecht S. 117.

795 *Li*/*Zhang*, Aktienkooperativunternehmen S. 82 rechte Spalte; vgl. auch *Heuser*, Wirtschaftsrecht S. 117.

weise handelt es sich bei ihnen lediglich um eine Erscheinung der Systemtransformation, die auf Dauer keine Rolle mehr spielen wird.[796]

Im Folgenden wird stellvertretend für alle Formen der Genossenschaft ausschließlich auf die Berufsgenossenschaft der Landwirte näher eingegangen, da für diese Form der Genossenschaft eine für ganz China geltende, aktuelle und relativ vollständige Regelung vorliegt. Inwieweit die über die landwirtschaftlichen Berufsgenossenschaften getroffenen Aussagen auf die übrigen Formen der Genossenschaft übertragbar sind, muss bis zum Erlass einer für alle Genossenschaften geltenden Regelung offenbleiben. Es ist jedoch immerhin denkbar, dass die Vorschriften über die landwirtschaftliche Berufsgenossenschaft einen gewissen Modellcharakter haben.

c) Verein

Eindeutig den nichtunternehmerischen juristischen Personen zuzuordnen ist zunächst der Verein 社会团体 (wörtlich: gesellschaftliche Körperschaft). Er wird in § 50 Abs. 2 AGZ nur kurz erwähnt; Näheres ergibt sich aus der „Verordnung über die Verwaltung der Registrierung gesellschaftlicher Körperschaften" (VereinsRegVwVO). Nach § 3 Abs. 1, 2 VereinsRegVwVO müssen Vereine registriert werden und die Bedingungen für juristische Personen (aufgezählt in § 37 AGZ) erfüllen. Demnach erlangt der Verein mit der Registrierung die Eigenschaft einer juristischen Person, vgl. § 50 Abs. 2 Hs. 2 AGZ.

Als Vereine treten unter anderem Parteigruppierungen 党派团体, „Massenorganisationen 人民群众团体" (z.B. Gewerkschaften) und Körperschaften aus dem kulturellen, sportlichen oder religiösen Bereich auf.[797] Insbesondere die ersten beiden genannten Arten von Vereinen sind oftmals ihrem Wesen nach Staatsbehörden und finanziell wie auch personell mit der staatlichen Verwaltung verflochten, was aber nichts an ihrer Eigenschaft als Vereine ändert.[798]

d) Stiftung

Die Stiftung 基金会 ist nach § 2 der „Verordnung zur Verwaltung von Stiftungen" (StiftungsVwVO) eine keinen Gewinn erzielende juristische Person 非营利性法人, die u.a. mittels gespendeten[799] Vermögens eine gemeinnützige Sache verfolgt. Nach § 2 der „Methode zur Verwaltung von Stiftungen" (Stiftungsmethode) aus dem Jahr 1988 (dem Vorgänger der StiftungsVwVO) wurden Stiftungen als Vereine i.S.d. AGZ eingeordnet.[800] Dies zog freilich den Widerspruch der Literatur auf sich,

796 HEUSER, Wirtschaftsrecht S. 117/118.
797 Näheres bei TANG/GAO, Neuer AGZ-Kommentar S. 803.
798 TANG/GAO, Neuer AGZ-Kommentar S. 803.
799 Näher zu der Besonderheit, dass es der Stiftung nach chinesischem Recht ausdrücklich erlaubt ist, öffentlich Spenden einzuwerben PISSLER/HIPPEL, Stiftungsrecht S. 97.
800 Dies erklärt sich daraus, dass bislang alle mit Rechtspersönlichkeit ausgestatteten und nicht staatlich finanzierten Nonprofitorganisationen der Rechtsform des Vereins zugeordnet wurden, PISSLER/HIPPEL, Stiftungsrecht S. 98 m.w.N.

da Vereine im Gegensatz zu Stiftungen mitgliedschaftlich verfasst sind.[801] Teilweise wurde vorgeschlagen, die Stiftungen stattdessen als Institutionseinheiten mit dem Status einer juristischen Person 事业单位法人 (vgl. § 50 Abs. 2 AGZ) einzuordnen.[802] Die StiftungsVwVO lässt nun die Frage offen, um welche Form der juristischen Person es sich bei der Stiftung handelt – unter anderem deshalb, weil man einer Regelung in einem künftigen chinesischen Zivilgesetzbuch nicht vorgreifen wollte.[803]

e) Nichtkommerzielle Institution

Neben Verein und Stiftung existiert noch die von Bürgern organisierte nichtkommerzielle Institution 民办非企业单位[804], die im deutschen Recht keine Entsprechung findet.[805] Nach § 2 der „Vorläufigen Verordnung über die Verwaltung der Registrierung der von Bürgern organisierten nichtkommerziellen Institutionen" (InstRegVwVO) bietet sie in nicht gewinnorientierter Weise gemeinnützige Dienstleistungen an. Dabei kann sie als juristische Person, als Partnerschaft oder als Einzelunternehmer auftreten, § 12 InstRegVwVO.

Diese Organisationsform wurde wohl deshalb zusätzlich zu Verein und Stiftung eingeführt, weil man das in der Stiftungsmethode enthaltene Verbot, als Stiftung ein Unternehmen zu betreiben, so auslegte, dass dieses auch den Betrieb nicht gewinnorientierter (also nicht auf die *Ausschüttung* von Gewinnen, vgl. oben 1.) Unternehmen umfasse.[806] Diese Lücke wurde durch die nichtkommerzielle Institution geschlossen. Spätestens seit Ablösung der Stiftungsmethode durch die StiftungsVwVO gibt es diese Lücke jedoch nicht mehr, da Stiftungen nun auch wirtschaftlich tätig sein dürfen,[807] ihnen also auch auf Gewinnerzielung ausgerichtete Tätigkeiten erlaubt sind, wenn die Gewinne nicht ausgeschüttet werden. Obwohl damit die (mutmaßliche) Daseinsberechtigung der nichtkommerziellen Institution weggefallen ist, deutet derzeit nichts auf Pläne zur Abschaffung dieser Organisationsform hin.

3. Theorien der juristischen Person

Die gängige[808] Darstellung der Theorien der juristischen Person (auf chinesisch stets als Frage des „Wesens der juristischen Person 法人的本质" angesprochen) ist –

---

801 Darauf weist z. B. JIANG, Zivilrecht S. 138/139 hin; ebenso TANG/GAO, Neuer AGZ-Kommentar S. 803. Auf den wesensmäßigen Unterschied zwischen Verein und Stiftung stellt auch YIN, Subject of Civil Law S. 175 ab.

802 TANG/GAO, Neuer AGZ-Kommentar S. 803. – Dagegen wendet sich jedoch YIN, Subject of Civil Law S. 420/421.

803 PISSLER/HIPPEL, Stiftungsrecht S. 98.

804 Eingehend dazu SHAO, Nichtkommerzielle Institutionen.

805 PISSLER/HIPPEL, Stiftungsrecht S. 128.

806 PISSLER/HIPPEL, Stiftungsrecht S. 128 m. w. N.

807 PISSLER/HIPPEL, Stiftungsrecht S. 128, 121.

808 Jedenfalls bei: JIANG, Zivilrecht S. 130–135; TANG/GAO, Neuer AGZ-Kommentar S. 397, 405/406; YIN, Subject of Civil Law S. 156–162; WEI, Civil Law S. 78, 79; MA, Civil Law S. 87–89; LI, mit Variationen bei der Tiefe der Behandlung der einzelnen Theorien und Untertheorien – nach folgendem Schema aufgebaut:

Zunächst wird die Fiktionstheorie 法人拟制说 genannt, wonach die Rechtspersönlichkeit der juristischen Person das Resultat einer gesetzlichen Fiktion ist und im Unterschied zur natürlichen Person einer ethischen Grundlage entbehrt.[809] Im Zusammenhang mit dieser Theorie fällt regelmäßig der Name *SAVIGNY*; der zweite Hauptvertreter der Fiktionstheorie *WINDSCHEID*[810] findet dagegen keine Erwähnung.

Sodann werden die Negationstheorien 法人否认说 dargestellt,[811] die eine Rechtssubjektivität der juristischen Personen verneinen. Sie schlagen für das nur formal der juristischen Person zugewiesene Vermögen verschiedene Zuordnungspunkte vor: Nach der Genießertheorie 受益人主体说 (*JHERING*) gehört das der juristischen Person zugeschriebene Vermögen den zu seinem Genuss berufenen beteiligten natürlichen Personen. Die Zweckvermögenstheorie 目的财产说 (*BRINZ*) sieht das Vermögen der juristischen Person als subjektloses Vermögen, das nur einem bestimmten Zweck zugeordnet ist. Der Amtstheorie 管理人主体说 (*HÖLDER*) zufolge gehört das Vermögen kraft ihres Amtrechts den Verwaltern der juristischen Person.

Zuletzt werden die Realitätstheorien 法人实在说 genannt,[812] zu denen die Theorie der realen Verbandspersönlichkeit oder Organismustheorie 有机体说 (*GIERKE*) und die Organisationstheorie 组织体说 (*SALEILLES*, *MICHOUD*) gerechnet werden. Anders als die stark anthropomorphisierende Organismustheorie sieht die Organisationstheorie die juristische Person als eine Organisation im Rechtssinne, die sich als Rechtsträger eignet.

Mit § 36 AGZ folgt das chinesische Privatrecht der Organisationstheorie.[813] Einzelne Autoren sind jedoch Ende der 1990er Jahre für die Fiktionstheorie eingetreten.[814] Spezifisch chinesische Ansätze zur Erklärung der juristischen Person sind ebensowenig zu erkennen wie Bezugnahmen auf die „sozialistische Theorie der juristischen Person“[815].

Civil Law S. 299–302. In der deutschen Literatur ebenso *LARENZ/WOLF*, AT Bürgerliches Recht § 9 I 3 S. 148–150.

809 So z. B. *MA*, Civil Law S. 88.

810 *LARENZ/WOLF*, AT Bürgerliches Recht § 9 I 3 a Fn. 5. – Zu den Unterschieden zwischen der Fiktionstheorie nach *SAVIGNY* und nach *WINDSCHEID* vgl. *LILIENFELD-TOAL*, Allgemeines Persönlichkeitsrecht der JP S. 97.

811 Vgl. z. B. die recht ausführliche Darstellung bei *YIN*, Subject of Civil Law S. 158, 159.

812 Vgl. zum Folgenden z. B. *JIANG*, Zivilrecht S. 133–135.

813 *JIANG*, Zivilrecht S. 135. Bemerkenswert ist, dass andere Autoren lediglich berichten, diese Auffassung sei „allgemeine Meinung 通说“, ohne sich dieser Ansicht aber ausdrücklich anzuschließen, so *WEI*, Civil Law S. 79 und *TANG/GAO*, Neuer AGZ-Kommentar S. 397/398 sowie mit ähnlicher Formulierung auch *YIN*, Subject of Civil Law S. 161. Das könnte bedeuten, dass diese Autoren die Frage der Theorie der juristischen Person für wenig relevant und deshalb der Mühe einer eigenen Stellungnahme nicht wert halten. – Für die Realitätstheorie (ohne sich aber ausdrücklich für eine der beiden Varianten zu entscheiden) *WU/DU*, Right of Corporation's Personality S. 79 linke Spalte.

814 So *LI*, Wesen der JP S. 67 rechte Spalte und *JIANG/LONG*, Wesen der JP S. 73–75.

815 Vgl. dazu *SARKÖZY*, Rechtssubjektivität großer Wirtschaftsorganisationen S. 89.

Die chinesische Literatur erkennt an, dass keine der erörterten Theorien die juristische Person vollständig zu erklären vermag, sondern jede Theorie die juristische Person aus einer anderen Perspektive betrachtet und daher jeweils einen bestimmten Aspekt der juristischen Person in den Vordergrund stellt.[816] Der Auffassung, die Diskussion um das Wesen der juristischen Person bringe wenig ein,[817] schließt man sich dennoch nicht ohne Einschränkung an. Vielmehr seien die Theorien der juristischen Person für zahlreiche Einzelfragen des Rechts der juristischen Personen durchaus von gewisser theoretischer und praktischer Bedeutung.[818]

4. Unbeschränkte Rechtsfähigkeit

Die *ultra-vires*-Doktrin, wonach die Rechtsfähigkeit einer juristischen Person auf ihren durch Gesetz oder Satzung festgelegten Zweck beschränkt ist, gilt im Recht der VR China für die juristischen Personen des Privatrechts nicht. Im Folgenden soll die Entwicklung skizziert werden, deren vorläufiger Endpunkt diese Nichtgeltung der *ultra-vires*-Doktrin ist. Daran schließen sich einige Überlegungen zu der Frage an, was die Abkehr des chinesischen Privatrechts von der *ultra-vires*-Doktrin bedeutet.

a) Die *ultra-vires*-Doktrin im geltenden chinesischen Recht

Die frühere Geltung der *ultra-vires*-Doktrin 越权原则[819] hatte ihre Grundlage in den §§ 42 und 49 AGZ.[820] § 42 AGZ bestimmt, dass juristische Unternehmenspersonen innerhalb des überprüften, genehmigten und registrierten Geschäftsbereichs betrieben werden müssen; § 49 Nr. 1 AGZ legt Sanktionen für Verstöße gegen diese Vorschrift fest. Im Vertragsrecht sahen zwei Dokumente des Obersten Volksgerichts aus den Jahren 1984 und 1987 zum WVG[821] die Unwirksamkeit unter Über-

---

816 *Ma*, Civil Law S. 89; *Yin*, Subject of Civil Law S. 161/162.

817 *Yin*, Subject of Civil Law S. 161 berichtet, dass diese Ansicht in Deutschland sehr verbreitet sei. In der Tat heißt es bei Palandt/*Ellenberger* Einf v § 21 Rn. 1, der Theorienstreit sei für die praktische Rechtsanwendung unergiebig. *Adams*, Ökonomische Theorie des Rechts S. 232 spricht gar von „zuweilen schwer und ziellos waberndem Wortqualm zum 'Wesen' der juristischen Person".

818 *Yin*, Subject of Civil Law S. 161; *Wei*, Civil Law S. 78; *Li*, Civil Law S. 304; wohl auch *Jiang*, Zivilrecht S. 135.

819 So der ganz überwiegende Sprachgebrauch in der chinesischen Literatur, z. B. *Yin*, Subject of Civil Law S. 192. Vereinzelt liest man stattdessen aber auch 越权规则, so bei *Wang* et al., Vertragsrecht S. 125.

820 *Jiang*, Zivilrecht S. 144, 145, allerdings ohne ausdrückliche Nennung des Stichworts „*ultra-vires*-Doktrin".

821 Dies waren die „Ansichten zu einigen Fragen der Umsetzung des Wirtschaftsvertragsgesetzes 关于贯彻执行〈经济合同法〉若干问题的意见" aus dem Jahr 1984 und die „Antworten zu einigen Fragen der konkreten Anwendung des Wirtschaftsvertragsgesetzes bei der Behandlung von Wirtschaftsvertragsstreitfällen 关于审理经济合同纠纷案件中具体适用〈经济合同法〉若干问题的解答" vom Juli 1987, vgl. *Cai/Sun*, Beschränkung der Rechtsfähigkeit S. 91 linke Spalte.

schreitung des Geschäftsbereichs zustande gekommener Verträge vor[822]. Schließlich war auch in § 11 Abs. 3 S. 1 des in seiner ursprünglichen Fassung im Jahr 1994 in Kraft getretenen GesG vorgeschrieben, dass Gesellschaften innerhalb des registrierten Geschäftsbereichs tätig werden mussten (also nur innerhalb dieses Bereichs tätig sein durften).

Bereits im Jahr 1993 war eine gegenläufige Tendenz erkennbar: Im Mai veranstaltete das Oberste Volksgericht ein nationales Symposium zur Wirtschaftsrechtsprechung 全国经济审判工作座谈会. In dessen zusammenfassendem Protokoll wurde gefordert, unter Überschreitung des Geschäftsbereichs zustande gekommene Verträge nicht pauschal für unwirksam zu erklären, sondern derartige Fälle differenzierend zu beurteilen.[823] Im Jahr 1999 wurde das WVG durch das VertragsG abgelöst. Dort heißt es in § 50:

> Wenn der gesetzliche Repräsentant oder Verantwortliche einer juristischen Person oder anderen Organisation in Überschreitung seiner Befugnisse einen Vertrag errichtet, so gilt diese Repräsentantenhandlung als wirksam, wenn nicht die andere Seite die Überschreitung der Befugnisse kennt oder kennen muß.[824]

Dies war mit § 11 Abs. 3 S. 1 der ursprünglichen Fassung des GesG noch problemlos vereinbar, da eine solche Befugnisüberschreitung nicht notwendigerweise mit einer Überschreitung des Geschäftsbereichs der Gesellschaft einhergehen muss.[825] Jedoch ordnete das Oberste Volksgericht – anknüpfend an das zusammenfassende Protokoll des nationalen Symposiums zur Wirtschaftsrechtsprechung – in § 10 S. 1 seiner „Auslegung zu einigen Fragen der Anwendung des Vertragsgesetzes der VR China, Teil 1“ (VertragsG-Auslegung 1) an, Verträge nicht allein wegen der Überschreitung des Geschäftsbereichs für unwirksam zu erklären. Dies wurde allgemein als Abkehr von der *ultra-vires*-Doktrin verstanden.[826] Allerdings handelt es sich um eine Vorschrift, die auf das Vertragsrecht beschränkt ist und außerdem

---

822 Allerdings gibt es keine Vorschrift von Gesetzesrang, die ausdrücklich die Unwirksamkeit solcher Verträge anordnet, vgl. WANG et al., Vertragsrecht S. 125 und WOLFF, Disappearance of the *Ultra Vires* Doctrine S. 641.

823 CAI/SUN, Beschränkung der Rechtsfähigkeit S. 91 rechte Spalte.

824 Übersetzung von MÜNZEL, Chinas Recht 15. 3. 1999/1 (die alte Rechtschreibung wurde auf ausdrücklichen Wunsch MÜNZELS beibehalten).

825 Dagegen ist bei CAI/SUN, Beschränkung der Rechtsfähigkeit S. 91 rechte Spalte in diesem Zusammenhang von einem „scharfen Widerspruch 尖锐的矛盾“ die Rede. Auch YIN, Subject of Civil Law S. 193 bezieht § 50 VertragsG auf Handlungen, die den Geschäftsbereich der juristischen Person (und nicht nur die Befugnisse eines „Repräsentanten oder Verantwortlichen“) überschreiten. In diese Richtung deutet auch die Übersetzung der Vorschrift (chinesischer Wortlaut: „法人或者其他组织的法定代表人、负责人超越权限订立的合同，[...]“) in SHU, Civil Law S. 288/289: „Where a legal person, or the legal representative or the person in charge of an organization exceeds the limits of power in making a contract, (...)“. Nicht zuletzt angesichts der systematischen Stellung des § 50 VertragsG bei den Regeln zur Stellvertretung (§§ 48 ff. VertragsG) spricht jedoch sehr viel für die Übersetzung von MÜNZEL (wiedergegeben oben bei Fn. 824). Auch LING, Contract Law S. 138 betont, dass es dem VertragsG nur um die Überschreitung von Vertretungsbefugnissen, nicht aber um die Überschreitung des Geschäftsbereichs geht. – Hier zeigt sich, weshalb SENGER, Einführung S. 171, 172 zum vorsichtigen Umgang mit Übersetzungen chinesischer Gesetzestexte in westliche Sprachen mahnt.

826 WOLFF, Disappearance of the *Ultra Vires* Doctrine S. 643 m. w. N.

(anders als § 11 Abs. 3 S. 1 der ursprünglichen Fassung des GesG) nicht den Rang eines Gesetzes hat. Zweifel blieben so insbesondere im Bereich ausländischer Direktinvestitionen[827], aber nicht nur dort, bestehen.[828]

Die ausstehende Klärung der Situation ist mit der zum 1. 1. 2006 wirksamen Neufassung des GesG herbeigeführt worden. Dessen § 12 (entspricht § 11 Abs. 2, 3 a.F.) enthält nun keine dem § 11 Abs. 3 S. 1 der alten Fassung des GesG entsprechende Vorschrift mehr. Damit ist die *ultra-vires*-Doktrin im chinesischen Privatrecht außer Kraft gesetzt.[829]

b) Die Bedeutung der Abkehr von der *ultra-vires*-Doktrin

Chinas Abkehr von der *ultra-vires*-Doktrin entspricht dem internationalen Trend: Die im *Common Law* entstandene[830] *ultra-vires*-Doktrin bezweckte den Schutz der Gesellschafter und Gesellschaftsgläubiger vor zweckfremder Verwendung des Gesellschaftsvermögens.[831] Als die Praxis durch eine möglichst breite und offene Bestimmung des Gesellschaftszwecks in der Gesellschaftssatzung die Einschränkungen der *ultra-vires*-Doktrin zu überwinden suchte, führte diese im Ergebnis nur noch zu einer Benachteiligung der Geschäftspartner der Gesellschaften,[832] die die Wirksamkeit oder Unwirksamkeit der mit den Gesellschaften geschlossenen Verträge oft schwer einschätzen konnten. In der Folge der Anerkennung der Pflicht der Geschäftsführer, die Interessen der Gesellschafter zu wahren, wurde die *ultra-vires*-Doktrin nicht nur hinsichtlich des von ihr bezweckten Gesellschafterschutzes überflüssig, sondern behinderte darüber hinaus die Geschäftsführer bei der Erfüllung ihrer Pflicht zur Wahrnehmung der Gesellschafterinteressen.[833] Dies führte schließlich zu ihrer Abschaffung etwa in den USA und in England.[834]

Im chinesischen Recht gingen Anwendung und Abschaffung der *ultra-vires*-Doktrin jedoch möglicherweise nicht ausschließlich bzw. nicht unmittelbar auf das Vorbild des *Common Law* zurück. Das sozialistische Recht kannte eine entsprechen-

---

827 Dazu WOLFF, Disappearance of the *Ultra Vires* Doctrine S. 643.

828 Nicht lediglich zweifelnd, sondern (noch im Jahr 2003) ohne weiteres von der Geltung der *ultra-vires*-Doktrin ausgehend TANG/GAO, Neuer AGZ-Kommentar S. 386.

829 *CAI/SUN*, Beschränkung der Rechtsfähigkeit S. 90 linke Spalte, S. 91 rechte Spalte. – Dagegen meint *LIU*, Rechtsfähigkeit S. 96, die Abkehr von der *ultra-vires*-Doktrin dürfe nicht auch für die nichtunternehmerischen juristischen Personen gelten. Er führt dazu verschiedene untergesetzliche Vorschriften an, die diesen juristischen Personen gewinnorientierte Aktivitäten untersagen und hält zur Durchsetzung dieser Verbote die Anwendung der *ultra-vires*-Doktrin für nötig. Jedoch ist nicht nur fraglich, ob derartige Verbote nicht auch auf anderem Weg, etwa über verwaltungsrechtliche Sanktionen, durchgesetzt werden können. Vielmehr ist vor allem unklar, woraus sich insoweit die *Geltung* der *ultra-vires*-Doktrin überhaupt ergeben soll: Die §§ 42, 49 Nr. 1 AGZ gelten nur für juristische Unternehmenspersonen; entsprechende Vorschriften für nichtunternehmerische juristische Personen enthält das 3. Kapitel der AGZ (Juristische Personen) nicht.

830 *WOLFF*, Disappearance of the *Ultra Vires* Doctrine S. 634.

831 *WOLFF*, Disappearance of the *Ultra Vires* Doctrine S. 636.

832 Vgl. *WOLFF*, Disappearance of the *Ultra Vires* Doctrine S. 637 m.w.N.

833 *WOLFF*, Disappearance of the *Ultra Vires* Doctrine S. 637.

834 *WOLFF*, Disappearance of the *Ultra Vires* Doctrine S. 637.

de Konstruktion, die als „spezielle Rechtsfähigkeit“ bezeichnet wurde und die (trotz scharfer Abgrenzung in ideologischer Hinsicht) praktisch der *ultra-vires*-Doktrin entsprach.[835] Allerdings war diese Konstruktion in erster Linie ein Instrument zur Verhinderung von die Planerfüllung störenden Geschäften und Handlungen[836] und diente dem Schutz des sozialistischen Eigentums.[837] Insofern folgt die Abschaffung der *ultra-vires*-Doktrin nicht bzw. nicht nur dem entsprechenden internationalen Trend, sondern kann (auch) als Konsequenz der Abkehr von der Planwirtschaft gesehen werden.[838] Freilich spielt hier wie auch in den westlichen Rechtsordnungen der Verkehrsschutz eine Rolle: Auch in China wurden die schädlichen Auswirkungen der Geltung der *ultra-vires*-Doktrin auf die Sicherheit des Rechtsverkehrs, die für eine „sozialistische Marktwirtschaft“ von weitaus höherer Bedeutung ist als für eine Planwirtschaft, erkannt.[839]

Die Frage nach Parallelen zwischen den Entwicklungen im chinesischen Recht einerseits und im westlichen Recht andererseits ist auch noch in anderer Hinsicht interessant. Im Westen war die Abkehr von der *ultra-vires*-Doktrin mit dem Wandel der Auffassung des Verhältnisses zwischen dem Staat und den juristischen Personen verbunden: Statt als Artefakte, die nur die vom Staat verliehenen Rechte haben, werden juristische Personen nun eher als das Produkt der natürlichen Aktivitäten von Individuen gesehen.[840] Auf der Grundlage dieser gewandelten Auffassung erscheint es möglich, juristischen Personen Persönlichkeitsrechte zuzuerkennen. Man könnte etwa argumentieren, dass die Persönlichkeitsrechte der natürlichen Personen, aus deren Aktivitäten sich die juristischen Personen des Privatrechts ergeben, in die juristischen Personen hineinwirken bzw. dass die juristischen Personen eine Form der Ausübung der Persönlichkeitsrechte natürlicher Personen darstellen. Möglicherweise vollzieht sich in China im Umfeld der Abkehr

---

835 So für das Recht der damals sozialistischen Staaten Ostmitteleuropas *Slapnicka*, Sozialistische Kollektivperson S. 208; speziell für das Recht der Deutschen Demokratischen Republik *Pleyer*, Zentralplanwirtschaft und Zivilrecht S. 185.

836 So für das Recht der Deutschen Demokratischen Republik *Pleyer*, Zentralplanwirtschaft und Zivilrecht S. 185. Für das Recht der VR China sieht *Wolff*, Disappearance of the *Ultra Vires* Doctrine S. 655 die frühere Anwendung der *ultra-vires*-Doktrin als Nebeneffekt des Versuchs der Regierung, unternehmerische Aktivitäten zu kontrollieren.

837 *Slapnicka*, Sozialistische Kollektivperson S. 208.

838 Von dieser Deutung berichtet *Wolff*, Disappearance of the *Ultra Vires* Doctrine S. 643 m. w. N.

839 Diese Überlegung steht wohl hinter der von *Wei*, Civil Law (1. Aufl.) S. 81 im Jahr 2000 als im Vordringen begriffen erwähnten Ansicht, wonach der Geschäftsbereich einer juristischen Person nicht deren Rechtsfähigkeit, sondern nur deren Geschäftsfähigkeit beschränke. Dann bestünde die Möglichkeit, ein ursprünglich unwirksames Geschäft zu heilen (vgl. *Ma*, Civil Law S. 96), etwa durch nachträgliche Erweiterung des registrierten Geschäftsbereichs. M.E. wäre dies nicht die beste Lösung, da mit einer nur durch die Gesellschaft bewirkbaren Heilung für den Verkehrsschutz nichts gewonnen ist. – Man könnte annehmen, diese Diskussion sei durch die Abschaffung der *ultra-vires*-Doktrin obsolet geworden, worauf auch der Umstand hindeutet, dass *Wei* in der aktuellen Auflage (*Wei*, Civil Law S. 87) nicht mehr auf sie eingeht. Jedoch stellt *Ma* in seinem im Jahr 2007 erschienenen Buch das diesbezügliche Meinungsspektrum (zwei weitere Meinungen, die die Beschränkungswirkung auf die Ebene der Vertretungsmacht bzw. der Innenhaftung verlagern wollen) noch recht ausführlich und mit eigener Stellungnahme dar (*Ma*, Civil Law S. 96/97).

840 *Wolff*, Disappearance of the *Ultra Vires* Doctrine S. 637/638 m. w. N.

von der *ultra-vires*-Doktrin ein ähnlicher Wandel des Verständnisses der juristischen Personen. Wenigstens zum Teil wird aber noch in der aktuellen Literatur ausdrücklich betont, dass die Rechte der natürlichen Personen infolge deren ethischer Qualität 伦理性 vom Staat lediglich anerkannt 确认 werden können[841], wogegen die Rechte der juristischen Personen erst durch staatliche Verleihung 赋予 überhaupt entstehen.[842]

5. Die juristische Person im Strafrecht

Mit der Verabschiedung des revidierten chinesischen Strafgesetzbuchs (chStGB) im März 1997 wurde das nicht unumstrittene[843] Konzept der Verbandsstrafbarkeit in das chinesische Kernstrafrecht[844] aufgenommen.[845] Sie ist nun sowohl im Allgemeinen Teil als auch im Besonderen Teil des chStGB geregelt:[846] Der Allgemeine Teil enthält in Kapitel 2 einen gesonderten Abschnitt zu Straftaten, die von „Einheiten 单位"[847] begangen werden können (Abschnitt 4, das sind die §§ 30, 31 chStGB). Dort sind die Adressaten der Verbandsstrafbarkeit, die Voraussetzungen (insbesondere muss der jeweilige Tatbestand ausdrücklich vorsehen, dass die beschriebene Tat auch von Verbänden begangen werden kann, § 30 chStGB a.E.) und die konkreten Modalitäten der Verbandsstrafe (nach § 31 chStGB grundsätzlich Verhängung von Geldbuße gegen den Verband bei gleichzeitiger Kriminalstrafe für bestimmte Personalangehörige, sog. „System der zweifachen Bestrafung[848] 两罚制[849] bzw. 双罚制[850]") geregelt. Der Besondere Teil enthält zahlreiche Tatbestände, die die Möglichkeit der Tatbegehung durch „Einheiten" vorsehen.[851]

Im Vorfeld der Revision des chStGB hatte es Auseinandersetzungen über die Frage gegeben, ob im revidierten Gesetzestext von einer Strafbarkeit der „Einheiten 单位" oder der „juristischen Personen 法人" die Rede sein sollte.[852] Gesetz geworden ist schließlich eine Formulierung, die zwar auf die Verwendung des Begriffs

---

841 Was eine Abkehr von der traditionellen marxistisch-leninistischen Lehre des Sowjetrechts (vgl. dazu oben Fn. 419) darstellt.

842 So *Ma*, Civil Law S. 94.

843 Gegen die Verbandsstrafbarkeit wendet sich z.B. *Lu*, Von JP begangene Straftaten.

844 Das Nebenstrafrecht hatte bereits seit 1987 Vorschriften zur Verbandsstrafbarkeit enthalten, vgl. *Strupp*, Strafgesetzbuch S. 43 m.w.N.

845 Ausführlich *Chen*, Context and Transformation S. 274–279.

846 Sog. „Maximallösung" in systematischer Hinsicht, vgl. *Strupp*, Strafgesetzbuch S. 44.

847 Der Begriff der „Einheit" wird in den verschiedensten Gesetzen verwendet, ist aber nie allgemein definiert worden, vgl. *Feuerstein*, Außervertragliches Haftungsrecht S. 77 (mit näheren Ausführungen zur Bedeutung des Begriffs im Wandel der gesellschaftlichen Rahmenbedingungen).

848 *Heuser*, Wirtschaftsrecht S. 238 spricht von einer „Parallelbestrafung".

849 *Jiang*, Gesetze der VR China, Band 6, S. 120 linke Spalte.

850 *Zhang*, Von Einheiten begangene Straftaten S. 16.

851 Seit dem Jahr 1997 ist das chStGB mehrmals geändert worden (sechs Änderungen in den Jahren 1999 bis 2006). Diese Änderungen betrafen jedoch durchweg ausschließlich den Besonderen Teil, so dass der im Allgemeinen Teil niedergelegte Grundsatz der Verbandsstrafbarkeit unberührt geblieben ist.

852 *Strupp*, Strafgesetzbuch S. 43, 44 m.w.N.

der juristischen Person verzichtet und stets nur von „Einheiten“ spricht (so die Überschrift des 4. Abschnitts des 2. Kapitels und § 31 S. 1 chStGB). Unter den Begriff der „Einheit“ im strafrechtlichen Sinn fasst § 30 chStGB jedoch [Handels-]Gesellschaften 公司, Unternehmen 企业, Institutionseinheiten 事业单位, Behörden 机关 und Körperschaften 团体, also jedenfalls auch juristische Personen.

Fraglich ist zum einen, ob der strafrechtliche Begriff der „Einheit“ *alle* juristischen Personen umfasst, und zum anderen, ob er *ausschließlich* juristische Personen umfasst. Oft wird beides implizit bejaht, indem der strafrechtliche Begriff der „Einheit“ und derjenige der juristischen Person ohne weitere Erörterungen als Synonyme dargestellt werden.[853] Die zweite Frage wird aber teilweise verneinend beantwortet, da auch Zweigstellen juristischer Personen sowie Körperschaften ohne den Status einer juristischen Person 非法人团体[854] „Einheiten“ im Sinne des Strafrechts seien.[855]

II. Besondere Persönlichkeitsrechte

Die im Folgenden zu besprechenden Positionen der juristischen Personen werden zum Teil nicht als Persönlichkeitsrechte eingeordnet, sondern als Immaterialgüterrechte 无形财产权.[856, 857] Dies basiert[858] auf einer Auffassung der Persönlichkeitsrechte, die von derjenigen der übrigen Autoren abweicht und die auch die Verneinung eines allgemeinen Persönlichkeitsrechts der juristischen Personen zur Folge hat. Die Auseinandersetzung mit den für diese Auffassung vorgetragenen Argumenten findet bei der Darstellung des allgemeinen Persönlichkeitsrechts der juristischen Personen[859] statt.

---

853 So *Zhang*, Von Einheiten begangene Straftaten S. 15; *Xiong/Niu*, Enterprise Crime S. 93; *Heuser*, Wirtschaftsrecht S. 238.

854 Näher dazu unten E.I.

855 *Jiang*, Gesetze der VR China, Band 6, S. 119 rechte Spalte.

856 Vgl. zum Recht am Kredit oben bei Fn. 652.

857 Hauptvertreter dieser Ansicht ist *Yin*, vgl. z. B. *Yin*, Essence of Personality Right S. 14. – Auch im Vorfeld der Kodifikation des Sachenrechts hat die immaterialgüterrechtliche Schule versucht, sich Geltung zu verschaffen: Der renommierte Immaterialgüterrechtler *Zheng* schlug vor, statt eines Sachenrechtsgesetzes 物权法 ein Vermögensgesetz 财产法 zu schaffen, da in einer Informationsgesellschaft die Verengung der Perspektive auf körperliche Vermögensgegenstände überholt sei (vgl. z. B. *Zheng/Xue*, Vermögensgesetz statt Sachenrechtsgesetz S. 9/10). Diese Ansicht hat sich letztlich nicht durchsetzen können.
Grundlegend zu den Immaterialgüterrechten *Ma/Mei*, Immaterialgüter und *Wu*, Immaterialgüterrecht.

858 Ausführlich zum engen Zusammenhang zwischen dem Verständnis der Persönlichkeitsrechte und der jeweils vorgeschlagenen gesetzestechnischen Umsetzung *Li*, Legislation Pattern S. 127; kürzer *Xue*, Personal Rights of Legal Person S. 50 linke Spalte; ausschnittsweise auch *Zhong*, Persönlichkeitsrecht der JP S. 232.

859 Unten D.III.

D. Das Persönlichkeitsrecht der juristischen Personen

1. Gesetzlich geregelte Persönlichkeitsrechte

a) Recht an der Bezeichnung

Das Recht der juristischen Personen an ihrer Bezeichnung 名称权 ist in § 99 Abs. 2 AGZ geregelt. Es steht damit in unmittelbarer Nachbarschaft zum Recht der natürlichen Personen am Namen (§ 99 Abs. 1 AGZ).

(1) Einordnung als Persönlichkeitsrecht

Die Einordnung des Rechts an der Bezeichnung war umstritten: Teils wurde es als Persönlichkeitsrecht klassifiziert, andere hielten es für ein Vermögensrecht, wieder andere für ein Immaterialgüterrecht, manche schließlich für ein Statusrecht.[860] Mittlerweile herrscht die Einordnung als Persönlichkeitsrecht vor,[861] wobei aber oft betont wird, dass das Recht an der Bezeichnung gleichzeitig auch vermögensrechtlichen Charakter habe.[862]

(2) Gegenstand

Die AGZ geben keine Antwort auf die Frage, woraus sich die durch das Recht an der Bezeichnung geschützte Bezeichnung im Einzelnen zusammensetzt. In § 37 Nr. 3 AGZ ist lediglich bestimmt, dass juristische Personen eine Bezeichnung führen müssen.

Näheres zur Bezeichnung ergibt sich aus Spezialvorschriften wie den „Bestimmungen zur Verwaltung der Registrierung von Unternehmensbezeichnungen" (UntRegVwBest). Unternehmensbezeichnungen sind gem. § 2 UntRegVwBest die Bezeichnungen unter anderem solcher Unternehmen, die die Voraussetzungen einer juristischen Person[863] erfüllen. Die zu registrierende Unternehmensbezeichnung setzt sich im Regelfall nacheinander aus der Firma 商号, der Angabe der Branche oder der Charakteristika des Betriebs sowie der Angabe der Organisationsform zusammen, § 7 Abs. 1 UntRegVwBest. Der Unternehmensbezeichnung ist regelmäßig die Bezeichnung des Verwaltungsgebiets, in dem das Unternehmen sich befindet, voranzustellen, § 7 Abs. 2 UntRegVwBest.[864] Ein Beispiel für eine Unter-

---

860 *WANG Liming* (王利明) et. al., Persönlichkeitsrecht (人格权法), Beijing 1997, S. 97 (zitiert nach *YIN*, Allgemeines Persönlichkeitsrecht S. 18 Fn. 1).

861 Das Recht an der Bezeichnung wird als Persönlichkeitsrecht behandelt bei *WANG*, Persönlichkeitsrecht S. 426 ff.; *YANG*, Personal Right S. 205 ff.; *WEI*, Civil Law S. 654 f.; *TAN*, Legal Person's Right of Personality S. 32.

862 Vgl. nur *WANG*, Persönlichkeitsrecht S. 429/430; *YANG*, Personal Right S. 209. – Bezüglich des Rechts der *Gesellschaften* 公司 (GmbH, AG) an ihren Bezeichnungen spricht *ZHOU*, Corporation Law S. 66 von einem Recht mit Doppelnatur als Persönlichkeits- und Vermögensrecht und berichtet, dies sei herrschende Meinung.

863 Vgl. zu diesen Voraussetzungen § 37 AGZ.

864 Nach dem Wortlaut dieser Vorschrift ist die Angabe des Unternehmenssitzes selbst also nicht Bestandteil der Unternehmensbezeichnung, anders nach § 9 der „Ausführungsmethode zur Verwaltung der Registrierung von Unternehmensbezeichnungen" (AMUntReg).
Welche Vorschrift hier Vorrang hat, ist unklar: Beide wurden von derselben Stelle erlassen, nämlich vom Staatlichen Industrie- und Handelsverwaltungshauptamt 国家工商行政管理

nehmensbezeichnung ist also „Beijing[865] Michelle Kleidungs-GmbH 北京蜜雪儿服饰有限公司“.[866]

Die genannten Vorschriften über die Unternehmensbezeichnung werden durch § 10 Nr. 4 LandwGenG i.V.m. § 6 Hs. 2 LandwGenRegVwVO für auf die Bezeichnung der landwirtschaftlichen Berufsgenossenschaft anwendbar erklärt. Bloße Klarstellungsfunktion hat daher Ziff. 1.2 der vom Staatlichen Industrie- und Handelsverwaltungshauptamt[867] herausgegebenen „Ansichten zur Registrierung der landwirtschaftlichen Berufsgenossenschaften“ (LandwGenReg-Ansichten), die bestimmt, dass die Genossenschaftsbezeichnung nacheinander aus der Bezeichnung des Verwaltungsgebiets, der Firma (字号), der Angabe der Branche und der Angabe der Organisationsform (nämlich: Berufsgenossenschaft) besteht.

Entsprechendes gilt auch für Stiftungen. Deren Bezeichnung besteht nach § 3 Abs. 2 der „Verwaltungsbestimmungen für Stiftungsbezeichnungen“ (StiftVwBest) aus dem Namen 字号 der Stiftung, der Angabe ihres Tätigkeitsbereichs und der Angabe „Stiftung“ (in dieser Reihenfolge); der Bezeichnung bestimmter Stiftungen ist die Angabe ihres Sitzes voranzustellen, § 4 Abs. 2 StiftVwBest.

Weniger genau ist die Bezeichnung der Vereine in § 10 Abs. 2 VereinsRegVwVO[868] geregelt: Sie muss den Gesetzen und Bestimmungen entsprechen und darf nicht gegen die gesellschaftliche Moral oder die guten Sitten verstoßen, § 10 Abs. 2 S. 1. Außerdem muss die Bezeichnung gem. § 10 Abs. 2 S. 2 mit dem Tätigkeitsbereich, der Mitgliederverteilung und dem Aktionsradius der gesellschaftlichen Körperschaft übereinstimmen und deren Merkmale zutreffend widerspiegeln. Diese Regelung lässt der Registrierungsbehörde einen recht weiten Ermessensspielraum.[869]

Vorschriften über die Bezeichnung der nichtkommerziellen Institutionen schließlich finden sich in der „Vorläufigen Methode zur Verwaltung der Bezeichnungen der von Bürgern organisierten nichtkommerziellen Institutionen“ (InstBezVwM). Auch hier besteht die Bezeichnung nacheinander aus dem Namen 字号 der Institution, der Angabe des Geschäfts- oder Tätigkeitsbereichs sowie der Angabe der Or-

总局 (State Administration for Industry and Commerce [Abk.: SAIC]), das bis zu seiner Erhebung in den Rang eines Ministeriums im März 2001 als Staatliches Industrie- und Handelsverwaltungsamt 国家工商行政管理局 bezeichnet wurde. Zwar ist die AMUntReg gegenüber den UntRegVwBest *lex posterior*, jedoch hat sie die UntRegVwBest nicht abgelöst, sondern ist gerade auf deren Grundlage erlassen worden (vgl. § 1 AMUntReg, der sich wohl auf § 33 UntRegVwBest bezieht, wonach die Auslegung der UntRegVwBest dem [im Jahr 1991 noch so bezeichneten, vgl. soeben] Staatlichen Industrie- und Handelsverwaltungsamt obliegt) und soll diese konkretisieren.
Auf die mangelnde Abstimmung der zahlreichen registerrechtlichen Vorschriften weisen bereits *Li/Liu*, Handelsregister S. 35 hin.

865 Zur Frage, ob die Angabe des Verwaltungsgebiets Bestandteil der Bezeichnung ist, vgl. Fn. 864.

866 Diese Unternehmensbezeichnung war Gegenstand eines Rechtsstreits, vgl. dazu *Wang*, Name of firm S. 150.

867 Vgl. zu dieser Behörde oben Fn. 864.

868 Anders als für die Stiftungen und die nichtkommerziellen Institutionen existiert für die Vereine keine gesonderte Regelung über die Bezeichnung.

869 *Ge*, Gründung gesellschaftlicher Körperschaften S. 716.

ganisationsform (§ 3 Abs. 1 InstBezVwM). „Organisationsform“ bedeutet hier eine Angabe wie „Schule 学校“ oder „Krankenhaus 医院“, vgl. § 7 S. 1 InstBezVwM. Der Bezeichnung ist grundsätzlich die Bezeichnung des Verwaltungsgebiets des Sitzes der Institution voranzustellen (§ 3 Abs. 2 InstBezVwM).

(3) Inhalt

Auch zum Inhalt des Rechts an der Bezeichnung sind die Ausführungen der AGZ sehr knapp gehalten. § 98 Abs. 2 S. 2 AGZ nennt das Recht auf Gebrauch und Übertragung der Bezeichnung, beschränkt dies jedoch auf juristische *Unternehmens*personen 企业法人, wogegen das Recht an der Bezeichnung nach § 98 Abs. 2 S. 1 AGZ allen juristischen Personen 法人 zusteht.[870]

Aus § 98 Abs. 2 S. 2 AGZ kann nicht der Umkehrschluss gezogen werden, die nichtunternehmerischen juristischen Personen hätten kein Gebrauchsrecht an ihren Bezeichnungen: Dies käme einer Beschränkung des Rechts an der Bezeichnung auf juristische Unternehmenspersonen gleich, die mit seiner in § 98 Abs. 2 S. 1 AGZ geregelten Reichweite nicht vereinbar wäre. Vielmehr haben alle juristischen Personen das Recht, im Rahmen der Vorschriften eine Bezeichnung zu wählen, diese Bezeichnung zu gebrauchen und sie zu ändern.[871]

(4) Unternehmensbezeichnung und Firma

Vielfach[872] wird in der Literatur die Bezeichnung 名称 der juristischen Unternehmensperson 企业法人 als Synonym für deren Firma 商号 verwendet.[873] YANG[874] versteht die Bezeichnung 名称 als Oberbegriff für (1) die Firma 字号 der Einzelgewerbetreibenden 个体工商户 und der Partnerschaften von Einzelpersonen 个人合伙, (2) die Firma 商号 der juristischen Unternehmenspersonen und (3) die Bezeichnung der nicht-gewerblichen juristischen Personen. Umgekehrt tritt CHENG[875] dafür ein, die Firma 商号 als Oberbegriff für Unternehmensbezeichnungen und die Bezeichnungen solcher Handelssubjekte, die keine Unternehmen sind, zu verstehen.

Wie WANG[876] zu Recht aufzeigt[877], stehen diese Auffassungen jedoch im Widerspruch zu § 7 Abs. 1 UntRegVwBest (und auch zu § 9 der „Ausführungsmethode zur Verwaltung der Registrierung von Unternehmensbezeichnungen“ [AMUnt-

---

870 Dies übersieht *WANG*, Persönlichkeitsrecht S. 434–440, dessen Ausführungen zum Inhalt des Rechts an der Bezeichnung durchweg auf juristische Unternehmenspersonen bezogen sind, obwohl er zuvor (S. 426) die Reichweite des Rechts an der Bezeichnung zutreffend darstellt.

871 Vgl. *YANG*, Personal Right S. 209/210; *WEI*, Civil Law S. 654.

872 So der Hinweis (mit ablehnender Stellungnahme) von *WANG*, Persönlichkeitsrecht S. 426/427, jedoch ohne Nennung von Quellen.

873 So bei *JIANG*, Zivilrecht S. 291.

874 *YANG*, Personal Right S. 208; *YANG*, Personal Right Law S. 485.

875 *CHENG*, Commercial Rights of Personality S. 65/66.

876 *WANG*, Persönlichkeitsrecht S. 427 mit Hinweis auf § 7 UntRegVwBest.

877 Und wie auch *CHENG*, Commercial Rights of Personality S. 64 zunächst anerkennt, bevor er seinen Alternativvorschlag (vgl. soeben bei Fn. 875) unterbreitet.

Reg]), wonach die Firma lediglich einer von mehreren Bestandteilen der Bezeichnung ist,[878] vgl. bereits oben (2).

Diese Unklarheiten in der Begrifflichkeit gehen wohl zum einen darauf zurück, dass in der Alltagssprache „Firma 字号" im Sinn von „Geschäftsbezeichnung 商店的名称" verstanden werden kann.[879] Zum anderen mögen sie daher rühren, dass es beim Recht an der Unternehmensbezeichnung in der Praxis hauptsächlich um das Recht an der in dieser enthaltenen Firma geht,[880] so dass es in vielen Fällen nicht falsch ist, statt von der Unternehmensbezeichnung von der Firma zu sprechen. Gleichwohl bleibt die (juristisch exakte) richtige Ausdrucksweise der lediglich nicht immer falschen vorzuziehen, weshalb im Folgenden stets vom Recht an der (die Firma einschließenden) Unternehmensbezeichnung, nicht an der Firma, die Rede sein wird.

(5) Ausschließlichkeit

In der Literatur wird oft recht pauschal von der Ausschließlichkeit des Rechts an der Bezeichnung gesprochen[881] – wahrscheinlich weil die Autoren in erster Linie an Unternehmensbezeichnungen denken. Denn nur die Ausschließlichkeit des Rechts an der Unternehmensbezeichnung ist ausdrücklich geregelt, diejenige des Rechts der übrigen juristischen Personen an ihren Bezeichnungen hingegen allenfalls indirekt:

(a) Bezeichnung der juristischen Unternehmenspersonen

Nach § 10 Abs. 1 S. 2 der Verordnung über die Verwaltung der Registrierung juristischer Unternehmenspersonen (JurUntRegVwVO) und § 3 S. 2 UntRegVwBest hat die juristische Unternehmensperson an ihrer Bezeichnung ein Alleinnutzungsrecht, allerdings nur „innerhalb des festgesetzten Bereichs 在规定的范围内". Die Umrisse dieses „festgesetzten Bereichs" ergeben sich aus § 6 Abs. 1 UntRegVwBest, wonach innerhalb des Zuständigkeitsbereichs einer Registrierungsbehörde[882] keine Unternehmensbezeichnung registriert werden darf, die mit einer bereits registrierten Unternehmensbezeichnung in derselben Branche übereinstimmt oder dieser ähnelt. Das Alleinnutzungsrecht an der Unternehmensbe-

---

878 So die zutreffende Darstellung bei *Zhou*, Corporation Law S. 63, 64; ebenso *Jiang*, Juristische Personen S. 165. Vgl. auch *Sheng*, Unternehmensbezeichnung S. 54; *Wang*, Name of firm S. 149 (beide ohne exakte Nennung der Vorschriften).

879 Wörterbuch der modernen chinesischen Sprache (现代汉语词典), Beijing ^{5}2005, S. 1811. Auch *Yang*, Personal Right S. 207 weist auf diesen Sprachgebrauch hin, führt als Beleg in Fn. 2 allerdings die Auflage des Wörterbuchs der modernen chinesischen Sprache aus dem Jahr 1978 an.

880 *Wang*, Name of firm S. 149 mittlere Spalte; *Chen/Liu*, Recht an der Bezeichnung S. 7 rechte Spalte. – Näher zu dieser Frage unten D.II. 1.a)(6)(c) a. E.

881 So bei *Yang*, Personal Right S. 210; *Wang*, Persönlichkeitsrecht S. 429; *Wei*, Civil Law S. 654; *Yan/Zhao*, Recht an der Bezeichnung S. 21 linke Spalte.

882 Dazu mit Beispiel *Chen/Liu*, Recht an der Bezeichnung S. 7.

zeichnung unterliegt also sowohl einer räumlichen als auch einer branchenbezogenen Beschränkung.[883]

Im Verhältnis der juristischen Unternehmenspersonen zu anderen Unternehmen und zu landwirtschaftlichen Berufsgenossenschaften wird der derart eingeschränkte Schutz jedoch erweitert durch § 9 Nr. 2 UntRegVwBest (der über § 10 Nr. 4 LandwGenG i. V. m. § 6 Hs. 2 LandwGenRegVwVO auch für die landwirtschaftlichen Berufsgenossenschaften gilt), wonach eine Unternehmensbezeichnung nichts enthalten darf, was die Allgemeinheit irreführen oder zu Missverständnissen verleiten könnte. Auch außerhalb des Geltungsbereichs des Alleinnutzungsrechts darf also keine Unternehmens- oder Berufsgenossenschaftsbezeichnung registriert werden, die eine Identität mit einem anderen Unternehmen oder eine tatsächlich nicht bestehende Verbindung zu diesem suggeriert.

Von großer praktischer Bedeutung für den Schutz des Rechts an der Unternehmensbezeichnung ist darüber hinaus § 5 Nr. 3 chUWG: Diese Vorschrift untersagt Unternehmern, im Marktverkehr in unlauterer Weise Wettbewerber zu schädigen, indem sie eigenmächtig die Unternehmensbezeichnung eines anderen verwenden und dadurch den falschen Eindruck hervorrufen, es handele sich um die Ware (dieser Begriff umfasst nach § 2 Abs. 3 chUWG auch Dienstleistungen) eines anderen.

Auch im Verhältnis zu Stiftungen sind die juristischen Unternehmenspersonen vor der Registrierung verwechslungsfähiger Bezeichnungen geschützt, da die Stiftungsbezeichnung nach § 10 Nr. 2 StiftVwBest nichts enthalten darf, was die Allgemeinheit irreführen oder zu Missverständnissen verleiten könnte. Nichtkommerziellen Institutionen ist es sogar ausdrücklich untersagt, eine Bezeichnung zu führen, die eine Unternehmensbezeichnung enthält (§ 9 Nr. 4 InstBezVwM); darüber hinaus sind auch hier irreführende oder missverständliche Bezeichnungen nicht gestattet (§ 9 Nr. 3 InstBezVwM). Entsprechendes dürfte trotz des Fehlens einer ausdrücklichen Regelung für Vereine gelten.

(b) *Bezeichnung sonstiger juristischer Personen*

Deutlich schwächer als bei den juristischen Unternehmenspersonen ist die Ausschließlichkeit des Rechts an der Bezeichnung bei den übrigen juristischen Personen ausgeprägt: Das Recht der landwirtschaftlichen Berufsgenossenschaften, der Stiftungen, der nichtkommerziellen Institutionen und der Vereine an ihrer Bezeichnung wird in keiner der einschlägigen Vorschriften ausdrücklich als ausschließliches Recht bezeichnet. Auch erstreckt sich die Verweisung in § 6 Hs. 2 LandwGenRegVwVO, wonach die Bezeichnungen der landwirtschaftlichen Berufsgenossenschaften den Vorschriften über die Registrierung von Unternehmensbezeichnungen genügen müssen, nicht auf § 10 Abs. 1 S. 2 JurUntRegVwVO und § 3 S. 2 UntRegVwBest (aus denen sich ein Alleinnutzungsrecht an der Unterneh-

---

883 Vgl. CHENG, Commercial Rights of Personality S. 198. – Bei landesweit registrierten Unternehmensbezeichnungen gilt selbstverständlich auch das Alleinnutzungsrecht landesweit, vgl. CHEN/LIU, Recht an der Bezeichnung S. 7 rechte Spalte.

mensbezeichnung ergibt), da diese beiden Vorschriften keine Anforderungen an die Bezeichnung formulieren, sondern lediglich etwas über die Beschaffenheit des Rechts an einer solchen Bezeichnung aussagen.

Ein gewisses Maß an Ausschließlichkeit ergibt sich jedoch für die einzelnen Arten der nichtunternehmerischen juristischen Personen aus denjenigen Vorschriften, die die Registrierung einer verwechslungsfähigen oder sonst irreführenden Bezeichnung für eine andere juristische Person gleicher oder anderer Art untersagen: Derartige Verbote richten sich erst recht gegen die Registrierung identischer Bezeichnungen.

Für die landwirtschaftlichen Berufsgenossenschaften verweist § 6 Hs. 2 LandwGenRegVwVO auf § 9 Nr. 2 UntRegVwBest und § 6 AMUntReg. Die Bezeichnungen der landwirtschaftlichen Berufsgenossenschaften dürfen deshalb nichts enthalten, was die Allgemeinheit irreführen oder zu Missverständnissen verleiten könnte (§ 9 Nr. 2 UntRegVwBest); darüber hinaus dürfen sie grundsätzlich keine Bezeichnungen anderer juristischer Personen (also weder einer anderen Genossenschaft noch einer juristischen Person anderer Art) enthalten (§ 6 AMUntReg).

Ebenso darf auch die Bezeichnung einer Stiftung gem. § 10 StiftVwBest weder die Bezeichnung einer anderen Stiftung (Nr. 6) noch sonst etwas enthalten, was die Allgemeinheit irreführen oder zu Missverständnissen verleiten könnte (Nr. 2) – letzteres bedeutet wohl, dass die Bezeichnung auch nicht die Gefahr einer Verwechslung mit bestehenden juristischen Personen anderer Art hervorrufen darf.

Auch die Bezeichnung einer nichtkommerziellen Institution darf keine Vereinsbezeichnung oder sonst etwas Missverständliches oder Irreführendes enthalten, § 9 Nr. 4 bzw. Nr. 3 InstBezVwM. Sie darf nach § 10 InstBezVwM außerdem nicht mit der Bezeichnung einer anderen nichtkommerziellen Institution übereinstimmen, die im Zuständigkeitsbereich derselben Registrierungsbehörde und innerhalb desselben Tätigkeitsbereichs aktiv ist.[884]

Für Vereine fehlt eine detaillierte Regelung dieser Fragen. Das Auftreten identischer Vereinsbezeichnungen ist aber dadurch ausgeschlossen, dass § 13 Nr. 2 VereinsRegVwVO die Gründung eines Vereins verbietet, wenn in demselben Verwaltungsgebiet bereits ein anderer Verein mit gleichem oder ähnlichem Tätigkeitsbereich existiert.[885] Vereinsbezeichnungen, bei denen die Gefahr einer Verwechslung mit Bezeichnungen juristischer Personen anderer Art besteht, sind davon freilich nicht betroffen.

---

884 Allerdings wird in solchen Fällen die Registrierung regelmäßig auch schon ohne eine Übereinstimmung des Namens 字号 (also des Bezeichnungskerns) versagt werden: Nach § 11 Abs. 2 Nr. 3 InstRegVwVO wird keine Registrierung vorgenommen, wenn in demselben Verwaltungsgebiet bereits eine andere nichtkommerzielle Institution mit gleichem oder ähnlichem Tätigkeitsbereich besteht.

885 Kritisch zu diesem Konkurrenzverbot ASCHE, Vereinsrecht S. 237/238.

Vor ähnlichen *Unternehmens*bezeichnungen sind die nichtunternehmerischen juristischen Personen in unterschiedlichem Maß geschützt: Am stärksten ausgeprägt ist der Schutz für Vereine, da nach § 9 Nr. 4 UntRegVwBest Unternehmensbezeichnungen (d.h. Bezeichnungen sowohl von juristischen Unternehmenspersonen als auch von Unternehmen, die nicht juristische Person sind) nicht die Bezeichnung eines Vereins enthalten dürfen. Die Bezeichnungen juristischer Unternehmenspersonen dürfen darüber hinaus grundsätzlich keine Bezeichnungen anderer juristischer Personen (also auch nicht die Bezeichnung einer landwirtschaftlichen Berufsgenossenschaft, einer Stiftung oder einer nichtkommerziellen Institution) enthalten, § 6 AMUntReg. Da diese Vorschrift aber nur für juristische Unternehmenspersonen gilt, könnte ein Unternehmen, das nicht juristische Person ist, eine Bezeichnung für sich registrieren lassen, die die Bezeichnung einer landwirtschaftlichen Berufsgenossenschaft, einer Stiftung oder einer nichtkommerziellen Institution enthält.

Im Ergebnis kann daher allenfalls von einem schwachen Alleinnutzungsrecht der landwirtschaftlichen Berufsgenossenschaften, der Vereine, der Stiftungen und der nichtkommerziellen Institutionen an ihren Bezeichnungen die Rede sein. Es fehlt, wie eingangs bereits erwähnt, an einer ausdrücklichen Regelung eines Alleinnutzungsrechts, und der durch Spezialvorschriften gewährleistete Schutz vor der Registrierung verwechslungsfähiger Bezeichnungen ist lückenhaft.

(6) Übertragbarkeit

Die Besonderheit des Rechts an der Bezeichnung besteht darin, dass es nach der ausdrücklichen Regelung in den AGZ übertragbar ist. Das Recht, die eigene Bezeichnung zu übertragen[886], steht nach § 99 Abs. 2 S. 2 AGZ ausschließlich denjenigen juristischen Personen zu, die juristische *Unternehmens*personen sind. Anders als beim Gebrauchsrecht, das wegen § 98 Abs. 2 S. 1 AGZ auch den übrigen juristischen Personen zustehen muss (vgl. oben (3)), besteht beim Übertragungsrecht kein Grund, von einem Umkehrschluss abzusehen.[887]

(a) (Vollständige) Übertragung und „teilweise Übertragung" (Lizenzierung)

Nach der im Jahr 2002 geäußerten Ansicht des Staatlichen Industrie- und Handelsverwaltungshauptamts ist die Einräumung von Nutzungsrechten an Unternehmensbezeichnungen 企业名称许可使用 im Gegensatz zur Übertragung nicht zulässig, da die Unternehmensbezeichnung ein Personenrecht sei (Ziff. 1 der „Ant-

886 So der Wortlaut der Vorschrift. Oftmals übernimmt die Literatur diese Formulierung zunächst, geht dann aber dazu über, zutreffender von der Übertragung *des Rechts an* der Bezeichnung zu sprechen, so z.B. Wei, Civil Law (1. Aufl.) S. 650; Yang, Personal Right S. 210/212; Wang, Persönlichkeitsrecht S. 430/437.

887 So im Ergebnis auch Yang, Personal Right S. 210; Wei, Civil Law (1. Aufl.) S. 650. Ungenau dagegen Wei, Civil Law S. 655, wo pauschal von der Übertragung der Bezeichnung von Zivilsubjekten die Rede ist.

wort auf Fragen in Bezug auf die Lizenzierung von Unternehmensbezeichnungen“ [UntLiz-Antwort][888]).

Dagegen hält die Literatur nicht nur die Übertragung, sondern auch die Lizenzierung von Unternehmensbezeichnungen für zulässig. *ZHOU*[889] bemängelt, die UntLiz-Antwort verkenne die vermögensrechtliche Bedeutung der Bezeichnung der Gesellschaften (GmbH, AG) und könne die marktwirtschaftliche Entwicklung hemmen. Zur Unterscheidung von der als „teilweise Übertragung 部分转让“ bezeichneten Lizenzierung[890] wird die eigentliche Übertragung in der Literatur als „vollständige Übertragung 全部转让[891]/整体转让[892]“ bezeichnet.[893]

Die vollständige Übertragung wird erst mit der Registrierung wirksam[894] und hat zur Folge, dass das Recht an der Unternehmensbezeichnung restlos auf den Übertragungsempfänger übergeht.[895] Bei der sogenannten teilweisen Übertragung, die unmittelbar mit dem Vertragsschluss wirksam wird,[896] bleibt die übertragende Partei hingegen Inhaber des Rechts an der Unternehmensbezeichnung und ist weiterhin berechtigt, die Bezeichnung selbst zu nutzen.[897] Der Lizenznehmer hat lediglich das vertraglich begründete Recht, die Bezeichnung zu verwenden.[898]

(b) Isolierte Übertragung

Einzelheiten zur Übertragung der Unternehmensbezeichnung sind in § 23 UntRegVwBest geregelt. Nach § 23 Abs. 1 UntRegVwBest kann eine Unternehmensbezeichnung gemeinsam mit dem Unternehmen oder einem Unternehmensteil

---

888 Diese Antwort 答复 ist keine Rechtsquelle im engeren Sinn, insbesondere gehört sie nicht zu den in § 55 GGG angesprochenen Antworten 答复, da das Staatliche Industrie- und Handelsverwaltungshauptamt kein Arbeitsorgan des Ständigen Ausschusses des Nationalen Volkskongresses, sondern dem Staatsrat untergeordnet ist. Für die Praxis sind derartige Dokumente jedoch durchaus relevant.

889 *ZHOU*, Corporation Law S. 68.

890 Darauf, dass es sich genau genommen nicht um eine Übertragung, sondern eine Lizenzierung handelt, wird meist ausdrücklich hingewiesen, vgl. *WANG*, Persönlichkeitsrecht S. 439; *GUO* et al., Personenrecht S. 492; *YANG*, Personal Right S. 214. – Es ist also sachgerecht, mit *CHEN/LIU*, Recht an der Bezeichnung S. 7 rechte Spalte ganz darauf zu verzichten, die Lizenzierung als Übertragung zu bezeichnen. Dennoch wird sie im Folgenden ebenso wie in der chinesischen Literatur gemeinsam mit der eigentlichen Übertragung behandelt werden.

891 *WEI*, Civil Law (1. Aufl.) S. 650.

892 *WANG*, Persönlichkeitsrecht S. 437.

893 *YANG*, Personal Right S. 215 dagegen variiert im Ausdruck und spricht von der vollständigen Übertragung als 让与. Eine weitere Variante bietet *CHENG*, Commercial Rights of Personality, der von absoluter 绝对 (S. 195) und relativer Übertragung 相对转让 (S. 172) spricht.

894 So *WANG*, Persönlichkeitsrecht S. 437. Noch weiter geht § 23 Abs. 2 S. 2 UntRegVwBest, wonach die bloße Registrierung nicht ausreicht, sondern eine Genehmigung der Übertragungsvereinbarung durch die ursprünglich zuständige Registerbehörde erforderlich ist.

895 *WANG*, Persönlichkeitsrecht S. 437; *YANG*, Personal Right S. 215; *WEI*, Civil Law (1. Aufl.) S. 650.

896 So *WANG*, Persönlichkeitsrecht S. 438/439, ohne weitere Voraussetzungen zu nennen. – Dagegen fordert *YANG*, Personal Right S. 214 einen schriftlichen Vertrag sowie dessen Registrierung (wo diese zu erfolgen hat, bleibt offen).

897 *WANG*, Persönlichkeitsrecht S. 439; *YANG*, Personal Right S. 214; *WEI*, Civil Law (1. Aufl.) S. 650.

898 *WANG*, Persönlichkeitsrecht S. 439.

übertragen werden,[899] wobei die übertragende Partei die Bezeichnung nach der Übertragung nicht mehr selbst verwenden darf, § 23 Abs. 3 UntRegVwBest. Es liegt nahe, § 23 Abs. 1 UntRegVwBest so zu verstehen, dass eine Übertragung *ausschließlich* gemeinsam mit dem Unternehmen oder einem Unternehmensteil möglich ist,[900] da die Vorschrift anderenfalls lediglich eine Bestätigung des Grundsatzes enthielte, dass man ein Rechtsgeschäft mit einem anderen verbinden *kann*.

Dennoch meint *Cheng*[901], § 23 Abs. 1 UntRegVwBest enthalte kein Verbot der isolierten Übertragung der Unternehmensbezeichnung, sondern nur die (m. E. überflüssige, weil selbstverständliche) Erlaubnis zur gleichzeitigen Übertragung von Unternehmen(steil) und Unternehmensbezeichnung. Auch *Chen/Liu*[902] halten die isolierte Übertragung für nach geltendem Recht zulässig. Ein ausreichender Verkehrsschutz sei dadurch gewährleistet, dass die Übertragungsvereinbarung durch die ursprünglich zuständige Registerbehörde genehmigt werden müsse.[903] Dagegen befürwortet *Cheng* aus Erwägungen des Verkehrsschutzes ein (aus seiner Sicht erst noch zu erlassendes) Verbot der isolierten Übertragung.[904]

(c) Grenzen der Übertragung

Bei der (vollständigen) Übertragung der Unternehmensbezeichnung stellt sich das Problem, dass diese aus mehreren Bestandteilen zusammengesetzt ist: Firma 商号, Angabe der Branche oder der Charakteristika des Betriebs sowie Angabe der Organisationsform (§ 7 Abs. 1 UntRegVwBest), wobei regelmäßig die Bezeichnung des Verwaltungsgebiets, in dem das Unternehmen sich befindet, voranzustellen ist (§ 7 Abs. 2 UntRegVwBest).[905]

Der Unterschied zwischen der Firma und den übrigen Bezeichnungsbestandteilen besteht darin, dass letztere bestimmte objektive Gegebenheiten des Unternehmens, z. B. dessen Organisationsform, widerspiegeln und daher nicht frei wählbar sind. Dies wird verdeutlicht durch die Benennung als „subjektives Kennzeichen 主观性符号“ bzw. „objektive Kennzeichen 客观性符号“ bei *Guo* et al.[906] In Anlehnung an den Sprachgebrauch des deutschen Firmenrechts werden im Folgenden das subjektive Kennzeichen bzw. die objektiven Kennzeichen kurz „Bezeichnungskern“[907] bzw. „Bezeichnungszusätze“ genannt.

---

899 Im Original: 企业名称可以随企业或者企业的一部分一并转让.
900 In diesem Sinn wird die Vorschrift ohne weitere Erörterungen aufgefasst von *Zhou*, Corporation Law S. 68; ebenso *Jiang*, Juristische Personen S. 191/192.
901 *Cheng*, Commercial Rights of Personality S. 195.
902 *Chen/Liu*, Recht an der Bezeichnung S. 7 rechte Spalte.
903 *Chen/Liu*, Recht an der Bezeichnung S. 8 linke Spalte ohne Nennung der konkreten Vorschrift; gemeint ist wohl § 23 Abs. 2 S. 2 UntRegVwBest.
904 *Cheng*, Commercial Rights of Personality S. 197.
905 Zur Frage, ob die Bezeichnung des Verwaltungsgebiets Bestandteil der Unternehmensbezeichnung ist vgl. Fn. 864.
906 *Guo* et al., Personenrecht S. 490.
907 Dies lässt sich auf Formulierungen in der chinesischen Literatur stützen: *Wang*, Persönlichkeitsrecht S. 427 („企业名称中的核心字段“); *Song/Wang*, Firmenrecht S. 226 („核心部分“); *Cheng*, Commercial Rights of Personality S. 198 („核心文词“).

Nach § 9 Nr. 2 UntRegVwBest dürfen Unternehmensbezeichnungen nicht so beschaffen sein, dass sie möglicherweise zu Täuschungen oder Missverständnissen der Öffentlichkeit führen. Insbesondere müssen sie eine klare und verständliche Angabe der Organisationsform enthalten, § 12 UntRegVwBest. Folglich kommt eine Übertragung der Unternehmensbezeichnung als Ganzer nur an ein solches Unternehmen in Betracht, auf das alle Bezeichnungszusätze[908] ebenso zutreffen wie auf das übertragende Unternehmen.[909]

Unterschiedlich wird die Frage beantwortet, ob in Fällen, in denen die Übertragung der vollständigen Unternehmensbezeichnung aus den soeben dargestellten Gründen nicht möglich ist, wenigstens die Übertragung der Firma, also des Bezeichnungskerns, möglich sei. Dies verneint *Cheng*[910] mit dem Argument, das Alleinnutzungsrecht an der Firma gelte ebenso wie das Alleinnutzungsrecht an der die Firma einschließenden Unternehmensbezeichnung nur innerhalb einer bestimmten Branche.[911] Eine Übertragung der Firma auf ein außerhalb stehendes Unternehmen sei daher unwirksam. Im Übrigen könne außerhalb dieser Branche jeder nach Belieben dieselbe Firma verwenden, ohne sie sich erst übertragen lassen zu müssen. Dagegen bejahen *Chen/Liu*[912] die Frage im Ergebnis, indem sie lediglich feststellen, anstelle der nicht übertragbaren Bezeichnungszusätze müssten gemäß den registerrechtlichen Anforderungen die tatsächlich zutreffenden Bezeichnungszusätze registriert werden.

Den Überlegungen *Chengs* ist entgegenzuhalten, dass es ein Alleinnutzungsrecht an der Firma nicht gibt, vielmehr gewähren § 10 Abs. 1 S. 2 JurUntRegVwVO und § 3 S. 2 UntRegVwBest ein solches nur an der vollständigen Unternehmensbezeichnung.[913] Die Wirksamkeit der Übertragung einer Firma kann daher nicht davon abhängen, dass die Grenzen des Geltungsbereichs eines solchen „Alleinnutzungsrechts an der Firma" bei der Übertragung nicht überschritten werden. Ein Alleinnutzungsrecht braucht sich der Firmenübernehmer ohnehin nicht übertra-

---

908 Die Frage, ob die Bezeichnung des Verwaltungsgebiets Bestandteil der Unternehmensbezeichnung ist (vgl. Fn. 864), wird hier also praktisch relevant.

909 Statt mit dem Grundsatz der Firmenwahrheit argumentieren *Cheng*, Commercial Rights of Personality S. 197/198 und *Chen/Liu*, Recht an der Bezeichnung S. 7 rechte Spalte bereits hier mit den Beschränkungen des Alleinnutzungsrechts an der Unternehmensbezeichnung in räumlicher und branchenmäßiger Hinsicht. Auf diese Überlegung ist jedoch erst bei der Frage der Übertragbarkeit der Firma einzugehen (dazu sogleich).

910 *Cheng*, Commercial Rights of Personality S. 198.

911 Hinzu kommt noch die räumliche Beschränkung des Geltungsbereichs, auf die *Cheng* jedoch nicht eingeht.

912 *Chen/Liu*, Recht an der Bezeichnung S. 7 rechte Spalte, zustimmend *Wang*, Persönlichkeitsrecht S. 437/438.

913 Richtig ist, dass an den Bezeichnungszusätzen für sich genommen kein Alleinnutzungsrecht bestehen kann, da etwa die Angabe der Rechtsform einer Gesellschaft von jeder derartigen Gesellschaft nicht nur verwendet werden kann, sondern sogar verwendet werden muss, vgl. § 8 GesG. Es ginge aber zu weit, daraus wie *Wang*, Name of firm S. 149 mittlere Spalte den Schluss zu ziehen, das Alleinnutzungsrecht an der Unternehmensbezeichnung sei tatsächlich nur ein solches an der Firma. Vielmehr handelt es sich um ein Alleinnutzungsrecht an der Kombination aus Firma und (für sich genommen keinem Alleinnutzungsrecht unterliegenden) Bezeichnungszusätzen.

gen zu lassen, da das allein mögliche Alleinnutzungsrecht an der die Firma enthaltenden *Unternehmensbezeichnung* automatisch mit der Registrierung entsteht, vgl. § 10 Abs. 1 S. 2 JurUntRegVwVO und § 3 S. 2 UntRegVwBest.

Vielmehr wird es dem Firmenübernehmer um etwas anderes gehen: Anders als CHENG meint, kann man nämlich keineswegs nach Belieben fremde Firmen benutzen, solange man nur in einer anderen als derjenigen Branche tätig ist, für die das Alleinnutzungsrecht an der die Firma enthaltenden Unternehmensbezeichnung gilt – riskiert man durch ein solches Verhalten doch, aus § 5 Nr. 3 chUWG i.V.m. § 20 chUWG auf Schadensersatz in Anspruch genommen zu werden. Denn nach § 5 Nr. 3 chUWG ist es Unternehmern untersagt, im Marktverkehr in unlauterer Weise Wettbewerber zu schädigen, indem sie eigenmächtig die Unternehmensbezeichnung eines anderen verwenden und dadurch den falschen Eindruck hervorrufen, es handele sich um die Ware (dieser Begriff umfasst nach § 2 Abs. 3 chUWG auch Dienstleistungen) eines anderen. „Unternehmensbezeichnung" im Sinn dieser Vorschrift kann nach § 6 Abs. 1 S. 2 der „Auslegung des Obersten Volksgerichts zu einigen Fragen der Gesetzesanwendung bei der Behandlung zivilrechtlicher Fälle (im Bereich des) unlauteren Wettbewerbs" (UWG-Auslegung)[914] auch eine Firma[915] sein, die in einer Unternehmensbezeichnung enthalten ist, welche auf dem Markt einen gewissen Grad an Berühmtheit hat und den angesprochenen Verkehrskreisen bekannt ist. Hinzu kommt, dass die Verwendung i.S.d. § 5 Nr. 3 chUWG durch § 7 UWG-Auslegung eine recht weite Definition erfahren hat: Unter Verwendung ist die geschäftliche Verwendung innerhalb der Grenzen der VR China zu verstehen, was den Gebrauch auf Waren, Warenverpackungen oder Dokumenten des Warenhandels sowie den Gebrauch in der Werbung, auf Ausstellungen und im Rahmen anderer geschäftlicher Aktivitäten umfasst.

Es besteht also durchaus auch dann ein Interesse an der Übertragung der Unternehmensbezeichnung, wenn sich diese infolge der erforderlichen Anpassung der Bezeichnungszusätze im Ergebnis als bloße Übertragung der Firma darstellt. Die Ansicht von CHEN/LIU[916] erscheint daher vorzugswürdig.

Zusammenfassend lässt sich sagen, dass eine Übertragung der Unternehmensbezeichnung stets möglich ist, im praktischen Ergebnis aber oftmals lediglich als Übertragung des Bezeichnungskerns, also der Firma, erscheinen wird, da die Bezeichnungszusätze gemäß dem Grundsatz der Firmenwahrheit den tatsächlichen Gegebenheiten angepasst werden müssen. Dennoch sollte man auch in diesen Fäl-

---

914 Von dieser Auslegung aus dem Jahr 2007 konnte CHENG bei Abfassung seines im Jahr 2002 erschienenen Buches freilich nichts wissen.

915 Im Original heißt es zwar nicht 商号, sondern 字号, jedoch dürfte nicht nur die gewöhnlich als字号 bezeichnete Firma der Einzelgewerbetreibenden und der Partnerschaften von Einzelpersonen gemeint sein, sondern auch die Firma der juristischen Unternehmenspersonen, die üblicherweise 商号 genannt wird. (Vgl. zur Verwendung der verschiedenen Begriffe JIANG, Zivilrecht S. 291, der allerdings Firma und Bezeichnung gleichsetzt, sowie YANG, Personal Right S. 207, 208.) Auf die Möglichkeit der Überschneidung der Begriffe 字号 und 商号 weist YANG, Personal Right S. 207 hin.

916 Oben Fn. 912.

len mit § 99 Abs. 2 S. 2 AGZ und § 23 Abs. 1 UntRegVwBest von der Übertragung der Bezeichnung (nicht: der Firma) sprechen.

(d) *Lizenzierung*

Die Probleme im Zusammenhang mit der Lizenzierung von Unternehmensbezeichnungen werden in der Literatur durchaus gesehen. So wird gefordert, Lizenzgeber und Lizenznehmer sollten als Gesamtschuldner haften, wenn bei einem Geschäftspartner des Lizenznehmers der falsche Eindruck entsteht, dieser sei mit dem Inhaber des Rechts an der Unternehmensbezeichnung identisch.[917] Zum Teil wird vorgeschlagen, die Lizenzierung von Unternehmensbezeichnungen nur in bestimmten Bereichen, insbesondere der Kettengastronomie, zuzulassen. Dies wird zum einen damit begründet, dass es in diesem Bereich regelmäßig nur um geringe Forderungsbeträge gehe,[918] so dass Erfordernisse des Verkehrsschutzes kaum eine Rolle spielen dürften. Überdies wird argumentiert, den Kunden der Restaurantketten komme es nicht darauf an, es stets mit ein und demselben Rechtssubjekt zu tun zu haben, sondern darauf, stets Waren und/oder Dienstleistungen derselben Qualität zu erhalten.[919]

CHEN/LIU[920] unterscheiden von der soeben dargestellten und allgemein anerkannten Form der Lizenzierung 许可使用 die „Lizenz zur Registrierung 许可注册“. Diese sei vor allem dann relevant, wenn das Alleinnutzungsrecht an einer Unternehmensbezeichnung weder in räumlicher Hinsicht noch in Bezug auf die Branche beschränkt sei, wie dies bei berühmten Unternehmensbezeichnungen der Fall sei. In diesen Fällen könne ein anderer keine Bezeichnung für sich registrieren lassen, die dieselbe oder eine ähnliche Firma enthalte wie die berühmte Unternehmensbezeichnung, ohne die Zustimmung des Inhabers der berühmten Unternehmensbezeichnung eingeholt zu haben.

Dazu ist anzumerken, dass das chinesische Registerrecht allenfalls eine räumlich unbeschränkte Geltung des Alleinnutzungsrechts[921] vorsieht, nicht aber auch eine branchenmäßig unbeschränkte Geltung. CHEN/LIU meinen wohl eher den Fall, dass die Registrierung einer bestimmten Unternehmensbezeichnung zwar registerrechtlich möglich wäre, jedoch die Gefahr wettbewerbsrechtlicher Sanktionen mit sich brächte.[922] Hier kommt zunächst eine Übertragung des Rechts an der Unternehmensbezeichnung in Betracht, die aber ausscheidet, wenn der bisherige Inhaber die Bezeichnung auch weiterhin nutzen möchte. In dieser Situation kann eine vertragliche Verpflichtung des bisherigen Inhabers Abhilfe schaffen, im Fall der *Benutzung* (gegen die bloße Registrierung kann er wettbewerbsrechtlich nicht vorgehen) der geplanten Unternehmensbezeichnung keine wettbewerbsrechtlichen

---

917 YANG, Personal Right S. 214.
918 WANG, Persönlichkeitsrecht S. 439.
919 GUO et al., Personenrecht S. 493.
920 CHEN/LIU, Recht an der Bezeichnung S. 8 rechte Spalte.
921 Nämlich im Fall der (landesweit wirkenden) Registrierung beim Staatlichen Industrie- und Handelsverwaltungshauptamt, vgl. CHEN/LIU, Recht an der Bezeichnung S. 7 rechte Spalte.
922 Vgl. dazu oben (c).

Ansprüche geltend zu machen, obwohl diese dieselbe oder eine ähnliche Firma enthält wie seine berühmte Unternehmensbezeichnung. Diese Verpflichtung könnte als „Lizenz zur Registrierung" bezeichnet werden, jedoch ist dieser Ausdruck irreführend, da es im Kern gerade nicht um eine Registrierung, sondern um die Benutzung geht.

b) Recht am Ruf[923]

Das Recht am Ruf steht nach § 101 AGZ den juristischen Personen in gleichem Maße zu wie den natürlichen Personen. Es kann daher auf die Ausführungen zum Recht der natürlichen Personen am Ruf[924] verwiesen werden.[925] Gegenstand des Rechts einer juristischen Person an ihrem Ruf kann etwa (im Fall einer juristischen Unternehmensperson) die Beurteilung ihrer Waren sein.[926]

c) Recht an der Ehre

Auch das Recht an der Ehre (§ 102 AGZ) steht natürlichen und juristischen Personen gleichermaßen zu. Das zum Recht der natürlichen Personen an der Ehre Gesagte[927] gilt also auch für die juristischen Personen. Einer juristischen Person kann beispielsweise die Ehrenbezeichnung „Fortschrittliches Unternehmen 先进企业" verliehen werden.[928]

2. Von der Literatur geforderte Persönlichkeitsrechte

a) Recht auf Freiheit

Vereinzelt wird für die juristischen Personen ein Recht auf Freiheit 自由权 gefordert.[929] Dieses soll ein Recht auf freie strategische Entscheidung 决策自由权, ein Recht auf selbstbestimmte Leitung 管理自主权 und ein Recht auf freie Geschäftstätigkeit 交易自由权 umfassen.[930]

Der ganz überwiegende Teil der Literatur dagegen behandelt lediglich das Recht auf persönliche Freiheit 人身自由权[931] und beschränkt dieses in seinem persönlichen Geltungsbereich auf die natürlichen Personen.[932] Diese Beschränkung wird

---

923 Zur Frage der Übersetzung vgl. oben Fn. 505.
924 Oben C.III. 1.f).
925 WANG, Persönlichkeitsrecht S. 488 weist auf Unterschiede zwischen dem Recht am Ruf der natürlichen Personen und demjenigen der juristischen Personen hin. Erwähnenswert ist hier nur WANGS These, das Recht am Ruf weise bei den juristischen Personen einen engeren Vermögensbezug auf als bei natürlichen Personen. Zur Frage, ob juristische Personen reine Vermögenssubjekte sind, vgl. unten D.III. 2.
926 WANG, Persönlichkeitsrecht S. 488.
927 Oben C.III. 1.g).
928 WANG, Persönlichkeitsrecht S. 492.
929 TAN, Legal Person's Right of Personality S. 32/33.
930 TAN, Legal Person's Right of Personality S. 33.
931 Vgl. oben C.III. 1.h).
932 WEI, Civil Law S. 662; WANG, Persönlichkeitsrecht S. 390; YANG, Personal Right S. 321 ff.

auch von denjenigen Autoren vorgenommen, nach deren Ansicht das Recht auf persönliche Freiheit auch den Schutz einer „geistigen Freiheit" umfasst[933] und daher – jedenfalls in einem Teilbereich – nicht die körperliche Existenz seines Trägers voraussetzt, so dass seine Anwendung auf juristische Personen grundsätzlich denkbar wäre.

b) Recht am Kredit

Die Autoren, die für ein Recht der natürlichen Person am Kredit eintreten, sprechen dieses Recht einhellig auch den juristischen Personen zu.[934] Es kann also wiederum auf die Darstellung im Rahmen der besonderen Persönlichkeitsrechte der natürlichen Personen[935] verwiesen werden.

c) Recht am *Goodwill*

Wie bei der Darstellung des Rechts der natürlichen Personen am *Goodwill* bereits angesprochen, steht dieses nur solchen Zivilsubjekten zu, die gewerblich tätig sind.[936] Unter den juristischen Personen sind dies die Gesellschaften mit beschränkter Haftung und die Aktiengesellschaften.

Wie bei den natürlichen Personen sind auch bei juristischen Personen Kredit und *Goodwill* voneinander unterscheidbare, nebeneinander stehende Positionen.[937] Fraglich ist dagegen, ob bei juristischen Personen auch *Goodwill* und Ruf nebeneinander existieren können: Wie oben dargestellt, ist die gesellschaftliche Beurteilung einer natürlichen Person anhand allgemein-moralischer Maßstäbe deren Ruf, der *Goodwill* dagegen ihre gesellschaftliche Beurteilung nach Maßstäben der Geschäftsmoral.

Auf den ersten Blick scheinen die gewerblich tätigen juristischen Personen mangels privater Lebensführung ausschließlich einer Beurteilung nach der Geschäftsmoral zugänglich zu sein, so dass sie nur einen *Goodwill*, aber keinen Ruf haben können. Ein zweiter Blick zeigt aber, dass gewerblich tätige juristische Personen nicht mehr nur an einer Geschäftsmoral gemessen werden. Vielmehr müssen sie sich zunehmend auch einer Beurteilung anhand allgemein-moralischer Maßstäbe stellen. Nicht selten setzen sich gewerblich tätige juristische Personen sogar bewusst einer solchen Beurteilung durch die Öffentlichkeit aus, da sie sich von einem guten (sozialen oder ökologischen) Image in der Öffentlichkeit einen Wettbewerbsvorteil versprechen. Die wachsende Bedeutung von Konzepten wie *Corporate*

933 So z.B. YANG, Personal Right S. 324. Näher zu dieser Ansicht und den überzeugenderen Argumenten der Gegenansicht oben C.III. 1.h)(2).

934 *WANG*, Persönlichkeitsrecht S. 540; *YANG*, Personal Right S. 284; *WU*, Recht am Kredit S. 42 rechte Spalte; *QING*, Recht am Kredit S. 151 linke Spalte; *SU*, Zivilrecht S. 160, 161.

935 Oben C.III. 2.b).

936 Oben C.III. 2.c).

937 Oben C.III. 2.c)(3).

Social Responsibility[938] (ausdrücklich angesprochen in § 5 Abs. 1 GesG) oder *Corporate Citizenship* dokumentiert diese Entwicklung.

Man könnte einwenden, diese Entwicklung bedeute lediglich, dass sich der Katalog der Geschäftstugenden um einige ursprünglich dem Bereich des Allgemein-Moralischen zugeordnete Kriterien erweitere. Dann wäre es nicht erforderlich, den gewerblich tätigen juristischen Personen neben dem *Goodwill* auch einen Ruf zuzubilligen. Aber obwohl die allgemein-moralischen Maßstäbe neuerdings auch auf gewerblich tätige juristische Personen Anwendung finden, unterscheiden sie sich doch immer noch von den Maßstäben der herkömmlichen Geschäftsmoral: Nur sie sind zugleich Kriterien für die Beurteilung nicht gewerblich tätiger (natürlicher oder juristischer) Personen.

Gleich den natürlichen Personen können folglich juristische Personen, wenn sie gewerblich tätig sind, sowohl ein Recht am Ruf als auch ein Recht am *Goodwill* haben.

d) Recht am Geschäftsgeheimnis

(1) Vorschriften zum Geschäftsgeheimnis

Erstmals[939] ausdrücklich erwähnt wurde das Geschäftsgeheimnis 商业秘密 im Jahr 1991 in den §§ 66 S. 2, 120 Abs. 2 ZPG, die den Schutz von Geschäftsgeheimnissen in der Beweisaufnahme und in der mündlichen Verhandlung bezwecken.[940] Im materiellen Recht hatte zuvor lediglich § 15 Abs. 1 S. 2 Nr. 4 des TechVG Geheimhaltungsvereinbarungen bezüglich technischer Informationen und Unterlagen als regelmäßigen Inhalt von Technologieverträgen vorgesehen; diese Regelung findet sich nun in § 324 Abs. 1 Nr. 4 VertragsG. Für Werkverträge gilt die strengere (weil keine Vereinbarung durch die Parteien voraussetzende) Vorschrift des § 266 VertragsG, wonach der Werkunternehmer gemäß den Anforderungen des Bestellers Verschwiegenheit bewahren muss und ohne Genehmigung des Bestellers keine Kopien oder technischen Unterlagen behalten darf.

Weder auf den Schutz technischer Informationen noch auf einen bestimmten Vertragstyp beschränkt ist § 43 S. 1 VertragsG, nach dem die Parteien Geschäftsgeheimnisse, die sie im Lauf der Vertragsverhandlungen erfahren, unabhängig vom Zustandekommen des Vertrags nicht bekannt werden lassen oder in unlauterer Weise verwenden dürfen. Neben diesen (quasi-)vertragsrechtlichen Schutzinstrumenten steht der recht vage deliktsrechtliche Schutz aus § 118 AGZ, der bei Verletzung von Rechten an wissenschaftlichen und technischen Ergebnissen Unterlassungs-, Beseitigungs- und Schadensersatzansprüche gewährt.

---

938 Zur zunehmenden Bedeutung dieses Konzepts für chinesische Unternehmen *Kingsbury*, Community Service.

939 *Li*, Geschäftsgeheimnis S. 47.

940 Ein Jahr später wurde der Begriff des Geschäftsgeheimnisses im Sinne dieser Vorschriften in Ziff. 154 der „Ansichten des Obersten Volksgerichts zu einigen Fragen der Anwendung des Zivilprozessgesetzes der VR China“ (ZPG-Ansichten) konkretisiert.

Von zentraler Bedeutung für den Schutz von Geschäftsgeheimnissen ist § 10 chUWG, dessen erste beiden Absätze die Verletzung von Geschäftsgeheimnissen durch Unternehmer untersagen und konkrete Verletzungshandlungen aufzählen. Der dritte Absatz enthält die folgende Legaldefinition des Geschäftsgeheimnisses:

> Als Geschäftsgeheimnisse werden in diesem Paragraphen technische Daten und Daten zur Betriebsführung bezeichnet, die nicht allgemein bekannt sind, dem Berechtigten wirtschaftlichen Nutzen bringen können, praktisch brauchbar sind, und die geheim zu halten der Berechtigte Maßnahmen ergriffen hat.[941]

Die §§ 9 bis 11 UWG-Auslegung verleihen dieser Definition deutlichere Konturen, indem sie einzelne Bestandteile der Definition konkretisieren: § 9 UWG-Auslegung erläutert, welche Informationen „nicht allgemein bekannt" sind, § 10, welche Informationen „dem Berechtigten wirtschaftlichen Nutzen bringen können" und „praktisch brauchbar sind", und § 11 schließlich befasst sich ausführlich mit den Geheimhaltungsmaßnahmen.

Allerdings weist *Wei*[942] darauf hin, dass es dem chUWG nicht in erster Linie um die Gewährung von Rechten wie etwa einem Recht am Geschäftsgeheimnis gehe, sondern um die Unterbindung unlauterer Wettbewerbshandlungen. Dies zeige sich darin, dass der Schutz des Geschäftsgeheimnisses dort an Grenzen stoße, wo der Wettbewerber das Geheimnis durch den lauteren Einsatz eigener Ressourcen erlange. Das Geschäftsgeheimnis sei daher ein lediglich „relatives" Geheimnis, also keine absolut geschützte Position.

(2) *Einordnung als Persönlichkeitsrecht*

Ganz überwiegend wird das Geschäftsgeheimnis nicht als Gegenstand eines Persönlichkeitsrechts verstanden.[943] Die Darstellungen der besonderen Persönlichkeitsrechte der natürlichen Personen erwähnen kein Recht am Geschäftsgeheimnis, obwohl natürliche Personen als Einzelgewerbetreibende grundsätzlich durchaus als Subjekte eines Rechts am Geschäftsgeheimnis in Betracht kommen. Ebenso verhält es sich – von den sogleich zu behandelnden Ausnahmen abgesehen – auch mit den Ausführungen in der Literatur zu den Persönlichkeitsrechten der juristischen Personen, deren Recht am Geschäftsgeheimnis entweder dem Bereich des Vermögensrechts zugerechnet wird[944] oder als „geistiges Eigentum besonderer Art"[945] bzw. als „immaterielles Vermögensrecht"[946] angesehen wird.

Dagegen fordert *Tan*[947] ein als Persönlichkeitsrecht ausgestaltetes Recht am Geschäftsgeheimnis 商业秘密权 für juristische Personen, ohne dies jedoch näher aus-

---

941 Übersetzung von *Münzel*, Chinas Recht 2. 9.93/1.
942 *Wei*, Geschäftsgeheimnis S. 11.
943 *Liu*, Intellectual Property S. 363: Einordnung als geistiges Eigentum; *Wu*, Geistiges Eigentum S. 306: Einordnung als Immaterialgüterrecht.
944 *Wang*, Persönlichkeitsrecht S. 570.
945 *Li*, Geschäftsgeheimnis S. 51.
946 So unter Beschränkung auf die „juristischen Personen des Wirtschaftslebens" *Feuerstein*, Außervertragliches Haftungsrecht S. 110 Fn. 555 m. w. N.
947 *Tan*, Legal Person's Right of Personality S. 33 linke Spalte.

zuführen. Differenzierter ist der Vorschlag von *Cheng*: Das von ihm zur Diskussion gestellte „kommerzielle Persönlichkeitsrecht" am Geschäftsgeheimnis soll einerseits nur einen Teilbereich des Geschäftsgeheimnisses i. S. d. chUWG abdecken, andererseits aber über dieses hinausgehen:

Das von *Cheng* vorgeschlagene Recht erfasst von den Geschäftsgeheimnissen i. S. d. chUWG nur diejenigen, die nicht nur vermögensbezogen, sondern gleichzeitig auch persönlichkeitsbezogen sind.[948] Dies trifft nach *Cheng* nur auf Daten zur Betriebsführung (i. S. d. § 10 Abs. 3 chUWG) zu, nicht dagegen auf technische Daten (i. S. d. § 10 Abs. 3 chUWG), da sie nur lose mit ihrem Subjekt verbunden und am besten nach Art der Patentrechte als geistiges Eigentum zu schützen sind.[949]

Darüber hinaus sollen aber auch solche geheimen Daten zur Betriebsführung geschützt werden, die nicht kontinuierlich genutzt werden oder keinen praktischen Nutzen haben und die daher mangels Erzeugung eines Wettbewerbsvorteils 竞争优势[950] keine Geschäftsgeheimnisse i. S. d. § 10 Abs. 3 chUWG sind.[951] Voraussetzung für ihren Schutz ist aber, dass sie einen *legitimen* geschäftlichen Wert 符合正当利益的商业价值 haben.[952] Es geht dabei um als Geheimnisse angesehene Informationen zu einmaligen oder vorübergehenden Ereignissen wie Protokolle von Vorstandssitzungen oder Materialien zur Veränderung von Unternehmensorganisation oder -vermögen.[953] Unter das Recht am Geschäftsgeheimnis fallen im allgemeinen also die Daten zur Betriebsführung, die im Lauf der Entstehung, Existenz und Entwicklung des Subjekts von selbst entstehen, mit dem Subjekt eng verbunden sind, nach dem Willen des Subjekts nicht veröffentlicht werden sollen und die von geschäftlichem Wert 商业价值 sind.[954]

e) Recht auf Privatsphäre

Der Schutz des Geschäftsgeheimnisses über § 10 chUWG – und auch das „kommerzielle Persönlichkeitsrecht" am Geschäftsgeheimnis nach der Konzeption *Chengs*[955] – lässt den nicht geschäftsbezogenen Geheimbereich der juristischen Personen, also insbesondere den Geheimbereich der nichtunternehmerischen juristischen Personen, ungeschützt. Ein Recht der juristischen Personen auf Privatsphäre wird

---

948 *Cheng*, Commercial Rights of Personality S. 114.
949 *Cheng*, Commercial Rights of Personality S. 114.
950 So ausdrücklich *Cheng*, Commercial Rights of Personality S. 114. Was dem Berechtigten wirtschaftlichen Nutzen bringend und praktisch brauchbar i. S. d. § 10 Abs. 3 chUWG ist, war bereits durch § 2 Abs. 3 der „Bestimmungen zum Verbot Geschäftsgeheimnisse verletzender Handlungen" (GeschGeheimnisBest) im Sinne der Erzeugung eines „aktuellen oder potentiellen Wettbewerbsvorteils" definiert, bevor dies im Jahr 2007 durch § 10 UWG-Auslegung bestätigt wurde.
951 *Cheng*, Commercial Rights of Personality S. 114.
952 *Cheng*, Commercial Rights of Personality S. 114. Nach *Cheng* a. a. O. ist dies z. B. nicht bei solchen Informationen der Fall, die der Steuerhinterziehung oder der Umgehung des Arbeitsrechts dienen.
953 *Cheng*, Commercial Rights of Personality S. 115.
954 *Cheng*, Commercial Rights of Personality S. 115.
955 Dazu oben D.II. 2.d)(2).

im neueren Schrifttum jedoch einhellig abgelehnt.[956] Sofern in der früheren Literatur auch den juristischen Personen ein Recht auf Privatsphäre zugebilligt wurde, war dies auf die Geheimnisse der juristischen Unternehmenspersonen 企业法人秘密 beschränkt.[957]

Die (weitgehende) Verengung der Perspektive auf den geschäftlichen Geheimbereich der juristischen Personen zeigt sich auch in der Argumentation gegen ein Recht der juristischen Personen auf Privatsphäre: *Wang*[958] stellt der Privatsphäre der natürlichen Personen das Geschäftsgeheimnis der juristischen Personen gegenüber. Während der Schutz der Privatsphäre der natürlichen Personen Ausdruck der Achtung des Individuums und der Wahrung der Persönlichkeitswürde sei, gelte es das Geschäftsgeheimnis als bloßes Vermögensrecht über das Recht des geistigen Eigentums und das Recht gegen den unlauteren Wettbewerb zu schützen, nicht als Persönlichkeitsrecht. *Yang*[959] führt gegen den Schutz des Geschäftsgeheimnisses über das Recht an der Privatsphäre zusätzlich folgende Überlegungen an:[960] Zum einen berührten Geschäftsgeheimnisse anders als Privatgeheimnisse öffentliche Interessen. Es dürfe Unternehmen nicht ermöglicht werden, zum Schaden der Verbraucher unter Berufung auf das Recht auf Privatsphäre schlechte Produkt- oder Dienstleistungsqualität zu verheimlichen. Zum anderen seien Geschäftsgeheimnisse im Gegensatz zu Privatgeheimnissen stets (objektive[961]) Geheimnisse. Was die übrigen (nichtunternehmerischen) juristischen Personen betreffe, so seien diese „öffentlicher 公" Natur, also der Öffentlichkeit dienende Organe 公众的服务机构. Diesen solle nicht über das Recht an der Privatsphäre die Möglichkeit gegeben werden, sich der Kontrolle durch die Öffentlichkeit zu entziehen.

Ob der Kontrast zwischen dem Recht auf Privatsphäre als Recht an einem ideellen Gut einerseits und dem Recht am Geschäftsgeheimnis als Vermögensrecht andererseits so scharf ist wie von *Wang* behauptet, erscheint zumindest fraglich: *Wang* selbst räumt ein, dass auch die Privatsphäre kommerzialisierbar ist – freilich nicht ohne nachzuschieben, dass sie dennoch ein ideelles Gut bleibe.[962]

---

956 *Wang*, Persönlichkeitsrecht S. 567 m.w.N.; *Yang*, Personal Right S. 337; *Jiang*, Zivilrecht S. 297.

957 *Yang*, Personal Right Law S. 684 berichtet von einer solchen Ansicht des/der Verfasser des Buches „Lehrgang im Zivilrecht" (民法教程), ohne den/die Verfasser namentlich zu nennen oder gar eine Seitenzahl für das wörtliche Zitat anzugeben. Vermutlich ist der an anderer Stelle (z.B. *Yang*, Personal Right Law S. 643 Fn. 4) zitierte und mir leider nicht zugängliche „Lehrgang im chinesischen Zivilrecht" (中国民法教程), herausgegeben im Jahr 1989 von *Ma Yuan* (马原), gemeint.

958 *Wang*, Persönlichkeitsrecht S. 567.

959 *Yang*, Personal Right Law S. 684/685; etwas knapper dargestellt bei *Yang*, Personal Right S. 337.

960 *Yang* beruft sich dabei (ohne Angabe einer Seitenzahl) auf die Ausführungen bei *Wang Liming* (王利明) (Hrsg.), Neue Abhandlung über das Persönlichkeitsrecht (人格权法新论), Jilin [Verlagsort ist vermutlich die Hauptstadt der Provinz Jilin: Changchun] 1994. Das Buch ist mir leider nicht zugänglich.

961 Näher dazu unten bei Fn. 964.

962 *Wang*, Persönlichkeitsrecht S. 564.

Zur Argumentation mit den öffentlichen Interessen ist anzumerken, dass der Begriff des Geschäftsgeheimnisses von *Wang* und *Yang* hier nicht im Sinn der Definition des chUWG verwendet wird, sondern eher im Sinne des Vorschlags von *Cheng*, unter Umständen auf das Merkmal „Erzeugung eines Wettbewerbsvorteils" zu verzichten:[963] Informationen über die mangelnde Qualität der eigenen Produkte beispielsweise verschaffen ihrem Inhaber keinerlei Wettbewerbsvorteil. Vielmehr kann durch ihre Geheimhaltung lediglich ein wettbewerblicher Nachteil abgewendet werden. Beschränkt man sich dagegen auf Geschäftsgeheimnisse i.S.d. § 10 Abs. 3 chUWG (und klammert damit Informationen aus, an deren Preisgabe möglicherweise ein Verbraucherschutzinteresse besteht), so überzeugt das Argument kaum noch, Geschäftsgeheimnisse berührten im Gegensatz zu Privatgeheimnissen das Gemeinwohl. Umgekehrt liegt gerade der Schutz von Geschäftsgeheimnissen im Interesse eines funktionierenden Wettbewerbs und damit auch im Interesse der Verbraucher. Aber auch hinsichtlich solcher Informationen, die aus Gründen des Verbraucherschutzes nicht verheimlicht werden sollten, schießt die Versagung jeglichen Geheimnisschutzes über das Ziel hinaus. Dem Verbraucherschutz könnte in derartigen Konstellationen auch durch Auskunfts- und Inspektionsrechte für Behörden genüge getan werden.

Die zutreffende Feststellung, Geschäftsgeheimnisse seien stets objektive Geheimnisse (vgl. § 10 Abs. 3 chUWG: „nicht allgemein bekannt"), zielt auf den Umstand ab, dass im Gegensatz dazu Teil der geschützten Privatsphäre auch solche Informationen sein können, die bereits nach außen gelangt sind, deren Verbreitung der Berechtigte aber nicht wünscht (subjektiver Geheimnisbegriff).[964] Der Schutz des Geschäftsgeheimnisses über das Recht auf Privatsphäre wäre demnach nur um den Preis einer Aufspaltung des Schutzbereichs in (objektive) Geschäftsgeheimnisse und (subjektive) Privatgeheimnisse erreichbar.

Das Argument schließlich, die nicht unternehmerisch tätigen juristischen Personen sollten sich der Kontrolle durch die Öffentlichkeit nicht entziehen können, könnte als Anzeichen eines gewissen Misstrauens gegenüber zivilgesellschaftlichem Engagement gedeutet werden. Ebenso wie im Fall der juristischen Unternehmenspersonen könnte man auch hier staatliche Stellen mit der Überwachung betrauen, statt allein zu Zwecken der Kontrolle durch die Öffentlichkeit jeden Geheimnisschutz zu versagen.

f) Zusammenfassende Stellungnahme

Ebenso deutlich wie die Literatur ein Recht der juristischen Personen auf Freiheit ablehnt, bejaht sie ein Recht am Kredit und am *Goodwill.*

Einige Schwierigkeiten bereitet dagegen der Schutz des Geheimbereichs der juristischen Personen. Die von *Cheng* vorgeschlagene Lösung, ein „kommerzielles Persönlichkeitsrecht" am Geschäftsgeheimnis anzuerkennen, lässt von vornherein

---

963 Dazu oben D.II. 2.d)(2).
964 So die vorzugswürdige Ansicht von *Jiang*, Zivilrecht S. 297. Vgl. oben C.III. 2.a)(1).

den nichtgeschäftlichen Geheimbereich außen vor und hätte eine Aufspaltung des Schutzes des geschäftlichen Geheimbereichs in einen wettbewerbsrechtlich geschützten und einen persönlichkeitsrechtlich geschützten Teil zur Folge, wobei sich die beiden Teile in nicht unerheblichem Maß (nämlich hinsichtlich der Daten zur Betriebsführung i.S.d. § 10 Abs. 3 chUWG) überschneiden würden. Diese Probleme legen es nahe, eine Lösung über das Recht an der Privatsphäre zu suchen. Hier fällt es jedoch schwer, die Geschäftsgeheimnisse mit einzubeziehen, da diese anders als die Privatgeheimnisse objektive Geheimnisse sind.

Anzustreben ist daher eine getrennte Erfassung der Geschäftsgeheimnisse (i.S.d. § 10 Abs. 3 chUWG) einerseits und der übrigen Geheimsphäre andererseits. Möglicherweise würde es ausreichen, den Schutz der Geschäftsgeheimnisse dem Wettbewerbsrecht zu überlassen und die übrige Geheimsphäre über das allgemeine Persönlichkeitsrecht der juristischen Personen – sofern man dessen Existenz anzunehmen bereit ist – zu schützen.

III. Allgemeines Persönlichkeitsrecht

Ein allgemeines Persönlichkeitsrecht der juristischen Personen wird in der Literatur zum Teil befürwortet, wobei nicht immer klar wird, ob es lediglich um die Regelung in einem künftigen chinesischen Zivilgesetzbuch geht[965] oder ob auch die gegenwärtige Existenz eines solchen allgemeinen Persönlichkeitsrechts der juristischen Personen angenommen wird.[966] Die meisten der ablehnenden Stimmen verneinen nicht nur ein allgemeines Persönlichkeitsrecht der juristischen Personen, sondern die Existenz jeglicher besonderer Persönlichkeitsrechte der juristischen Personen[967] und treten für eine immaterialgüterrechtliche Regelung des Schutzes der in Frage stehenden Interessen ein.[968] Dagegen erkennt *Wang* zwar besondere Persönlichkeitsrechte der juristischen Personen an,[969] beschränkt das allgemeine Persönlichkeitsrecht aber auf die natürlichen Personen.[970]

Das allgemeine Persönlichkeitsrecht der juristischen Personen unterscheidet sich nach Ansicht seiner Befürworter weder in seiner Funktion noch in seinem Inhalt[971]

---

965 So eindeutig bei *Xue*, Personal Rights of Legal Person S. 55 rechte Spalte; *Li*, Economic Analysis S. 33 rechte Spalte; *Sun/Du*, Allgemeines Persönlichkeitsrecht der JP S. 236; *Du*, Anerkennung des Persönlichkeitsrechts der JP S. 79; *Tan*, Legal Person's Right of Personality S. 33.

966 In diesem Sinn könnte man verstehen: *Wei*, Civil Law S. 664; *Ma*, Civil Law S. 207; *Yang*, Personal Right S. 123.

967 So *Zhong*, Persönlichkeitsrecht der JP S. 233; *Li*, Legislation Pattern S. 131; *Yin*, Persönlichkeitsrecht der JP S. 57 und bereits zuvor *Yin*, Essence of Personality Right S. 14 sowie *Yin*, Allgemeines Persönlichkeitsrecht S. 18. *Su*, Zivilrecht S. 160/161 hingegen anerkennt besondere Persönlichkeitsrechte der juristischen Personen.

968 Vgl. bereits den Hinweis oben vor D.II. 1.

969 Vgl. oben Fn. 934.

970 *Wang*, Persönlichkeitsrecht S. 164, der dort (Fn. 5) darauf hinweist, zuvor ein allgemeines Persönlichkeitsrecht auch der juristischen Personen befürwortet zu haben.

971 *Yang*, Personal Right Law S. 364/365 mit der Einschränkung, dass im Einzelnen doch geringe inhaltliche Abweichungen vorhanden seien; von inhaltlichen Abweichungen ist auch die von demjenigen der natürlichen Personen. Allerdings ist es deutlich schwächer im geltenden Recht verankert als das allgemeine Persönlichkeitsrecht der natürlichen Personen. Die von YANG aufgezeigten Anknüpfungspunkte für ein allgemeines Persönlichkeitsrecht beziehen sich mit Ausnahme der einfachgesetzlichen Ausprägung des Gleichheitsgrundsatzes in den §§ 2 und 3 AGZ ausschließlich auf die natürlichen Personen.[972]

Im Folgenden sollen die wichtigsten Argumente in der Diskussion um ein allgemeines Persönlichkeitsrecht der juristischen Personen dargestellt werden. Ein Großteil der vorgetragenen Argumente kann der Kernfrage zugeordnet werden, ob und gegebenenfalls inwieweit hinsichtlich des Persönlichkeitsrechts eine Analogie zwischen natürlichen Personen und juristischen Personen möglich und angebracht ist (1. bis 6.). Daneben versucht man, dem geltenden Recht Anhaltspunkte für die Beantwortung der Frage nach dem allgemeinen Persönlichkeitsrecht der juristischen Personen zu entnehmen: Setzt das chinesische Urheberrecht die grundsätzliche Persönlichkeitsrechtsfähigkeit der juristischen Personen voraus (7.); hat umgekehrt das Oberste Volksgericht in seiner SeelSE-Auslegung Persönlichkeitsrechte der juristischen Personen abgelehnt (8.)? Vor der abschließenden Stellungnahme wird noch auf die Argumentationsmöglichkeiten unter wirtschaftlichen Gesichtspunkten eingegangen (9. und 10.).

1. Fehlender ethischer Wert der juristischen Person

Der wohl grundsätzlichste Einwand gegen ein allgemeines Persönlichkeitsrecht der juristischen Personen ist die Behauptung, diesen wohne anders als den natürlichen Personen keinerlei ethischer Wert inne.[973] Bei der Rechtspersönlichkeit der juristischen Personen handle es sich (anders als bei derjenigen der natürlichen Personen) um eine rein juristische und keine ethische Persönlichkeit.[974]

Dieser Standpunkt ist unter zwei Aspekten interessant: Zum einen wirft er die Frage auf, in welchem Verhältnis Rechtspersönlichkeit und Persönlichkeitsrecht zueinander stehen. Zum anderen ist zu fragen, ob die juristischen Personen tatsächlich keinen ethischen Wert haben.

a) Rechtspersönlichkeit und Persönlichkeitsrecht

Einige Befürworter eines Persönlichkeitsrechts der juristischen Person ziehen aus dem bloßen Umstand, dass die juristische Person mit Rechtspersönlichkeit

---

Rede bei SUN/DU, Allgemeines Persönlichkeitsrecht der JP S. 235. Diese Einschränkung kann aber vernachlässigt werden, da einer Beschreibung des Inhalts des allgemeinen Persönlichkeitsrechts (das seine besondere Funktion ja gerade aus der Offenheit seines Inhalts bezieht) ohnehin enge Grenzen gesetzt sind, vgl. oben B.V. 2.c).

972 Vgl. oben B.V. 4.b) am Ende.

973 ZHONG, Persönlichkeitsrecht der JP S. 228.

974 YIN, Persönlichkeitsrecht der JP S. 53, 54.

法律人格 ausgestattet ist, den Schluss, dass sie Persönlichkeit 人格 und folglich auch Persönlichkeitsrechte 人格权 haben müsse.[975]

Dagegen wird eingewandt, dass die Rechtspersönlichkeit der juristischen Person lediglich die Bedeutung einer rechtlichen Qualifikation als Rechtssubjekt habe, nicht aber darüber hinaus auch eine ethische Bedeutung.[976] Als Missverständnis bezeichnet *Yin* infolgedessen die Gleichsetzung von (rein juristischer) „Rechtsfähigkeit 权利能力" und (nach *Yins* Verständnis: ethischer) „Persönlichkeit 人格".[977] *Yin* zufolge ist diese Gleichsetzung auf einen Fehler bei der Rezeption des römischen, französischen und deutschen Rechts durch Japan[978] zurückzuführen, den das chinesische Recht anschließend aus dem japanischen Recht übernommen habe.[979]

Es ist zweifelhaft, ob hier wirklich ein Fehler bei der Rezeption unterlaufen ist: Jedenfalls die herrschende Lehre in Deutschland setzt den Begriff der Person mit demjenigen des Rechtssubjekts gleich,[980] Persönlichkeit und Rechtsfähigkeit fallen also in eins. Dies kritisiert *Larenz* als Folge der Bildung immer abstrakterer und gleichzeitig immer weniger mit Inhalt versehener Begriffe im Rahmen des bei ihm so benannten „äußeren" (abstrakt-begrifflichen) Systems.[981] Auch die deutsche Rechtsterminologie verdunkelt (im Interesse der „äußeren" Systembildung) mit dem Oberbegriff der „Person" also die von *Yin* angenommene ethische Differenz zwischen der natürlichen und der juristischen Person.[982] Folglich ist die deutsche Terminologie vom japanischen Recht völlig korrekt rezipiert worden; der von *Yin* behauptete Fehler könnte allenfalls darin gesehen werden, dass nicht auch das Wissen um die durch den Begriff der Person verschleierte Differenz mit übernommen wurde.

---

975 So z.B. *Du*, Anerkennung des Persönlichkeitsrechts der JP S. 76.

976 *Zhong*, Persönlichkeitsrecht der JP S. 215; *Yin*, Essence of Personality Right S. 13.

977 *Yin*, Persönlichkeitsrecht der JP S. 54. Gegen die Gleichsetzung auch *Yu*, Theorie der Privatrechte S. 133 ff. (159).

978 *Ishikawa*, Einflüsse des deutschen BGB S. 203 nennt als wichtigstes Vorbild für das japanische Zivilrecht das deutsche und daneben das französische Recht; insgesamt habe man etwa 20 Gesetzeswerke zu Rate gezogen. Maßgeblich sei aber vor allem der stark von der Pandektenlehre geprägte erste Entwurf des deutschen BGB gewesen (*Ishikawa*, Einflüsse des deutschen BGB S. 203, 205/206). (Zum Einfluss des römischen Rechts auf das deutsche BGB vgl. *Kaser*, Der römische Anteil am deutschen bürgerlichen Recht S. 339–342.)

979 *Yin*, Persönlichkeitsrecht der JP S. 54; näher *Zeng*, Allgemeine Regeln des Zivilrechts S. 74.

980 *Larenz*, Methodenlehre S. 455.

981 *Larenz*, Methodenlehre S. 455, 456.

982 *Jiang*, Persönlichkeitsrecht der JP S. 95 linke Spalte meint, nicht erst die Anerkennung der juristischen Person als Rechtssubjekt (die ja den Oberbegriff „Person" erforderlich gemacht hat) habe die begriffliche Kluft zwischen juristischer Persönlichkeit und menschlicher (und damit ethischer) Persönlichkeit entstehen lassen. Dies sei vielmehr bereits geschehen mit der allgemeinen Anerkennung der Rechtssubjektivität ausnahmslos aller Menschen unabhängig von der tatsächlichen Willensfähigkeit des Einzelnen (so dass auch Säuglinge und Geisteskranke Rechtssubjekte sind). Zu dieser Ansicht gelangt *Jiang*, weil er davon ausgeht, Persönlichkeit im ethischen Sinn komme nach naturrechtlichem Verständnis nur dem willensfähigen und seiner selbst bewussten Menschen zu (vgl. *Jiang*, Persönlichkeitsrecht der JP S. 94 rechte Spalte).

Versteht man die Rechtspersönlichkeit also (aus deutscher Perspektive zutreffend) als Synonym für „Rechtsfähigkeit" ohne jeden ethischen Bedeutungsgehalt, dann kann nicht allein aus der Rechtspersönlichkeit der juristischen Person geschlossen werden, dass sie ein Persönlichkeitsrecht haben müsse.[983] Gleiches gilt für die natürlichen Personen.[984] Das schließt es aber nicht aus, aus anderen Gründen den juristischen Personen ebenso wie den natürlichen Personen Persönlichkeitsrechte zuzuschreiben.[985]

b) Eigener ethischer Wert der juristischen Personen

Gegenüber der Behauptung *Zhongs*, den juristischen Personen komme keinerlei ethischer Wert zu,[986] ist auf die Funktion nichtunternehmerischer juristischer Personen (insbesondere der Vereine und Stiftungen[987]) als Mittler zwischen Individuum und Staat hinzuweisen. Diese Funktion wird angesichts zunehmender gesellschaftlicher Vereinzelung immer bedeutender, soll der einzelne Bürger der Staatsmacht nicht völlig preisgegeben sein.[988]

Ein Bezug der juristischen Personen zum ethischen Wert der natürlichen Personen kann also darin gesehen werden, dass sie als Mittel für die Verfolgung der Zwecke der hinter ihnen stehenden natürlichen Personen fungieren.[989, 990] Infolge dieser Funktion könne die juristische Person, so *Ma*, einen ihr eigenen Wert hervorbringen.[991]

c) Zusammenfassung

Zwar kann aus der bloßen Rechtspersönlichkeit der juristischen Personen nicht zwingend ein Persönlichkeitsrecht der juristischen Personen abgeleitet werden. Jedoch ginge es umgekehrt ebenso zu weit, den juristischen Personen generell jeden ethischen Wert abzusprechen.[992]

---

983 So (ohne Einschränkung auf juristische Personen) auch *Fu*, Zivilsubjekt S. 79.
984 So zutreffend *Jiang*, Persönlichkeitsrecht der JP S. 95 rechte Spalte.
985 So zum deutschen Recht *Kraft*, Allgemeines Persönlichkeitsrecht der JP S. 202, 217, der dafür eintritt, sich von einer begrifflichen Argumentation mit der „Persönlichkeit" zu lösen und stattdessen die Interessen der juristischen Person und deren Schutzwürdigkeit in den Mittelpunkt der Überlegungen zu stellen.
986 *Zhong*, Persönlichkeitsrecht der JP S. 228.
987 Vielleicht steht dem chinesischen Stiftungswesen ein großer Aufschwung bevor: Nach *Münkler*, Stiftungen S. 209 ist „entscheidend für die Mobilisierung von Stiftungskapital (...) das Vorhandensein großer gesellschaftlicher Vermögensunterschiede bei gleichzeitiger Inkongruenz der Vermögens- und Reputationsverteilung." Jedenfalls die erste Voraussetzung ist in China derzeit erfüllt, vgl. *Kreft*, Die soziale Kehrseite des Aufstiegs S. 15/16.
988 *Xue*, Personal Rights of Legal Person S. 52 rechte Spalte; zustimmend *Ma*, Civil Law S. 206.
989 *Ma*, Civil Law S. 206; *Xue*, Personal Rights of Legal Person S. 52 rechte Spalte.
990 Zur möglichen Bedeutung der Abkehr von der *ultra-vires*-Doktrin in diesem Zusammenhang vgl. oben D.I. 4.b) a.E.
991 *Ma*, Civil Law S. 206.
992 Überdies bleibt fraglich, warum ein solcher ethischer Wert eine notwendige Voraussetzung für die Ausstattung der juristischen Personen mit Persönlichkeitsrechten sein sollte.

2. Die juristischen Personen als bloße Vermögenssubjekte

Gleichsam die positiv formulierte Kehrseite des Hinweises auf das angebliche Fehlen einer ethischen Dimension der juristischen Person (oben 1.) stellt die Behauptung dar, juristische Personen seien bloße Vermögenssubjekte und könnten daher nur Vermögensrechte, jedoch keine Persönlichkeitsrechte haben. Die Rechte an den entsprechenden Positionen (Bezeichnung, Kredit etc.) müssten deshalb als Immaterialgüterrechte geregelt werden.[993] Der Zweck der juristischen Personen als Subjekte des Wirtschaftsverkehrs erschöpfe sich in der Ermutigung von Investitionen durch die Gewährung einer Haftungsbeschränkung für Investoren.[994] Die juristische Person sei nichts anderes als ein im Bereich des Privatrechts[995] personifiziertes Kapital, das außerhalb des Vermögensrechts keinerlei Bedeutung habe.[996]

Dem ist zunächst zu entgegnen, dass sich die Funktion der juristischen Person keineswegs pauschal auf den vermögensrechtlichen Bereich beschränken lässt.[997] Dass dies teilweise völlig übersehen wird – z. B. kommt *Zhong*[998] zwar durchaus auf die nicht gewinnorientierten juristischen Personen zu sprechen, bleibt dann aber bei der Behauptung stehen, diese seien „hauptsächlich“ Behörden und „hauptsächlich“ vom Staat finanziert – erklärt *Xue* so: In China sei das Recht der übrigen juristischen Personen unterentwickelt, der Grad der bürgerschaftlichen Selbstorganisation zu niedrig und nur eine kaum entwickelte Bürgergesellschaft vorhanden. Deshalb dächten chinesische Zivilrechtler bei juristischen Personen 法人 unwillkürlich an (Handels-)Gesellschaften 公司.[999]

Überdies ist einzuwenden, dass die traditionelle Gegenüberstellung von Persönlichkeits- und Vermögensrechten fraglich geworden ist.[1000] Das zeigt der Vorschlag *Chengs*, von „kommerziellen Persönlichkeitsrechten 商事人格权“ zu sprechen.[1001] Dieses Konzept löst die schroffe Gegenüberstellung von Persönlichkeits- und Vermögensrechten auf.[1002] Jedenfalls die wirtschaftliche Bedeutung der Rechte am Namen bzw. an der Bezeichnung, am Kredit und am *Goodwill* ist nicht zu leugnen.[1003] Schon früher hat man in den Persönlichkeitsrechten der juristischen Personen sowohl Personen- als auch Vermögensrechte gesehen.[1004]

---

993 So z. B. *Yin*, Essence of Personality Right S. 14.
994 *Yin*, Essence of Personality Right S. 13.
995 Nebenbei ist hiergegen einzuwenden, dass die juristischen Personen auch im Strafrecht als solche anerkannt und ggf. mit Sanktionen belegt werden, vgl. oben D.I. 5.
996 *Yin*, Essence of Personality Right S. 14.
997 Vgl. oben 1.b).
998 *Zhong*, Persönlichkeitsrecht der JP S. 229.
999 *Xue*, Personal Rights of Legal Person S. 53 linke Spalte.
1000 *Li*, Legislation Pattern S. 131.
1001 *Cheng*, Commercial Usage S. 80 und ausführlicher *Cheng*, Commercial Rights of Personality S. 46–54. Ablehnend *Han*, Kaufmannspersönlichkeit S. 29.
1002 *Ma*, Civil Law S. 207.
1003 Vgl. dazu oben C.III. 1.d)(1) (Namen), D.II. 1.a) (Bezeichnung), C.III. 2.b) (Kredit) und C.III. 2.c) (*Goodwill*).
1004 Vgl. *Ma/Yu*, Schutz des Persönlichkeitsrechts der JP S. 16.

Gegen die Rede von der Kommerzialisierung der Persönlichkeitsrechte wendet sich *ZHONG*[1005]: Es gebe keine Vermischung von Persönlichkeits- und Vermögensrechten, vielmehr sei es möglich und nötig, diese klar auseinanderzuhalten. Was als Kommerzialisierung der Persönlichkeitsrechte beschrieben werde, sei in Wahrheit nur eine sehr enge Verbindung zwischen Persönlichkeits- und Vermögensrechten.[1006] Auch andere Autoren betonen, es ändere nichts an der Einordnung eines Rechts als Persönlichkeitsrecht, wenn seine Ausübung oder Verletzung zu einem Vermögensvorteil bzw. -nachteil führe.[1007] Aber bereits diese enge Verbindung zwischen Persönlichkeits- und Vermögensrechten lässt m.E. die These zweifelhaft erscheinen, dass die juristischen Personen als reine Vermögenssubjekte zu denken seien und keine Persönlichkeitsrechte haben könnten.

3. Fehlen einer verfassungsrechtlichen Grundlage

Ein weiterer Einwand gegen das Persönlichkeitsrecht der juristischen Personen lautet, Grundlage des allgemeinen Persönlichkeitsrechts sei der Schutz der Menschenwürde, weshalb den juristischen Personen kein allgemeines Persönlichkeitsrecht zukommen könne.[1008] Insbesondere bedürfe das allgemeine Persönlichkeitsrecht einer verfassungsrechtlichen Grundlage.[1009] Dieser Einwand vermag jedoch nicht zu überzeugen:

Wäre das chinesische Verfassungsrecht die einzige Grundlage des allgemeinen Persönlichkeitsrechts der natürlichen Personen, so stünde es auf äußerst unsicherem Grund: Im Verhältnis des Bürgers zum Staat sind die verfassungsrechtlich gewährleisteten Rechte nicht einklagbar; ob die Grundrechte im Verhältnis der Bürger untereinander Drittwirkung entfalten, ist ungeklärt.[1010] Praktisch ist der Unterschied zwischen den natürlichen Personen, denen laut chVerf diverse Grundrechte zukommen, und den in der chVerf nicht als Grundrechtsträger erwähnten juristischen Personen also eher gering.

Außerdem bedürfen die Zivilrechte, also auch das Persönlichkeitsrecht der juristischen und der natürlichen Personen, grundsätzlich keiner verfassungsrechtlichen Fundierung,[1011] jedenfalls nicht in dem Sinn, dass die Zivilrechte lediglich konkre-

---

1005 *ZHONG*, Persönlichkeitsrecht der JP S. 232.

1006 Vgl. dazu die Diskussion, die (allerdings ausgehend von einem weiten Vermögensbegriff) *YIN*, Ohne Vermögen keine Persönlichkeit, angestoßen hat. Auf die Kritik von *XUE* (*XUE*, Ohne Vermögen keine Persönlichkeit) folgte die Reaktion von *YIN* (*YIN*, Nochmals: Ohne Vermögen keine Persönlichkeit). Zuletzt haben sich geäußert *MA*, Persönlichkeit und Vermögen sowie *CHEN*, Ohne Vermögen keine Persönlichkeit.

1007 Z.B. *MA*, Civil Law S. 196.

1008 *YIN*, Persönlichkeitsrecht der JP S. 57; *WANG*, Persönlichkeitsrecht S. 165.

1009 Vgl. *YIN*, Essence of Personality Right S. 12 unter Bezugnahme auf die Rechtsprechung des (deutschen) Bundesgerichtshofs zum allgemeinen Persönlichkeitsrecht.

1010 Vgl. oben A.III. 3.c)(4).

1011 Vgl. *JIANG*, Persönlichkeitsrecht der JP S. 95 rechte Spalte.

tisierte Grundrechte wären.[1012, 1013] Vielmehr ist umgekehrt zu fragen, ob die zwischen Bürger und Staat wirkenden[1014] Grundrechte sich überhaupt als (alleinige) Grundlage für im Verhältnis der Bürger untereinander wirkende Rechte eignen.[1015] Jedenfalls der künftigen Normierung eines allgemeinen Persönlichkeitsrechts der juristischen Personen steht das Fehlen einer verfassungsrechtlichen Grundlage dieses Rechts nicht entgegen.

4. Theorie der juristischen Person

Bereits oben (D.III. 1.b)) ist mit den hinter der juristischen Person stehenden natürlichen Personen argumentiert worden. Dies deutet darauf hin, dass die Antwort auf die Frage nach dem allgemeinen Persönlichkeitsrecht der juristischen Person mit dem Verständnis der juristischen Person zusammenhängen könnte, also damit, von welcher Theorie der juristischen Person[1016] man ausgeht.

Zum Teil wird dieser Aspekt sehr betont, indem behauptet wird, man könne den juristischen Personen nur auf der Grundlage der Realitätstheorie Persönlichkeitsrechte zuerkennen.[1017] Andere[1018] halten die Theoriefrage hingegen für unerheblich: Erstens setzten jedenfalls die Fiktions- wie auch die Realitätstheorie die juristische Person sowohl als soziale Realität als auch als rechtliches Konstrukt voraus und betonten lediglich jeweils einen dieser beiden Aspekte. Zum anderen führten beide Theorien übereinstimmend zu dem Ergebnis, dass juristische Personen Rechtssubjekte sind. Daraus folge in jedem Fall das entsprechende Persönlichkeitsrecht.

Zwar ist dieser Schluss von der Rechtspersönlichkeit auf das Persönlichkeitsrecht keineswegs zwingend,[1019] richtig ist jedoch, dass die unterschiedlichen Theorien lediglich auf unterschiedliche Weise erklären, *warum* juristische Personen Rechtssubjekte sind[1020]. Die Frage, in welchem Umfang die Interessen der juristischen Personen zu schützen sind – ob sie also besondere Persönlichkeitsrechte oder sogar ein allgemeines Persönlichkeitsrecht haben sollen – war nicht Gegenstand des damali-

---

1012 *Yao/Zhou*, Zivilrechte S. 41 linke Spalte.

1013 Dies schließt selbstverständlich nicht aus, dass bestimmte Zivilrechte, etwa das Recht der natürlichen Personen an ihrem Leben, eine verfassungs- oder gar naturrechtliche Basis haben.

1014 Zur Frage der Drittwirkung vgl. oben A.III. 3.c)(4).

1015 Auf diese Frage hätte insbesondere *Yin* (oben Fn. 1009), der auf die deutsche Rechtsprechung verweist, aufmerksam werden können.

1016 Zu den Theorien der juristischen Person oben D.I. 3.

1017 *Li*, Civil Law S. 305. Ebenso *Wu/Du*, Right of Corporation's Personality S. 79 rechte Spalte (die direkt im Anschluss daran aber auch behaupten, die [seit 1. 1. 2006 in § 20 Abs. 3 GesG geregelte] Durchgriffshaftung bei Rechtsformmissbrauch [*lifting the corporate veil* 揭开公司面纱, in der chinesischen Literatur oft als 公司人格否认 bzw. allgemeiner als 法人人格否认 bezeichnet, vgl. z.B. *Li*, Civil Law S. 335 ff.] sei nur auf der Grundlage der Realitätstheorie sinnvoll, womit sie die Bedeutung der Theoriefrage m.E. überschätzen).

1018 *Du*, Anerkennung des Persönlichkeitsrechts der JP S. 76.

1019 Vgl. oben D.III. 1.a).

1020 *Du*, Anerkennung des Persönlichkeitsrechts der JP S. 76.

gen Theorienstreits, so dass den klassischen Theorien der juristischen Person keine Antwort auf diese Frage entnommen werden kann.[1021]

5. Beschränktheit der Rechtsfähigkeit der juristischen Person

Ein weiteres Argument lautet, die Rechtsfähigkeit der juristischen Person sei im Unterschied zu derjenigen der natürlichen Person beschränkt, so dass einer gleichmäßigen Ausstattung der natürlichen und der juristischen Personen mit einem allgemeinen Persönlichkeitsrecht die Grundlage fehle.[1022] *Wang* führt näher aus, die Beschränktheit der Rechtsfähigkeit der juristischen Person ergebe sich daraus, dass der juristischen Person als gesetzlich fingierter Rechtspersönlichkeit nur insoweit Rechtsfähigkeit zukomme, als dies direkt gesetzlich geregelt sei[1023] (so insbesondere die von § 37 Nr. 2 AGZ vorausgesetzte Fähigkeit der juristischen Person, Träger von Vermögensrechten zu sein).

Dem ist entgegenzuhalten, dass auch bezüglich der natürlichen Person die Ansicht vertreten wird, ihre Rechtssubjektivität sei gesetzlich „fingiert 虚拟"[1024] bzw. beruhe auf gesetzlicher „Verleihung 赋予"[1025]. Zwar wird zutreffend festgestellt, dass die Rechtsfähigkeit der juristischen Person insofern beschränkt ist, als juristische Personen nicht Inhaber solcher Rechte sein können, die eine körperliche Existenz voraussetzen wie z.B. das Recht auf Gesundheit.[1026] Andererseits gibt es umgekehrt auch Bereiche, die den juristischen Personen vorbehalten sind, so der Betrieb bestimmter Geschäfte,[1027] etwa die Tätigkeit als Versicherer[1028], oder die Errichtung von Zweigstellen.[1029, 1030]

Jedenfalls unterscheidet sich die juristische Person nicht dadurch von der natürlichen Person, dass ihre Rechtsfähigkeit auf den von ihr verfolgten Zweck beschränkt wäre: Die *ultra-vires*-Doktrin gilt in der VR China nicht mehr.[1031] Selbst eine solche Beschränkung der Rechtsfähigkeit auf den verfolgten Zweck schlösse Persönlichkeitsrechte der juristischen Personen aber nicht völlig aus, sondern

---

1021 Vgl. *Quante*, Allgemeines Persönlichkeitsrecht der JP S. 73.
1022 *Zhong*, Persönlichkeitsrecht der JP S. 230; *Wang*, Persönlichkeitsrecht S. 165.
1023 *Wang*, Persönlichkeitsrecht S. 165.
1024 *Yin*, Subject of Civil Law S. 157.
1025 *Ma*, Civil Law S. 89 und nochmals S. 94, dort folgt allerdings wenige Sätze später die Aussage, es handle sich doch um die bloße rechtliche Anerkennung der tatsächlich gegebenen Subjektsqualität und nicht wie bei den juristischen Personen um eine Verleihung erst durch das Recht.
1026 *Ma*, Civil Law S. 95/96.
1027 *Jiang*, Zivilrecht S. 145.
1028 *Wang/Gong*, Nichtvermögensschaden der JP S. 53 linke Spalte. Vgl. § 6 S. 1 des chinesischen Versicherungsgesetzes (VersG): „Kaufmännisches Versicherungsgewerbe ist nur von nach diesem Gesetz errichteten Versicherungsgesellschaften zu betreiben." (Übersetzung von *Münzel*, Chinas Recht 30. 6.95/1).
1029 *Wang/Gong*, Nichtvermögensschaden der JP S. 53 linke Spalte; *Xue*, Seelische Schäden S. 51 linke Spalte.
1030 In allen drei Quellen wird dies ausdrücklich als Aspekt der Rechtsfähigkeit dargestellt.
1031 Vgl. oben D.I. 4.

könnte höchstens bedeuten, dass die juristischen Personen nur im Rahmen des verfolgten Zwecks Persönlichkeitsrechte haben können (die Wirkung eines allgemeinen Persönlichkeitsrechts der juristischen Personen wäre dann auf diesen Bereich zu beschränken). Der Wegfall dieser Beschränkung kann daher höchstens ein Indiz für eine Tendenz zur Anerkennung eines allgemeinen Persönlichkeitsrechts der juristischen Personen sein.[1032, 1033]

Ein interessantes Argument bringt *Xue*[1034] vor: Den juristischen Personen sei in neuerer Zeit ein hohes Maß an Verantwortlichkeiten aufgebürdet worden, insbesondere sei die Strafbarkeit der juristischen Personen[1035] eingeführt worden. Diesen Verantwortlichkeiten müssten zum Ausgleich entsprechende Rechte gegenüberstehen; man dürfe nicht einseitig Pflichten auferlegen, aber den Schutz des Persönlichkeitsrechts vernachlässigen.

Insgesamt kann angesichts dieser Argumente der Behauptung nicht zugestimmt werden, juristische Personen unterschieden sich hinsichtlich des Umfangs ihrer Rechtsfähigkeit maßgeblich von den natürlichen Personen.[1036]

6. Möglichkeit der Spaltung und Verschmelzung

Nach § 44 AGZ sind die juristischen Unternehmenspersonen zur Spaltung 分立 und Verschmelzung 合并 fähig. Näheres ist in den §§ 173 ff. GesG geregelt. Formen der Verschmelzung sind nach § 173 GesG die Verschmelzung unter Auflösung 新设合并 und die Verschmelzung durch Aufnahme 吸收合并. Dagegen unterscheidet das Gesetz hinsichtlich der Spaltung (§ 176 GesG) nicht zwischen verschiedenen Formen. Es ist dennoch – bei Variationen in der Terminologie – allgemein anerkannt, dass sowohl eine Aufspaltung (解散分立[1037] bzw. 新设分立[1038]) als auch eine Abspaltung (存续分立[1039] bzw. 派生分立[1040]) möglich ist.[1041, 1042]

1032 Vgl. dazu bereits oben D.I. 4.b) am Ende.

1033 Einen nur lockeren Bezug zwischen der Frage der *ultra-vires*-Doktrin und derjenigen der Persönlichkeitsrechte der juristischen Personen nimmt auch *Xue*, Personal Rights of Legal Person S. 51 linke Spalte an.

1034 Zum Folgenden *Xue*, Seelische Schäden S. 51 rechte Spalte.

1035 Vgl. oben D.I. 5. Daneben nennt *Xue* noch die Haftung für fehlerhafte Produkte nach dem Produktqualitätsgesetz (ProduktqualitätsG).

1036 Nach *Ma*, Civil Law S. 94 besteht zwischen der Rechtsfähigkeit der natürlichen und der juristischen Personen überhaupt kein Unterschied 没有任何区别.

1037 *Shi*, Corporation Law S. 533; so auch die Ausdrucksweise in § 4 Abs. 2, Abs. 4 der „Bestimmungen über die Verschmelzung und Spaltung von mit ausländischen Direktinvestitionen gegründeten Unternehmen" (FIE-UmwandlungsBest).

1038 *Zhou*, Corporation Law S. 484; *Fan/Wang*, Corporation Law S. 366; *Lei*, Company Law S. 231.

1039 *Shi*, Corporation Law S. 533; ebenso § 4 Abs. 2, Abs. 3 FIE-UmwandlungsBest.

1040 *Zhou*, Corporation Law S. 484; *Fan/Wang*, Corporation Law S. 366; *Lei*, Company Law S. 231.

1041 So zu § 44 AGZ bereits *Tong*, AGZ S. 102, der die beiden Varianten lediglich beschreibt, ohne sie schlagwortartig zu benennen.

1042 *Jiang/Li*, Gesellschaftsrecht S. 463 nennt keine chinesischen Schlagworte für die beiden Varianten der Spaltung, berichtet aber, dass japanische Rechtswissenschaftler die Abspaltung als „faktische Spaltung 事实上的分立" und die Aufspaltung als „Spaltung im ursprünglichen

D. Das Persönlichkeitsrecht der juristischen Personen

Es stellt sich die Frage, ob die Möglichkeit der Spaltung und Verschmelzung juristischer Unternehmenspersonen bereits der Annahme besonderer Persönlichkeitsrechte (und in der Konsequenz erst recht eines allgemeinen Persönlichkeitsrechts) dieser juristischen Personen entgegensteht.[1043] Wenigstens auf den ersten Blick könnte dies so scheinen, da eine Spaltung oder Verschmelzung einer juristischen Unternehmensperson möglicherweise die „Spaltung" bzw. „Verschmelzung" von Persönlichkeitsrechten bzw. deren Übergang von einem Rechtsträger auf einen anderen zur Folge hat, was die Frage aufwürfe, ob und gegebenenfalls wie dies möglich sei. Bei genauerem Hinsehen zeigt sich jedoch, dass derartige Probleme nicht bestehen:

a) Recht an der Bezeichnung

Am wenigsten problematisch ist das Recht an der Bezeichnung, da es ohnehin übertragbar ist.[1044] Im Fall der Abspaltung verbleibt das Recht an der Bezeichnung regelmäßig beim ursprünglichen Rechtsträger; im Fall der Verschmelzung unter Aufnahme wird der aufnehmende Rechtsträger seine Bezeichnung behalten und die Bezeichnung des aufgenommenen Rechtsträgers gemeinsam mit diesem erlöschen, sofern das Recht nicht vor der Verschmelzung anderweitig übertragen wird. Auch im Fall der Aufspaltung sowie der Verschmelzung unter Auflösung erlischt das Recht an der Bezeichnung gemeinsam mit dem/den ursprünglichen Rechtsträger(n) (wiederum: falls es nicht vor der Aufspaltung übertragen wird).

b) Recht auf Freiheit, Recht am Geschäftsgeheimnis und allgemeines Persönlichkeitsrecht

Ebenso bestehen bei denjenigen Persönlichkeitsrechten keinerlei Schwierigkeiten, die jeder juristischen Unternehmensperson ohne besondere Verleihung (anders das Recht an der Ehre, vgl. unten c)) und unabhängig von ihren konkreten Verhältnissen (anders als die unter d) zu besprechenden Rechte) zustehen, also beim Recht auf Freiheit und am Geschäftsgeheimnis (soweit solche Rechte den juristischen Personen zugeschrieben werden[1045]) sowie beim allgemeinen Persönlichkeitsrecht, das den Schutz durch die besonderen Persönlichkeitsrechte lediglich

---

Sinn 本来意义上的分立" bezeichnen. Nicht auf die verschiedenen Formen der Spaltung eingegangen wird dagegen bei JIANG/LI, Gesellschaftsrechts-Erläuterung S. 639 ff. und bei JIANG/LI, Gesellschaftsrechts-Kommentar S. 454 f.

1043 Neben den juristischen Unternehmenspersonen können auch landwirtschaftliche Berufsgenossenschaften verschmolzen oder gespalten werden (§§ 39, 40 LandwGenG). Die Gestaltungsmöglichkeiten gehen dort aber keinesfalls über diejenigen bei juristischen Unternehmenspersonen hinaus. Da (wie sich im Folgenden zeigen wird) die Möglichkeit der Verschmelzung oder Spaltung juristischer Unternehmenspersonen nicht gegen die Annahme von Persönlichkeitsrechten dieser juristischen Personen spricht, kann sich auch aus den entsprechenden Möglichkeiten bei den landwirtschaftlichen Berufsgenossenschaften nichts anderes ergeben. Die folgende Untersuchung beschränkt sich deshalb auf die juristischen Unternehmenspersonen.

1044 Vgl. oben D.II. 1.a)(6)(c) a.E.

1045 Dazu im Einzelnen oben D.II. 2.

lückenfüllend ergänzt.[1046] Diese Persönlichkeitsrechte brauchen nicht von einem Rechtsträger auf einen anderen überzugehen, vielmehr stehen sie jeder (durch Spaltung oder Verschmelzung neu entstandenen oder veränderten) juristischen Unternehmensperson ohne weiteres zu.

c) Recht an der Ehre

Das Recht an der Ehre – sofern man es überhaupt als Persönlichkeitsrecht ansieht[1047] – setzt die Verleihung einer Ehrenbezeichnung nach einem festgelegten Verfahren auf der Grundlage einer positiven Beurteilung infolge besonderer Leistungen oder Verdienste des Beurteilten voraus.[1048] Diese in der Vergangenheit liegenden Leistungen oder Verdienste werden durch das Verhalten und durch die Umstände der weiteren Existenz des Beurteilten nach Verleihung der Ehrenbezeichnung aber nicht beeinflusst.

Erlischt eine juristische Unternehmensperson durch Verschmelzung oder Aufspaltung, so ist dies unter dem Gesichtspunkt des Rechts an der Ehre also ebensowenig ein Problem wie wenn eine natürliche Person (die nach § 102 AGZ ebenso wie die juristischen Personen Träger des Rechts an der Ehre sein kann) stirbt. Ändern sich die Verhältnisse der juristischen Unternehmensperson im Wege der Abspaltung oder der Verschmelzung unter Aufnahme eines anderen Rechtsträgers, so betrifft dies das Recht an der Ehre ebensowenig wie im Fall einer natürlichen Person die Veränderung deren finanzieller oder persönlicher Verhältnisse.

d) Recht am Ruf, am Kredit und am *Goodwill*

Am ehesten für problematisch halten könnte man diejenigen Persönlichkeitsrechte, die auf die konkreten Verhältnisse und Eigenschaften des Subjekts bezogen sind. Im Fall der juristischen Unternehmenspersonen sind dies das Recht am Ruf, am Kredit und am *Goodwill*. Beispielsweise kann eine als sehr kreditwürdig eingestufte juristische Unternehmensperson auf einen Schlag ihre Kreditwürdigkeit verlieren, indem sie sich im Wege der Abspaltung von einem Großteil ihres Vermögens trennt. Darin unterscheidet sie sich aber nicht im Mindesten von einer natürlichen Person: Auch deren Einkommens- und Vermögensverhältnisse können sich jederzeit mit oder ohne ihren Willen ändern.

Erkennt man also, dass Gegenstand der in Frage stehenden Rechte in keinem Fall eine statische, ein für allemal feststehende, sondern im Gegenteil eine immer wieder zu aktualisierende Beurteilung ist, so stellt die Möglichkeit der Spaltung und Verschmelzung auch hinsichtlich dieser Persönlichkeitsrechte kein Problem dar.

1046 Vgl. oben B.V. 1.
1047 Dazu oben C.III. 1.g)(3).
1048 Vgl. oben C.III. 1.g)(1) und (2).

e) Ansprüche aus Persönlichkeitsrechtsverletzungen vor der Spaltung oder Verschmelzung

Schadensersatzansprüche aus vor der Spaltung oder Verschmelzung eingetretenen Persönlichkeitsrechtsverletzungen gehen als Rechte der juristischen Unternehmensperson nach § 44 Abs. 2 AGZ bei der Spaltung oder Verschmelzung auf den/die neuen Rechtsträger über. Für die Verschmelzung wird dies durch § 175 GesG nochmals klargestellt. Welcher der nach einer Spaltung bestehenden Rechtsträger Inhaber der Schadensersatzansprüche ist, ergibt sich aus dem Spaltungsbeschluss[1049], da in diesem die Vermögensaufteilung zu regeln ist[1050].

Allenfalls hinsichtlich der Ansprüche auf Unterlassung und auf Beseitigung von Auswirkungen bzw. Wiederherstellung des Rufes nach § 134 Abs. 1 Nr. 1, 9 AGZ ist denkbar, dass diese als „höchstpersönliche“ Ansprüche anzusehen seien und deshalb nicht auf einen anderen Rechtsträger übergehen können.[1051] Nach Untergang des verletzten Subjekts dürfte an der Durchsetzung derartiger Ansprüche allerdings kein Interesse mehr bestehen.

f) Ergebnis

Die Möglichkeit der Spaltung und Verschmelzung juristischer Unternehmenspersonen steht bereits der Annahme besonderer Persönlichkeitsrechte dieser juristischen Personen nicht entgegen. Umso weniger spricht die Spaltungs- und Verschmelzungsmöglichkeit gegen ein allgemeines Persönlichkeitsrecht der juristischen Unternehmenspersonen.

7. Urheberpersonenrecht der juristischen Person

Möglicherweise ist dem chinesischen Urheberrecht eine Grundlage für ein allgemeines Persönlichkeitsrecht der juristischen Person zu entnehmen. Nach § 94 AGZ können juristische Personen Inhaber von Urheberrechten sein. Dies wird bestätigt durch § 11 Abs. 3 chUrhG, wonach eine juristische Person oder andere Organisation als Urheber angesehen wird, wenn ein Werk unter ihrer Leitung und in Vertretung ihres Willens geschaffen wird und diese die Verantwortung dafür übernimmt. In diesem Fall wird der juristischen Person oder anderen Organisation das Urheberrecht also originär zugeordnet. Falls das subjektive Urheberrecht einen persönlichkeitsrechtlichen Aspekt hat, könnte sich daraus also ein Anhaltspunkt für ein allgemeines Persönlichkeitsrecht der juristischen Personen ergeben.

1049 Näher zum Spaltungsbeschluss z.B. *Jiang/Li*, Gesellschaftsrechts-Erläuterung S. 644.
1050 *Jiang/Li*, Gesellschaftsrechts-Kommentar S. 455.
1051 Dahingehende Überlegungen in der chinesischen Literatur (die das hier im Rahmen von D.III.6 diskutierte Problem insgesamt nicht thematisiert) sind nicht ersichtlich.

a) Personenrechtlicher Gehalt des subjektiven Urheberrechts

In § 10 Abs. 1 chUrhG werden die vom subjektiven Urheberrecht umfassten Personenrechte 人身权 (nicht: Persönlichkeitsrechte 人格权) und Vermögensrechte nebeneinander genannt, worin sich die monistische Ausgangsstruktur des chUrhG zeigt:[1052] Das Urheberrecht umfasst sowohl die in § 10 Abs. 1 Nr. 5 bis 17 chUrhG geregelten Urhebervermögensrechte (z.B. das Vervielfältigungsrecht, Nr. 5) als auch Urheberpersonenrechte, nämlich das Veröffentlichungsrecht, das Namensnennungsrecht, das Änderungsrecht sowie das Recht auf Schutz der Werkintegrität (§ 10 Abs. 1 Nr. 1 bis 4 chUrhG, die beiden ersteren werden auch in § 94 AGZ ausdrücklich genannt).[1053] Lizenzierbar und übertragbar sind nach § 10 Abs. 2, 3 chUrhG nur die Urhebervermögensrechte.

Die Doppelnatur des Urheberrechts kommt auch in der systematischen Stellung seiner (rudimentären) Regelung in den AGZ zum Ausdruck: § 94 AGZ steht weder in einem der beiden ersten Abschnitte des 5. Kapitels (Vermögenseigentum und zum Vermögenseigentum in Bezug stehende Vermögensrechte, Schuldrechte) noch in dessen viertem Abschnitt (Personenrechte), sondern im dazwischen liegenden dritten Abschnitt (geistiges Eigentum).[1054]

Aus der Möglichkeit, das Urheberpersonenrecht als Teil des monistisch konzipierten Urheberrechts den juristischen Personen zuzuordnen, könnte man schließen, dass das chUrhG die Fähigkeit der juristischen Personen voraussetzt, Träger von Persönlichkeitsrechten zu sein.

b) Keine Einordnung des Urheberpersonenrechts als Persönlichkeitsrecht

Dagegen kann zunächst angeführt werden, dass die Klassifizierung der in § 10 Abs. 1 Nr. 1 bis 4 chUrhG geregelten Rechte als (Urheber-)Persönlichkeitsrechte vom ganz überwiegenden Teil der Literatur explizit[1055] oder implizit[1056] abgelehnt wird.[1057, 1058] Insbesondere ist neben der Einordnung als Persönlichkeitsrechte auch die Einordnung als Statusrechte möglich,[1059] da § 10 Abs. 1 chUrhG nur von Personenrechten 人身权 (zu denen auch die Statusrechte gehören) und nicht ausdrücklich von Persönlichkeitsrechten 人格权 spricht.

1052 DIETZ, Chinesisches Urheberrecht S. 535.

1053 Vgl. nur *LIU*, Intellectual Property S. 61 ff. und *WU*, Geistiges Eigentum S. 61 ff.

1054 *TANG/GAO*, Neuer AGZ-Kommentar S. 1982.

1055 *MA/YU*, Schutz des Persönlichkeitsrechts der JP S. 16; *XIE*, System der Zivilrechte S. 71, 70.

1056 So *WANG*, Persönlichkeitsrecht S. 303 ff. und *WEI*, Civil Law S. 646 ff., die die in Rede stehenden Rechte nicht als Persönlichkeitsrechte anführen.

1057 Anders aber *ZHONG*, Persönlichkeitsrecht der JP S. 221 bei Fn. 51, dazu sogleich unter c).

1058 Dagegen handelt es sich hierbei im deutschen Recht um ein besonderes Persönlichkeitsrecht, vgl. nur *MEDICUS*, AT BGB § 64 IV 1 a Rn. 1073; *FIKENTSCHER/HEINEMANN*, Schuldrecht § 107 II 2 Rn. 1584.

1059 Dafür *GUO* et al., Personenrecht S. 534 und *WEI*, Civil Law (1. Aufl.) S. 665 sowie *YANG*, Personal Right Law S. 876, der in Übereinstimmung mit *XIE* (oben Fn. 1055) die Einordnung als Persönlichkeitsrecht deshalb ablehnt, weil das Urheberrecht kein angeborenes Recht ist.

c) Kritik an der originären Zuordnung des Urheberrechts

Aber auch wer die Urheberpersonenrechte als Persönlichkeitsrechte ansieht und diese sogar für wichtiger als die Urhebervermögensrechte hält,[1060] muss nicht zwangsläufig ein Urheberpersönlichkeitsrecht der juristischen Personen befürworten. So kritisiert ZHONG die Regelung im chUrhG, die die Annahme eines solchen Urheberpersönlichkeitsrechts der juristischen Personen nahelegt, wie folgt: Unter den dem kontinentaleuropäischen Rechtskreis zugehörigen Urheberrechten (*droit d'auteur*-System) sehe nur das chinesische und das japanische Urheberrecht vor, dass neben dem Urheber 作者 selbst noch andere Subjekte Urheberrechtsinhaber 著作权人 sein können.[1061] Wie im ganz überwiegenden Teil des kontinentaleuropäischen Rechtskreises werde auch im angloamerikanischen Rechtskreis (*copyright*-System) ein Urheberpersönlichkeitsrecht der juristischen Personen abgelehnt.[1062]

Die Orientierung des chinesischen Urheberrechts am japanischen Modell lehnt ZHONG aus zwei Gründen ab: Zum einen sei das japanische Urheberrecht in Bezug auf grundlegende Fragen in sich widersprüchlich, was sich daran zeige, dass zwar einerseits eine Wirkung des Urheberpersönlichkeitsrechts über den Tod des Urhebers hinaus abgelehnt werde, andererseits dieses (scheinbar so eng an die Person des Urhebers gebundene) Urheberpersönlichkeitsrecht frei übertragbar sei.[1063] Zum anderen tendiere das japanische Recht generell dazu, die juristischen Personen in zu weitem Umfang mit Rechten auszustatten, insbesondere hinsichtlich ihrer Aktivitäten im politischen Bereich. Japan sei ein typischer „Staat des Kapitalismus der juristischen Personen 法人资本主义国家".[1064]

d) Ergebnis

Insgesamt bietet das chinesische Urheberrecht allenfalls eine schwache Grundlage für ein Urheberpersönlichkeitsrecht der juristischen Person, ganz zu schweigen von einem allgemeinen Persönlichkeitsrecht der juristischen Person.

8. Die Bedeutung des § 5 SeelSE-Auslegung

Zu untersuchen ist, welchen Einfluss die SeelSE-Auslegung des Obersten Volksgerichts[1065] auf die Frage der Persönlichkeitsrechte der juristischen Personen hat. § 5 SeelSE-Auslegung lautet:

1060 So ZHONG, Persönlichkeitsrecht der JP S. 221 bei Fn. 51.
1061 ZHONG, Persönlichkeitsrecht der JP S. 221.
1062 ZHONG, Persönlichkeitsrecht der JP S. 223.
1063 ZHONG, Persönlichkeitsrecht der JP S. 223.
1064 ZHONG, Persönlichkeitsrecht der JP S. 224 Fn. 56. Dagegen hält DIETZ eine Herkunft des § 11 Abs. 3 chUrhG nicht aus kapitalistischem, sondern aus sozialistischem Gedankengut (Sicherung der Kontrolle der Werknutzung im staatlichen Organisationsbereich) für möglich, vgl. DIETZ, Chinesisches Urheberrecht S. 533.
1065 Zur Anerkennung von Ersatzansprüchen bei immateriellen Schäden als Überwindung der in den 1950er Jahren rezipierten sowjetischen Zivilrechtstheorie vgl. LIANG, Zivilrecht S. 18.

> Wenn eine juristische Person oder sonstige Organisation wegen Verletzung eines Persönlichkeitsrechts beim Volksgericht Klage auf Ersatz seelischer Schäden erhebt, nimmt das Volksgericht die Klage nicht zur Behandlung an.[1066]

Dies wird vereinzelt als Negation der Persönlichkeitsrechte der juristischen Personen verstanden.[1067]

a) Seelischer Schaden und Nichtvermögensschaden

Zunächst ist klarzustellen, welche Bedeutung der Terminus „seelischer Schaden 精神损害" hat. Ganz überwiegend wird er als Gegenstück zum Vermögensschaden, also als Synonym für „Nichtvermögensschaden 非财产损害" verstanden.[1068] Gegen diese Gleichsetzung wird argumentiert, der Begriff des Nichtvermögensschadens sei weiter als der des seelischen Schadens, da unter den Nichtvermögensschaden nicht nur seelische Schmerzen 精神痛苦, sondern auch körperliche Schmerzen 肉体上的痛苦 fielen.[1069] Dieses Argument überzeugt jedoch nicht, da der seelische Schaden i.S.d. SeelSE-Auslegung ebenfalls auch körperliche Schmerzen umfasst: Nach § 8 Abs. 2 SeelSE-Auslegung ist Ersatz für seelische Schäden in Form von „Trostgeld 抚慰金" zu leisten. Darunter fällt nach § 9 Nr. 1 SeelSE-Auslegung auch die „Versehrungsentschädigung 残疾赔偿金", die ihrem Charakter als Trostgeld entsprechend in der Regel *neben* den Ersatz des aus einer Minderung der Erwerbsfähigkeit resultierenden Vermögensschadens treten wird. Der seelische Schaden i.S.d. SeelSE-Auslegung wird folglich zu Recht als Synonym für den Nichtvermögensschaden verstanden.[1070]

b) Verletztes Recht und aus der Rechtsverletzung resultierender Schaden

Einen über seelische und körperliche Schmerzen hinausgehenden Inhalt des Begriffs „Nichtvermögensschaden" kann nur behaupten, wer die Unterscheidung zwischen verletztem Recht einerseits und aus der Rechtsverletzung resultierendem Schaden andererseits vernachlässigt. So meint *Cheng*, auf Grundlage der herrschenden Auffassung des seelischen Schadens könne ein Unternehmen, dessen Ruf beeinträchtigt werde, lediglich den dadurch verursachten wirtschaftlichen Scha-

---

Ebenso *Münzel*, Chinas Recht 8. 3. 2001/1 Anm. 1; vgl. außerdem *Ma/Yu*, Schutz des Persönlichkeitsrechts der JP S. 18

1066 Übersetzung von *Münzel*, Chinas Recht 8. 3. 2001/1.

1067 So von *Xue*, Seelische Schäden S. 48.

1068 *Wang/Gong*, Nichtvermögensschaden der JP S. 52 linke Spalte; *Xue*, Seelische Schäden S. 49/50; *Wang*, Persönlichkeitsrecht S. 168.

1069 *Ma/Yu*, Schutz des Persönlichkeitsrechts der JP S. 17. Auch der von *Liang* verantwortete ZGB-Entwurf unterscheidet in § 1627 Abs. 3 zwischen körperlichem Schaden 人身损害 und seelischem Schaden 精神损害 (vgl. *Liang*, Draft S. 120).

1070 *Wang*, Draft S. 384 Fn. 1 merkt zwar an, streng genommen bestehe doch ein Unterschied zwischen Nichtvermögensschaden und seelischem Schaden (da juristische Personen zwar einen Nichtvermögensschaden, aber keinen seelischen Schaden erleiden könnten), hält diese Unterscheidung dann aber selbst nicht durch, indem er im nächsten Satz behauptet, die SeelSE-Auslegung schließe Ansprüche der juristischen Personen auf Ersatz von *Nichtvermögensschäden* aus (obwohl dort gerade nicht von Nichtvermögensschäden, sondern von seelischen Schäden die Rede ist).

den (infolge der Rückgabe von Waren, Auflösung von Verträgen) ersetzt verlangen, nicht jedoch den direkten Nichtvermögensschaden in Gestalt der Herabsetzung seines Rufs.[1071]

Daran ist richtig, dass eine juristische Person nach § 5 SeelSE-Auslegung keinen Ersatz für einen seelischen Schaden, also einen Nichtvermögensschaden, verlangen kann, da sie kein Seelenleben hat und deshalb keinerlei Schmerz empfinden kann. Unzutreffend ist aber *CHENGS* Einordnung der Rufbeeinträchtigung als Nichtvermögensschaden. Die Beeinträchtigung des Rufs ist selbst kein Schaden, sondern sie ist nur die Rechtsverletzung, die erst zu einem Schaden führt. Soweit dieser Schaden ein Vermögensschaden, also kein seelischer Schaden ist, kann die juristische Person selbstverständlich Ersatz verlangen. Neben den von *CHENG* selbst genannten Beispielen für einen solchen Vermögensschaden (Rückgabe von Waren etc.) kommt hier noch die Minderung des Unternehmenswertes in Betracht, die z. B. in einem niedrigeren Aktienkurs zum Ausdruck kommen kann.

Die Auffassung *CHENGS* lässt ahnen, warum manche Autoren[1072] in § 5 SeelSE-Auslegung eine Verneinung der Persönlichkeitsrechte der juristischen Personen sehen: Unterscheidet man nicht zwischen verletztem Recht und aus der Rechtsverletzung resultierendem Schaden[1073] und nimmt deshalb an, dass eine Verletzung einer „geistigen 精神", also unkörperlichen Position ausschließlich einen seelischen Schaden zur Folge haben könne, dann liegt ein derartiges Verständnis des § 5 SeelSE-Auslegung tatsächlich nahe. Denn die Persönlichkeitsinteressen werden beispielsweise von *YANG*[1074] als „geistige Interessen 精神利益" bezeichnet. Das führt zu dem Schluss, dass, wer nach § 5 SeelSE-Auslegung keinen Ersatz für seelische Schäden verlangen kann, auch keine Persönlichkeitsrechte haben könne.

Die Notwendigkeit der Unterscheidung zwischen verletztem Recht und aus der Rechtsverletzung resultierendem Schaden zeigt sich bereits in der Formulierung des § 8 Abs. 2 SeelSE-Auslegung, wo es heißt: „Wenn eine ein Recht verletzende Handlung zu seelischen Schäden führt (...)" Nach zutreffender Ansicht ist der „Ersatz seelischer Schäden 精神损害赔偿" daher die Zahlung von Schadensersatz für ein negatives seelisches Befinden, das durch die Verletzung der Person oder des Vermögens herbeigeführt wurde.[1075]

1071 *CHENG*, Commercial Rights of Personality S. 250.

1072 Vgl. oben Fn. 1067.

1073 So neben *CHENG* (Fn. 1071) noch *PENG/ZHU*, Seelische Schäden der JP S. 28 linke Spalte; *GUAN*, Ersatz seelischer Schäden S. 32, 33, 36; *WANG/GONG*, Nichtvermögensschaden der JP S. 53 rechte Spalte; *TAN*, Legal Person's Right of Personality S. 33 rechte Spalte.

1074 *YANG*, Personal Right S. 28, der dort aber betont, dass juristische Personen, obwohl ihnen die als „geistig" verstandenen Persönlichkeitsinteressen zukommen, im Unterschied zu natürlichen Personen keinen Schmerz empfinden können. Auch sei nicht ausgeschlossen, dass in den geistigen Persönlichkeitsinteressen auch „Faktoren stofflicher Interessen 物质利益因素" enthalten sind.

1075 *LI*, Personenrechte S. 397.

c) Ergebnis

§ 5 SeelSE-Auslegung besagt also nur, dass juristische Personen im Falle eines *Nichtvermögensschadens* infolge der Verletzung eines Persönlichkeitsrechts kein *Trostgeld* verlangen können. Dagegen können sie durchaus die Einstellung der Verletzung, die Wiederherstellung des Rufs, die Beseitigung der Auswirkungen und eine Entschuldigung verlangen, vgl. § 8 SeelSE-Auslegung und § 134 Nr. 1, 9, 10 AGZ. Entsteht infolge der Verletzung eines Persönlichkeitsrechts ein Vermögensschaden, kann auch Schadensersatz in Geld verlangt werden. Ohnehin wäre es nicht möglich, den juristischen Personen jeglichen Schutz ihrer Nichtvermögensrechte durch eine justizielle Auslegung zu versagen, da der Schutz verschiedener Nichtvermögensrechte der juristischen Personen ausdrücklich in den AGZ angeordnet wird.[1076, 1077]

9. Ökonomische Analyse

Li unternimmt den Versuch, mit den Methoden der ökonomischen Analyse des Rechts[1078] für die Anerkennung des allgemeinen Persönlichkeitsrechts der juristischen Personen zu argumentieren. Die Kosten, die ein allgemeines Persönlichkeitsrecht der juristischen Personen in den Bereichen Gesetzgebung, Rechtspflege und Gesellschaft (hier geht *Li* vor allem auf das Risiko einer Klageflut ein, schätzt dieses aber als gering ein) verursachen würde, werden dem zu erwartenden Nutzen in eben diesen Bereichen gegenübergestellt.[1079]

Die Ausführungen bleiben aber sehr allgemein und vage, da *Li* Kosten und Nutzen nur benennt, aber freilich nicht beziffern kann. Die ökonomische Analyse des Rechts wird aber erst dort interessant, wo über eine reine Kosten-Nutzen-Rechnung (bei der sich in den meisten Fällen das Problem stellen wird, dass weder Kosten noch Nutzen hinreichend genau beziffert werden können) hinaus Fragen nach der Zuordnung von Verfügungsrechten, nach Problemen im Verhältnis von *Principal* und *Agent* und der Höhe von Transaktionskosten gestellt werden können. In diesen Fällen, etwa im Bereich des (vertraglichen und außervertraglichen) Schadensersatzes bietet die ökonomische Analyse hilfreiche Ansatzpunkte für eine Untersuchung der wirtschaftlichen Effizienz von Rechtsnormen. Zur Beantwortung der Frage nach der Anerkennung eines (noch dazu inhaltlich nur schwer greifba-

1076 Vgl. oben D.II. 1.
1077 *Münzel*, Chinas Recht 8. 3. 2001/1 Anm. 6.
1078 Die ökonomische Analyse des Rechts findet in China einige Beachtung. So wurden in jüngerer Zeit ins Chinesische übersetzt: *Buscaglia/Ratliff*, Law and Economics in Developing Countries, *Malloy*, Law and Market Economy sowie *Wittman*, Economic Analysis of the Law. Zur Auseinandersetzung chinesischer Autoren mit der ökonomischen Analyse des Rechts vgl. *Feng*, Law and Economics Application in China. Die Probleme der ökonomischen Analyse des Rechts im Allgemeinen bzw. ihrer Anwendung in China im Besonderen werden aufgezeigt von *Guo/Liu*, Economic Analysis S. 96–98 bzw. S. 98, 99.
1079 *Li*, Economic Analysis S. 31–33.

ren[1080]) allgemeinen Persönlichkeitsrechts der juristischen Personen lassen sich die Methoden der ökonomischen Analyse des Rechts dagegen nicht fruchtbar machen.[1081]

10. *Corporate Identity* und verwandte Konzepte

Speziell im Bereich der wirtschaftlichen Betätigung könnte ein allgemeines Persönlichkeitsrecht der juristischen Person die Möglichkeit eröffnen, ein bestimmtes (positives) Bild des von der juristischen Person getragenen Unternehmens in der Öffentlichkeit mit rechtlichen Mitteln zu verteidigen. In diesem Zusammenhang erschiene das allgemeine Persönlichkeitsrecht sozusagen als umfassendes „Recht an der Außendarstellung".

Die wirtschaftliche Bedeutung der *Corporate Identity* (Selbstbild des Unternehmens[1082]) und vor allem des *Corporate Image* (Fremdbild des Unternehmens[1083]) 企业形象 wird auch in China erkannt.[1084] Praktisch gesehen ist *Corporate Identity* „die strategisch geplante und operativ eingesetzte Selbstdarstellung und Verhaltensweise eines Unternehmens nach innen und außen auf der Basis einer festgelegten Unternehmensphilosophie, einer langfristigen Unternehmenszielsetzung und eines definierten (Soll-)Images – mit dem Willen, alle Handlungsinstrumente des Unternehmens in einheitlichem Rahmen nach innen und außen zur Darstellung zu bringen" [1085]. Zunächst als Modeerscheinung betrachtet, ist die *Corporate Identity* heute als Führungsinstrument und Faktor des Unternehmenserfolgs anerkannt.[1086]

Corporate Identity ist deshalb so bedeutsam, weil vielfach Produkte miteinander konkurrieren, die in Qualität, Ausführung, Leistung und Preis auf dem gleichen Niveau stehen; im Dienstleistungssektor (Banken, Versicherungen, Maklermärkte) ziehen gesetzliche Vorschriften einer Differenzierung der Angebote enge Grenzen.[1087] Ohnehin kann der Kunde die tatsächlichen Leistungsmerkmale komplexer Produkte (z. B. Computer-Hard- und Software) oder Dienstleistungen (z. B. der von

---

1080 Zum Inhalt des allgemeinen Persönlichkeitsrechts vgl. oben B.V. 2.

1081 Der Einsatz der ökonomischen Analyse erscheint im Bereich des Persönlichkeitsrechts höchstens dann sinnvoll, wenn sich die Analyse auf ein (inhaltlich klar umgrenztes) besonderes Persönlichkeitsrecht beschränkt. Einen solchen Versuch unternimmt *ZHANG*, Ökonomische Analyse des Rechts auf Privatsphäre.

1082 *BIRKIGT* et al., Corporate Identity S. 23.

1083 *BIRKIGT* et al., Corporate Identity S. 23.

1084 Vgl. *CHENG*, Commercial Rights of Personality S. 52. Speziellere chinesische Literatur zum Thema ist mir nicht zugänglich, so dass im Folgenden die deutsche wirtschaftswissenschaftliche Literatur herangezogen werden muss.

1085 *BIRKIGT* et al., Corporate Identity S. 18.

1086 *DALDROP*, Corporate Identity S. 10; *BIRKIGT* et al., Corporate Identity S. 111.

1087 *DALDROP*, Corporate Identity S. 9.

Versicherungen und Banken angebotenen) kaum noch überprüfen.[1088] „In dieser Situation der Qual der Wahl wird das Image zum Ertragsfaktor."[1089]

Problematisch ist, dass die Außendarstellung eines Unternehmens regelmäßig stark interessengerichtet und daher nicht immer der reinen Wahrheit verpflichtet sein wird. (Allerdings ist dies bei natürlichen Personen nicht anders: Auch das Individuum ist normalerweise bestrebt, sich – notfalls auf Kosten der Wahrheit – nach außen positiv darzustellen.[1090]) Ein solches Recht der juristischen Person an der Außendarstellung darf daher nicht die Möglichkeit bieten, die wahrheitsgemäße Berichterstattung zu unterbinden.[1091] Nur dann ist sichergestellt, dass, wie teilweise voraussetzungslos behauptet wird,[1092] ein nicht wahrheitsgemäßes Fremdbild langfristig nicht aufrecht erhalten werden kann.

Im Gefolge der *Corporate Identity* findet auch das ihr verwandte Konzept der *Corporate Social Responsibility* (unternehmerische soziale Verantwortung, ausdrücklich erwähnt in § 5 Abs. 1 GesG) Eingang in die strategischen Überlegungen jedenfalls der größeren chinesischen Unternehmen.[1093] Eine weniger stark moralisch eingefärbte Bezeichnung des gleichen Phänomens ist *Corporate Citizenship* (unternehmerisches Bürgerengagement).[1094] Gemeint ist damit nicht etwa die bloße Einhaltung von Umwelt- oder Arbeitsschutzstandards, sondern Aktivitäten, durch die Unternehmen selbst in ihr gesellschaftliches Umfeld investieren und ordnungspolitische Mitverantwortung übernehmen.[1095] Auch das unternehmerische Bürgerengagement verhilft zu konkreten Wettbewerbsvorteilen,[1096] wobei es hier aber nicht allein um Imagepflege geht, sondern beispielsweise auch um einen verbesserten Informationsfluss zwischen dem Unternehmen und seinem gesellschaftlichen Umfeld[1097]. Nach BAKAN wird ein Unternehmen letztlich aber immer auf den eigenen wirtschaftlichen Vorteil bedacht sein, so dass der Ausdruck *Corporate Social Responsibility* ein Oxymoron sei.[1098]

Insgesamt erscheint es daher wenigstens fraglich, ob das Bedürfnis der Unternehmen nach rechtlichem Schutz ihrer Selbstdarstellung die Forderung nach der Anerkennung eines allgemeinen Persönlichkeitsrechts der juristischen Personen begründen kann. Umgekehrt spricht aber allein der Umstand, dass es bei der *Corporate Identity* und den damit verwandten Konzepten nicht immer um eine *wahr-*

1088 DALDROP, Corporate Identity S. 11.
1089 DALDROP, Corporate Identity S. 9.
1090 Vgl. GOFFMAN, Wir alle spielen Theater S. 54 ff. und S. 230 ff.
1091 GÖTTING, Persönlichkeitsrechte als Vermögensrechte S. 277.
1092 So bei FOMBRUN/RINDOVA, The Road to Transparency S. 94.
1093 KINGSBURY, Community Service.
1094 HABISCH, Corporate Citizenship S. 43.
1095 HABISCH, Corporate Citizenship S. 52, 58.
1096 HABISCH, Corporate Citizenship S. 61.
1097 HABISCH, Corporate Citizenship S. 74/75.
1098 BAKAN, The corporation S. 109. Dem würde ZHONG sicherlich zustimmen, da er – offenbar ähnlich wie BAKAN vorrangig an die Träger sehr großer Unternehmen denkend – eindringlich vor den Gefahren warnt, die von im Verhältnis zum Individuum übermächtigen juristischen Personen ausgehen könnten (vgl. ZHONG, Persönlichkeitsrecht der JP S. 231, 233).

heitsgemäße Selbstdarstellung geht, nicht gegen ein solches allgemeines Persönlichkeitsrecht, da Missbräuche durch eine funktionierende und investigative öffentliche Berichterstattung aufgedeckt oder gar verhindert werden könnten. Im Übrigen verengt jede Argumentation mit der *Corporate Identity* von vornherein den Blick auf die unternehmenstragenden juristischen Personen, so dass daraus keine für alle juristischen Personen gültigen Schlussfolgerungen gezogen werden können.

11. Stellungnahme

Es konnte gezeigt werden, dass die Argumente, die gegen eine Analogie zwischen natürlichen Personen und juristischen Personen in Betracht gezogen werden können, nicht überzeugen. Darüber hinaus sind dem geltenden Recht keine tragfähigen Argumente für oder gegen die Ausstattung der juristischen Personen mit Persönlichkeitsrechten zu entnehmen. Auch mit den Methoden der ökonomischen Analyse des Rechts oder unter Heranziehung wirtschaftswissenschaftlicher Konzepte wie dem der *Corporate Identity* lassen sich hier kaum Erkenntnisse gewinnen. Es spricht also nichts gegen die Anerkennung der juristischen Personen als Träger von Persönlichkeitsrechten, insbesondere des allgemeinen Persönlichkeitsrechts.

Im deutschen Recht haben nach der Rechtsprechung des BGH juristische Personen, Personengesellschaften des Handelsrechts und nichtrechtsfähige Vereine „im Rahmen ihres Wesens und der ihnen vom Gesetz zugewiesenen Funktion Anspruch auf Persönlichkeitsschutz“ (BGHZ 81, 75, 78).[1099] Zwar gewährleisten die §§ 1, 14, 15 UWG, die Immaterialgüterrechte (Ansprüche z.B. aus § 139 PatG, § 24 GebrMG) sowie die §§ 824, 826 BGB und das „Recht am eingerichteten und ausgeübten Gewerbebetrieb“ als sonstiges Recht i.S.d. § 823 Abs. 1 BGB einen Interessenschutz in wirtschaftlicher Hinsicht.[1100] Jedoch bedarf es darüber hinaus eines persönlichkeitsrechtlichen Schutzes insbesondere des Namens und der Ehre,[1101] der auch das allgemeine Persönlichkeitsrecht umfasst.[1102] Daraus folgt, dass (anders als nach chinesischem Recht[1103]) auch ein Anspruch auf Geldersatz für Nichtvermögensschäden in Betracht kommt[1104], wenn auch wohl nur in Ausnahmefällen.[1105]

1099 Hinweis auf weitere BGH-Entscheidungen bei Erman/*Ehmann* Rn. 291.

1100 Erman/*Ehmann* Rn. 291.

1101 Erman/*Ehmann* Rn. 291, 292; *Larenz/Canaris*, Schuldrecht § 80 IV 1 a mit Hinweis auf Entscheidungen des BGH in Fn. 104.

1102 Staudinger/*Weick* Rn. 33 mit Hinweisen auf die Rechtsprechung, jedoch zu Recht den Versuch ablehnend, über das Persönlichkeitsrecht Probleme der abhängigen juristischen Person, also Interessen von Gläubigern und Öffentlichkeit berührende Fragen der Unternehmensverfassung, zu lösen (Rn. 31, 32). – Gegen ein allgemeines Persönlichkeitsrecht der juristischen Personen *Larenz/Wolf*, AT Bürgerliches Recht § 9 I 4 c Rn. 16.

1103 Vgl. oben D.III. 8.

1104 Dieser kann sich im deutschen Recht nur aus einer Verletzung des allgemeinen Persönlichkeitsrechts, nicht auch der besonderen Persönlichkeitsrechte, ergeben, vgl. oben B.I.3 a.E.

1105 MünchKomm/*Rixecker* Rn. 21 mit Fn. 72 a.E.; weitergehend Staudinger/*Weick* Rn. 33.

Vereinzelt wird die Sorge geäußert, die Anerkennung des allgemeinen Persönlichkeitsrechts ermögliche die Umgehung spezieller Anforderungen des Rechts am eingerichteten und ausgeübten Gewerbebetrieb, namentlich des Erfordernisses der unmittelbaren Betriebsbezogenheit des Eingriffs.[1106] Jedoch sind diese Bedenken eher theoretisch.[1107] Ohnehin stellt sich ein vergleichbares Problem im chinesischen Recht nicht, da es dort kein Rahmenrecht am eingerichteten und ausgeübten Gewerbebetrieb gibt.

Eine *Notwendigkeit* der Anerkennung eines allgemeinen Persönlichkeitsrechts der juristischen Person allerdings kann nicht logisch zwingend begründet werden.[1108] Es ist vielmehr neben der Frage nach der rechtstheoretischen *Möglichkeit* der Anerkennung eines allgemeinen Persönlichkeitsrechts der juristischen Person die Frage nach ihrer rechtspolitischen *Opportunität* zu stellen.[1109]

Aus rechtspolitischer Sicht sinnvoll wäre die Anerkennung eines allgemeinen Persönlichkeitsrechts der juristischen Person in erster Linie im Hinblick auf die nicht gewinnorientierten juristischen Personen (insbesondere [Ideal-]Vereine, Stiftungen): Ein günstigeres rechtliches Umfeld für diese juristischen Personen könnte sich positiv auf die Entwicklung einer chinesischen Bürgergesellschaft auswirken.[1110] Aber auch die unternehmerisch tätigen juristischen Personen könnten von einem allgemeinen Persönlichkeitsrecht profitieren. Dies gilt insbesondere angesichts des nur lückenhaften Schutzes des Geheimbereichs der juristischen Personen.[1111]

1106 QUANTE, Allgemeines Persönlichkeitsrecht der JP S. 143 ff.
1107 Näher Soergel/BEATER Rn. 15.
1108 So auch XUE, Personal Rights of Legal Person S. 53 linke Spalte. – Auf die Relativität dogmatischer Argumente weist auch GOTTWALD, Allgemeines Persönlichkeitsrecht S. 331 hin.
1109 Vgl. die Unterscheidung bei XUE, Personal Rights of Legal Person S. 52 linke Spalte bzw. S. 53 rechte Spalte.
1110 XUE, Personal Rights of Legal Person S. 53 linke Spalte.
1111 Dazu oben D.II. 2.f).

E. „Andere Organisationen“ als Träger von Persönlichkeitsrechten

I. Die „anderen Organisationen“ im geltenden chinesischen Recht

Das chinesische Recht spricht an verschiedenen Stellen neben natürlichen Personen und juristischen Personen (dies sind die beiden Arten von Zivilsubjekten, die die AGZ in den §§ 9ff. vorsehen) von „anderen Organisationen 其他组织“ (vgl. § 49 ZPG, § 2 Abs. 1 VertragsG). Diese werden in der Literatur als „Körperschaften, die nicht juristische Personen sind 非法人团体“[1112] bzw. als „Organisationen, die nicht juristische Personen sind 非法人组织“[1113] bezeichnet. Zu den zahlreichen Arten dieser Organisationen[1114] gehören im wirtschaftlichen Bereich unter anderem die verschiedenen Typen des Partnerschaftsunternehmens nach dem Partnerschaftsunternehmensgesetz (PartnerschaftsUG) (darunter das „gewöhnliche Partnerschaftsunternehmen 普通合伙企业“ [offene Handelsgesellschaft] und das „beschränkte Partnerschaftsunternehmen 有限合伙企业“ [Kommanditgesellschaft]), Zweigstellen juristischer Unternehmenspersonen 企业法人分支机构[1115] oder juristische Personen in Gründung 筹建中的法人组织[1116]. Im nichtkommerziellen Bereich ist beispielsweise die von Bürgern organisierte nichtkommerzielle Institution in Form einer Partnerschaft (vgl. § 12 InstRegVwVO) zu nennen.

Obwohl diese Gebilde weder natürliche noch juristische Personen und damit keine Zivilsubjekte i. S. d. AGZ sind, können sie nach § 49 Abs. 1 ZPG Partei eines Zivilprozesses[1117] und nach § 2 Abs. 1 VertragsG Vertragspartei[1118] sein. Dies wirft – insbesondere vom Standpunkt der Realitätstheorie aus[1119] – die Frage auf, welchen rechtlichen Status diese tatsächlich existierenden und agierenden, aber nicht mit dem Status einer juristischen Person ausgestatteten Formationen haben.

1112 *Wei*, Civil Law S. 102; *Jiang*, Zivilrecht (2007) S. 124.

1113 *Jiang*, Zivilrecht S. 151; *Yin*, Subject of Civil Law S. 231; *Zhao*, Drittes Zivilsubjekt S. 92; *Zhang*, Drittes Zivilsubjekt.

1114 Beispiele werden genannt bei *Jiang*, Zivilrecht S. 153 und *Yin*, Subject of Civil Law S. 235, 236.

1115 *Yin*, Subject of Civil Law S. 236.

1116 *Jiang*, Zivilrecht S. 153.

1117 Daneben sind die „anderen Organisationen“ auch im Beurkundungsverfahren parteifähig, vgl. § 25 Abs. 1 des chinesischen Beurkundungsgesetzes (chBeurkG).

1118 Bereits vor Inkrafttreten des VertragsG hatte § 7 des Sicherheitengesetzes (SicherheitenG) es „anderen Organisationen, die fähig sind, Verbindlichkeiten vertretungsweise zu begleichen“ ermöglicht, Bürgschaften zu übernehmen.

1119 *Jiang*, Zivilrecht S. 152.

II. Die Frage der Rechtssubjektivität der „anderen Organisationen“

1. Diskussionsstand in der chinesischen Literatur

Es ist umstritten, ob die „anderen Organisationen“ neben der natürlichen und der juristischen Person als „drittes Zivilsubjekt 第三民事主体“[1120] bzw. als „Zivilsubjekt dritter Art 第三类民事主体“[1121] einzuordnen sind.[1122] Ebenso wie die Diskussion um die Persönlichkeitsrechte ist auch diese Debatte im Kontext der Vorarbeiten zu einem chinesischen Zivilgesetzbuch zu sehen.[1123]

a) Befürwortende Stimmen

Im Rahmen der Diskussion wird auf die international erkennbare Tendenz hingewiesen, jedenfalls einen Teil dieser Organisationen mit Rechtssubjektivität auszustatten.[1124] Dies sei auch in China sowohl erforderlich als auch machbar: Das entsprechende Erfordernis ergebe sich aus der sozialen Realität dieser Organisationen, die zur Erfüllung ihrer bedeutenden wirtschaftlichen, kulturellen und sozialen Funktionen am Rechtsleben teilnehmen und deshalb vom Recht nicht ignoriert werden dürfen.[1125] Die Machbarkeit zeige sich darin, dass das geltende Recht bereits jetzt Organisationen, die keine juristischen Personen sind, bestimmte Aspekte der Rechtssubjektivität zuerkennt.[1126]

Allerdings müssten die Voraussetzungen für eine solche Verleihung von Rechtssubjektivität ausdrücklich geregelt werden.[1127] Es wird vorgeschlagen, unter folgenden Voraussetzungen die Rechtssubjektivität einer „anderen Organisation“ anzuerkennen: (1) Gefestigte Organisationsstruktur, d.h. nicht nur vorübergehende Vereinigung mehrerer Personen mit Vertreter oder Manager, eigener Bezeichnung, Binnenverfassung und Sitz; (2) festgelegte wirtschaftliche oder nichtwirtschaftliche Zielsetzung; (3) ein der Organisation zur eigenständigen Verfügung stehendes Vermögen, das aber nicht vom Vermögen der Partner rechtlich getrennt sein

---

1120 *Jiang*, Zivilrecht S. 155; *Yin*, Subject of Civil Law S. 235; *Zhao*, Drittes Zivilsubjekt S. 92.
1121 *Wei*, Third Type of Civil Subjects.
1122 *Wang*, Persönlichkeitsrecht S. 42.
1123 Dazu ausführlich *Wei*, Third Type of Civil Subjects; auch *Zhang*, Drittes Zivilsubjekt.
1124 *Yin*, Subject of Civil Law S. 235; *Jiang*, Zivilrecht S. 153.
1125 *Jiang*, Zivilrecht S. 153, 154.
1126 *Jiang*, Zivilrecht S. 154.
1127 *Jiang*, Zivilrecht S. 154. – Vorrangig von der Parteifähigkeit im Zivilprozess her argumentierend tritt auch *Zhao*, Drittes Zivilsubjekt S. 95 dafür ein, zunächst abstrakt die Voraussetzungen für die Rechtssubjektivität zu bestimmen und anschließend zu prüfen, ob diese Voraussetzungen bei einer bestimmten Organisation vorliegen, anstatt umgekehrt die Möglichkeit einer Analogie zur natürlichen Person zum Entscheidungskriterium über die Subjektsqualität zu machen. Auch *Yang*, Vom Vertrag zum Status S. 53/54 zieht diese Herangehensweise in Betracht.

muss; (4) Vornahme von Rechtsgeschäften im Außenverhältnis im Namen der Organisation.[1128]

Bei den Partnerschaftsunternehmen werden diese Voraussetzungen als in der Regel erfüllt angesehen.[1129] Rechtssubjektivität äußere sich in erster Linie als Selbstbestimmungsrecht in Vermögensangelegenheiten 财产自主权.[1130] Die Partnerschaft als solche sei in der Lage, die von den Partnern eingebrachten Vermögensgüter zu besitzen, zu nutzen und über sie zu verfügen, da die einzelnen Partner grundsätzlich nicht berechtigt sind, vor der Abwicklung des Partnerschaftsunternehmens die Teilung des Vermögens zu verlangen[1131] (vgl. §§ 20, 21 Abs. 1 PartnerschaftsUG). Auch werde die unbeschränkte Haftung der Partner nur dann praktisch relevant, wenn das Vermögen der Partnerschaft zur Begleichung der Schulden nicht ausreiche; im Normalfall und vorrangig hafte aber die Partnerschaft selbst (vgl. §§ 38, 39 PartnerschaftsUG).[1132] Diese Unvollständigkeit der Fähigkeit zur Haftungsübernahme sei der einzige wirkliche Unterschied zur juristischen Person.[1133]

b) Ablehnung durch *Yin*

Dagegen lehnt *Yin*[1134] die Anerkennung der Rechtssubjektivität der „anderen Organisationen" generell ab: Die (bei *Yin* so bezeichneten) Körperschaften ohne den Status einer juristischen Person verfügten 拥有 zwar über Vermögen, könnten aber nicht dessen Eigentümer 所有人 sein.[1135] So sind nach *Yin* etwa Verfügungen über das Vermögen einer Partnerschaft in Wahrheit nichts anderes als gemeinsame Handlungen der Partner; das Eigentum am Partnerschaftsvermögen steht den Partnern gemeinschaftlich zu.[1136] Dementsprechend werden auch die Verpflich-

---

1128 *Jiang*, Zivilrecht S. 151, 152; *Wei*, Civil Law S. 102 i. V. m. S. 103/104; *Liang Huixing* (梁慧星), Grundzüge des Zivilrechts (民法总论), Beijing 1996, S. 137, 138 (zitiert nach *Yin*, Subject of Civil Law S. 237 bei Fn. 1).

1129 *Wei*, Civil Law S. 105; *Jiang*, Zivilrecht S. 156.

1130 *Jiang*, Zivilrecht S. 156. – Der Aussage, dass Rechtssubjektivität nicht die im strengen Sinn unabhängige Haftung des Subjekts voraussetze, würde wohl auch *Shui* zustimmen. Er kritisiert es vehement, dass § 37 Nr. 4 AGZ die Fähigkeit, unabhängig die zivile Haftung zu übernehmen, zum Kriterium für den Status als juristische Person macht: Vielmehr sei umgekehrt Rechtspersönlichkeit die Voraussetzung für die unabhängige Übernahme der Haftung, überdies habe die Rechtspersönlichkeit der juristischen Person keineswegs zwingend deren unabhängige Haftung im Sinne einer beschränkten Haftung der Mitglieder zur Folge (*Shui*, Unabhängige Haftung der JP S. 118 linke Spalte und S. 122 linke Spalte). Bereits *Xu*, Independent Personality of the Legal Person S. 77 forderte, das Kriterium der unabhängigen Haftung aufzugeben und die Partnerschaftsunternehmen als juristische Personen (also nicht nur als „drittes Zivilsubjekt"!) zu klassifizieren.

1131 *Jiang*, Zivilrecht S. 156.

1132 *Wei*, Civil Law S. 105, *Jiang*, Zivilrecht S. 156.

1133 *Liang Huixing* (梁慧星), Grundzüge des Zivilrechts (民法总论), Beijing 1996, S. 141 (zitiert nach *Yin*, Subject of Civil Law S. 237 bei Fn. 2).

1134 Die folgende Darstellung der Position *Yins* beruht auf *Yin*, Subject of Civil Law S. 235–240. Die dortigen Ausführungen sind (wortgleich) auch zu finden bei *Yin*, Unincorporated Society S. 14–16.

1135 *Yin*, Subject of Civil Law S. 238.

1136 *Yin*, Subject of Civil Law S. 239.

tungen nicht von den Körperschaften ohne den Status einer juristischen Person selbst erfüllt, sondern von den dahinter stehenden Rechtssubjekten; die Körperschaften ohne den Status einer juristischen Person selbst sind dagegen nicht rechtsfähig.[1137] Ein bloßes „Selbstbestimmungsrecht in Vermögensangelegenheiten 财产自主权"[1138] vermag also nach *Yin* nicht die Rechtssubjektivität zu begründen.

Weiterhin argumentiert *Yin* mit einem Hinweis auf das Stellvertretungsrecht gegen die Rechtsfähigkeit der „anderen Organisationen": Die bloße Fähigkeit, (für einen anderen) Rechte und Pflichten zu erzeugen, setze nicht die Rechtsfähigkeit des Vertreters voraus,[1139] da das durch die Vertreterhandlung erzeugte Recht nicht dem Vertreter, sondern dem Vertretenen zustehe[1140] (vgl. § 63 Abs. 2 S. 2 AGZ). Von dem bloßen Umstand, dass die Organisationen ohne den Status einer juristischen Person im eigenen Namen Verträge schließen können, könne daher nicht auf deren Rechtsfähigkeit geschlossen werden.[1141]

Im Ergebnis unterscheidet *Yin* zwei Aspekte der Persönlichkeit der juristischen Personen: die „formelle/nominelle 形式" und die „materielle/wesensmäßige 实质" Persönlichkeit 人格[1142] bzw. Subjektsqualität 主体资格[1143]. Die formelle Persönlichkeit ist die Eigenschaft als „Verkehrssubjekt 交易主体", also die Fähigkeit, Vertragspartei zu sein; die materielle Persönlichkeit hingegen die Eigenschaft als eigenständiger Träger von Rechten und Pflichten. Den Organisationen ohne den Status einer juristischen Person komme lediglich in formeller Hinsicht Subjektsqualität zu.[1144]

2. Stellungnahme

Zu *Yins* Argumentation mit der Stellvertretung ist anzumerken, dass bereits der Vergleich der „anderen Organisationen" mit einem Stellvertreter nicht ganz stimmig ist: Die „anderen Organisationen" handeln bei Verfügungen über das ihnen zugeordnete Vermögen im eigenen Namen, der Stellvertreter aber stets in fremdem Namen (vgl. § 63 Abs. 2 S. 1 AGZ). Vor allem aber ist die Rechtsfähigkeit des Stellvertreters durchaus Voraussetzung für eine wirksame Stellvertretung.[1145] Im Übrigen folgte aus *Yins* Behauptung – so sie denn zuträfe – nur, dass von der Fähigkeit zur Teilnahme an Verträgen nicht zwingend auf die Rechtsfähigkeit zu schließen ist. Dagegen bliebe es durchaus möglich, aus anderen Gründen eine Rechtsfähigkeit der anderen Organisationen anzunehmen.

1137 *Yin*, Subject of Civil Law S. 239.
1138 *Jiang*, Zivilrecht S. 156.
1139 *Yin*, Subject of Civil Law S. 240.
1140 *Yin*, Subject of Civil Law S. 239.
1141 *Yin*, Subject of Civil Law S. 240.
1142 *Yin*, Subject of Civil Law S. 238.
1143 *Yin*, Subject of Civil Law S. 240.
1144 *Yin*, Subject of Civil Law S. 240.
1145 *Ma*, Civil Law S. 167.

Die übrigen Ausführungen *Yins* lassen sich auf die bloße Behauptung reduzieren, nur natürliche und juristische Personen seien rechtsfähig und könnten somit Inhaber von Rechten sein.[1146] Dies ist vom Standpunkt der AGZ aus nicht zu beanstanden, lässt aber das Verhältnis der AGZ zu den neueren Regelungen im ZPG und im VertragsG unerklärt. Auch die Unterscheidung zwischen formeller und materieller Rechtssubjektivität schließlich ist weniger eine Erklärung des rechtlichen Status der „anderen Organisationen" als vielmehr dessen Beschreibung.

Freilich handelt es sich bei der Frage nach dem rechtlichen Status der „anderen Organisationen" um ein in erster Linie theoretisches Problem, wie *Yin* zu Recht feststellt.[1147] Eine nicht nur praktisch brauchbare, sondern auch in dogmatischer Hinsicht befriedigende Lösung wird sich aber nicht durch das Beharren auf dem Standpunkt der AGZ erreichen lassen. Mehr Erfolg verspricht der Versuch, zunächst abstrakt die Voraussetzungen der Rechtssubjektivität zu definieren und dann anhand dieser Kriterien die neben natürlichen und juristischen Personen bestehenden Gebilde auf ihre Rechtssubjektivität hin zu untersuchen.[1148] Zu diskutieren wäre dann etwa die Frage, ob ein „Selbstbestimmungsrecht in Vermögensangelegenheiten 财产自主权"[1149] statt der vollen Rechtsfähigkeit ausreicht bzw. ob umgekehrt wirklich alle Merkmale einer juristischen Person außer der haftungsrechtlichen Selbständigkeit[1150] erfüllt sein müssen, um die Rechtssubjektivität einer Organisation zu bejahen. Auch wäre zu klären, welche Bedeutung in diesem Zusammenhang der Registrierung beizumessen ist.[1151]

III. Persönlichkeitsrecht der „anderen Organisationen"

Die Frage, ob die „anderen Organisationen" Persönlichkeitsrechte innehaben können, führt zunächst zur Vorschrift des § 99 Abs. 2 S. 1 AGZ, wonach neben den natürlichen Personen nicht nur juristische Personen, sondern auch Einzelgewerbetreibende und Partnerschaften von Einzelpersonen ein Recht an ihrer Bezeichnung haben. (Vergleichbare Vorschriften zu anderen Persönlichkeitsrechten enthalten die AGZ nicht.) Der Einzelgewerbetreibende 个体工商户 kann hier außer Betracht bleiben, da es sich bei ihm nach § 26 S. 1 AGZ um eine einzelne natürliche Person handelt. Interessant ist dagegen die aus mindestens zwei natürlichen Personen bestehende (§ 30 AGZ) Partnerschaft von Einzelpersonen 个人合伙, die nach dem Wortlaut des § 99 Abs. 2 S. 1 AGZ als solche ein Recht an ihrer Bezeichnung hat.

1146 *Yin*, Subject of Civil Law S. 238.
1147 *Yin*, Subject of Civil Law S. 237. Auch *Yang*, Vom Vertrag zum Status S. 53 zieht die Möglichkeit in Betracht, es bei der gegenwärtigen, in theoretischer Hinsicht unbefriedigenden Situation zu belassen.
1148 Zu den Vorzügen dieses Ansatzes ausführlicher *Zhao*, Drittes Zivilsubjekt S. 93, 95.
1149 *Jiang*, Zivilrecht S. 156.
1150 Kritisch zu diesem Merkmal der juristischen Person *Shui*, Unabhängige Haftung der JP.
1151 Dazu *Zhao*, Drittes Zivilsubjekt S. 96, 97.

Wei tritt dafür ein, § 99 Abs. 2 S. 1 AGZ hinsichtlich seines persönlichen Anwendungsbereichs erweiternd auszulegen und auch die übrigen rechtmäßig errichteten Zivilsubjekte neben der natürlichen Person (gemeint sind also die übrigen „anderen Organisationen“, die in der Vorschrift nicht ausdrücklich genannt sind[1152]) als Subjekte des Rechts an der Bezeichnung anzuerkennen.[1153]

Eine Erweiterung nicht in persönlicher, aber in sachlicher Hinsicht schlägt *Wang* vor: Er vertritt die Auffassung, dass Partnerschaftsunternehmen (also unternehmerisch[1154] tätige Partnerschaften; Partner können dann außer natürlichen Personen auch juristische Personen und – wiederum – „andere Organisationen“ sein, § 2 Abs. 1 PartnerschaftsUG) neben dem Recht an der Bezeichnung auch die (ihnen nicht gesetzlich zugewiesenen) Rechte am Ruf[1155] und am Kredit haben sollen.[1156] Das legt nahe, ihnen auch die übrigen kommerziell relevanten besonderen Persönlichkeitsrechte (das Recht am *Goodwill* und ggf. am Geschäftsgeheimnis) zuzusprechen, die *Wang* jedoch nicht erwähnt.

Den sowohl in persönlicher als auch in sachlicher Hinsicht großzügigsten Standpunkt nehmen *Guo* et al. ein: Sie stellen „diejenigen Rechtsgebilde ohne den Status einer juristischen Person, die im eigenen Namen unabhängig Rechte und Pflichten übernehmen können“, generell den juristischen Personen gleich.[1157] Beschränkt auf das Recht am Ruf nimmt wohl auch *Cheng* diese Gleichstellung von juristischen Personen und den Organisationen ohne den Status einer juristischen Person vor.[1158]

Völlig anders sieht dies *Yang*, der nur natürliche und juristische Personen als Träger von Persönlichkeitsrechten anerkennt, da nur diese nach den AGZ Zivilsubjekte sind.[1159, 1160] Daran ändere auch § 99 Abs. 2 S. 1 AGZ nichts, da die Grundlage des

1152 Deutlicher wird dies noch in der ersten Auflage des Lehrbuchs (*Wei*, Civil Law [1. Aufl.] S. 649), wo von „allen Körperschaften und Organisationen, die im wirtschaftlichen, politischen, wissenschaftlichen oder kulturellen Bereich unter ihrer eigenen Bezeichnung aktiv werden können“ die Rede ist.

1153 *Wei*, Civil Law S. 654.

1154 Zur Unbestimmtheit des Unternehmensbegriffs *Münzel*, Anmerkungen zur Revision des Partnerschaftsunternehmensgesetzes S. 405 rechte Spalte/S. 406.

1155 Für die Anerkennung eines Rechts der Partnerschaften von Einzelpersonen an ihrem Ruf *Tang/Gao*, Neuer AGZ-Kommentar S. 2269 – allerdings möglicherweise irrtümlich, da es dort heißt: „genießen nach dem Recht das Recht am Ruf 依法享有名誉权“. Jedenfalls das geschriebene Recht sieht dies aber gerade nicht vor.

1156 *Wang*, Persönlichkeitsrecht S. 42.

1157 *Guo* et al., Personenrecht S. 349 Fn. 1.

1158 *Cheng*, Commercial Rights of Personality S. 81 spricht allerdings nur davon, dass diese Organisationen einen Ruf haben und nicht ausdrücklich von einem diesbezüglichen Recht.

1159 *Yang*, Personal Right Law S. 73; *Yang*, Personal Right S. 26. – Nach *Wang*, Persönlichkeitsrecht S. 42 bei Fn. 1 war *Yang* früher anderer Auffassung: Anders als in der hier zitierten 3. Auflage von *Yang*, Personal Right Law wurde, so *Wang*, in der 2. Auflage (2002) die Ansicht vertreten, Partnerschaften von Einzelpersonen sowie andere Organisationen seien „unvollständige Subjekte von Personenrechtsbeziehungen 不健全的人身权法律关系主体“, genössen einen Teil der Persönlichkeitsrechte und hätten entsprechende Pflichten. In der 3. Auflage ist weder eine Offenlegung noch gar eine Begründung dieses Sinneswandels ersichtlich.

1160 Dieses Festhalten am Standpunkt der AGZ erscheint wenig sinnvoll, vgl. bereits oben E.II. 2.

Rechts an der Bezeichnung der Partnerschaft von Einzelpersonen der Subjektstatus 主体身份 der beteiligten Einzelpersonen sei.[1161] Deutlicher drückt es *Jiang* aus: Subjekt des Rechts an der Bezeichnung der Partnerschaft von Einzelpersonen seien die einzelnen Partner, von denen das Recht gemeinschaftlich ausgeübt werde.[1162]

Wang hingegen geht davon aus, dass nach § 99 Abs. 2 S. 1 AGZ die Partnerschaft von Einzelpersonen selbst Träger des Rechts an der Bezeichnung ist.[1163] Andere Organisationen seien, soweit das Gesetz nichts anderes vorschreibe, jedoch nicht als Träger von Persönlichkeitsrechten geeignet,[1164] da noch nicht einmal geklärt sei, ob diese überhaupt Zivilsubjekte sind.[1165]

IV. Ergebnis

Jedenfalls solche „anderen Organisationen", welche die oben dargestellten recht engen Voraussetzungen[1166] für die Anerkennung ihrer Rechtssubjektivität erfüllen, kommen durchaus in gleichem Maß wie juristische Personen als Träger von Persönlichkeitsrechten in Betracht,[1167] da sie sich von den juristischen Personen praktisch nur hinsichtlich der Haftung unterscheiden[1168]. Denn dieser vermögensrechtliche Unterschied – den *Shui*[1169] nicht einmal für die Abgrenzung zur juristischen Person gelten lassen will – kann für die Frage der Persönlichkeitsrechte nicht den Ausschlag geben.[1170] Insbesondere wäre es irrig, auf den rein sprachlichen Aspekt abzustellen, dass (auch im Chinesischen) nur natürliche und juristische Personen als „Personen 人" bezeichnet werden, nicht dagegen die „anderen Organisationen".

1161 *Yang*, Personal Right Law S. 73; *Yang*, Personal Right S. 26.
1162 *Jiang*, Zivilrecht S. 291/292.
1163 *Wang*, Persönlichkeitsrecht S. 42.
1164 Wie bei den juristischen Personen könnte man auch hier auf den Gedanken verfallen, § 5 SeelSE-Auslegung (der neben den juristischen Personen auch die „anderen Organisationen" nennt) sei zu entnehmen, dass die „anderen Organisationen" keine Persönlichkeitsrechte haben können. Dies trifft jedoch nicht zu, vgl. die Ausführungen oben unter D.III.8, die auch für die „anderen Organisationen" gelten.
1165 *Wang*, Persönlichkeitsrecht S. 42.
1166 Vgl. oben bei Fn. 1128.
1167 Dass die „anderen Organisationen" Persönlichkeitsrechte haben, stellt *Wei*, Civil Law S. 646 ausdrücklich fest; speziell das allgemeine Persönlichkeitsrecht der „anderen Organisationen" bejaht *Wei*, Civil Law S. 664.
1168 Vgl. oben bei Fn. 1133.
1169 Vgl. oben Fn. 1130.
1170 Zur deutschen Rechtslage vgl. oben D.III. 11.

Zusammenfassung

I. Das chinesische Zivilrecht unterscheidet Vermögensrechte und Personenrechte. Zu letzteren gehören die Persönlichkeitsrechte und die Statusrechte. Allen Personenrechten ist gemeinsam, dass sie ausschließliche (d.h. unübertragbare) und absolute Rechte sind und dass sie keinen direkten Vermögensbezug aufweisen. Während aber die Persönlichkeitsrechte den Schutz der Rechtspersönlichkeit als solcher bezwecken und dem Subjekt inhärent sind, schützen die Statusrechte die auf einem bestimmten (z.B. gesellschaftlichen oder verwandtschaftlichen) Status beruhenden Rechts- und Pflichtverhältnisse des Subjekts und sind quasi Erweiterungen der Persönlichkeitsrechte.

Diese Systematisierung ist in dreierlei Hinsicht zu relativieren: Erstens können die Personenrechte nicht immer sauber von den Vermögensrechten geschieden werden, da insbesondere einige Persönlichkeitsrechte einen recht deutlichen Vermögensbezug haben. Zweitens können die Persönlichkeitsrechte nur in einem eingeschränkten Sinn als „absolute Rechte" beschrieben werden; darüber hinaus sind bestimmte Persönlichkeitsrechte durchaus übertragbar. Drittens schließlich stößt die Unterscheidung von Persönlichkeits- und Statusrechten an Grenzen, da bei manchen Personenrechten umstritten ist, ob sie als Persönlichkeitsrechte oder als Statusrechte aufzufassen seien.

II. Die Persönlichkeitsrechte sind subjektive Rechte und setzen daher die Rechtsfähigkeit ihres Trägers voraus. Es kann also nicht umgekehrt aus der bloßen Rechtsfähigkeit auf die Innehabung von Persönlichkeitsrechten geschlossen werden. Der Umstand, dass die Rechtsfähigkeit auch als „Rechtspersönlichkeit" bezeichnet wird, ändert daran nichts.

Gegenstand der Persönlichkeitsrechte sind die Persönlichkeitsinteressen. Ihr Schutz wird durch das Zusammenspiel von inhaltlich relativ klar konturierten besonderen Persönlichkeitsrechten und lückenfüllendem allgemeinem Persönlichkeitsrecht geleistet.

III. Die Persönlichkeitsinteressen der natürlichen Personen erfahren Schutz durch mehrere gesetzlich normierte bzw. von der Rechtsprechung anerkannte besondere Persönlichkeitsrechte. Dies sind das Recht auf Leben und das Recht auf Gesundheit, das Recht am Körper, am Namen, am Bild, am Ruf, an der Ehre, auf persönliche Freiheit sowie auf Selbstbestimmung über die Ehe. Darüber hinaus werden in der Literatur einige weitere besondere Persönlichkeitsrechte diskutiert.

Das allgemeine Persönlichkeitsrecht wird im geltenden Recht der VR China bislang nicht ausdrücklich anerkannt. Die Literatur versucht, es dennoch an verschiedenen Vorschriften des positiven Rechts zu verankern. Alle Autoren, die ein allgemeines Persönlichkeitsrecht befürworten, schreiben dieses jedenfalls den natürlichen Personen zu. Dem ist angesichts der wichtigen lückenfüllenden Funktion des allgemeinen Persönlichkeitsrechts zuzustimmen.

Damit erfüllt das allgemeine Persönlichkeitsrecht in China im Grunde dieselbe Funktion wie im deutschen Recht. Jedoch entlastet die relativ große Zahl besonderer Persönlichkeitsrechte das allgemeine Persönlichkeitsrecht weitgehend von der in Deutschland ausführlich diskutierten Frage, wie der Schutz durch das allgemeine Persönlichkeitsrecht inhaltlich zu systematisieren sei. Insgesamt ist die Klarheit der Systematik des für das chinesische Zivilrecht diskutierten Persönlichkeitsschutzes ein wesentlicher Vorzug gegenüber der historisch gewachsenen und nicht immer leicht durchschaubaren Situation im deutschen Recht. Eine Kodifikation der Persönlichkeitsrechte in einem künftigen chinesischen Zivilgesetzbuch bietet die Chance, durch gesetzliche Regelung weiterer besonderer Persönlichkeitsrechte und/oder des allgemeinen Persönlichkeitsrechts für noch mehr Transparenz zu sorgen.

IV. Weniger klar ist die persönlichkeitsrechtliche Situation der juristischen Personen. Die im Vergleich zu den natürlichen Personen geringe Anzahl gesetzlich fixierter (die Rechtsprechung hat hier anders als bei den natürlichen Personen bislang nichts beigetragen) besonderer Persönlichkeitsrechte lässt viel Raum für die Frage, ob bzw. in welchem Maß es möglich und angebracht ist, den persönlichkeitsrechtlichen Interessenschutz der juristischen Personen zu erweitern.

Gesetzlich anerkannte Persönlichkeitsrechte der juristischen Personen sind die Rechte an der Bezeichnung, am Ruf und an der Ehre. Darüber hinaus wird in der Literatur ein Recht am Kredit und am *Goodwill* befürwortet. Problematisch ist der Schutz des Geheimbereichs der juristischen Personen, vor allem soweit es nicht um Geschäftsgeheimnisse im wettbewerbsrechtlichen Sinn geht. Höchst umstritten ist schließlich die Frage, ob den juristischen Personen auch ein allgemeines Persönlichkeitsrecht zukommen soll.

Wie bei den natürlichen Personen geht es auch bei den juristischen Personen nicht nur um den im Rahmen des geltenden Rechts möglichen Schutz, sondern auch um die Regelung in einem künftigen chinesischen Zivilgesetzbuch. Es lässt sich jedoch weder überzeugend gegen die Ausstattung der juristischen Personen mit Persönlichkeitsrechten, insbesondere mit dem allgemeinen Persönlichkeitsrecht, argumentieren, noch gelingt es umgekehrt, eine Notwendigkeit des umfassenden persönlichkeitsrechtlichen Schutzes der juristischen Personen nachzuweisen. Die Anerkennung weiterer besonderer Persönlichkeitsrechte und auch eines allgemeinen Persönlichkeitsrechts der juristischen Personen erscheint aber jedenfalls möglich.

V. Darüber hinaus ist es denkbar, neben natürlichen und juristischen Personen unter bestimmten Voraussetzungen auch solche Organisationen dem Schutz des Persönlichkeitsrechts zu unterstellen, die nicht den Status einer juristischen Person haben. Dies gilt jedenfalls, soweit diese Organisationen die von der Literatur erarbeiteten Kriterien für die Anerkennung ihrer Rechtssubjektivität erfüllen und sich infolgedessen von den juristischen Personen nur hinsichtlich der Haftungsverhältnisse unterscheiden. Es spricht nichts dagegen, solchen Organisationen in gleichem Maß Persönlichkeitsschutz zu gewähren wie den juristischen Personen.

VI. Insgesamt erscheint es durchaus möglich, den Kreis der besonderen Persönlichkeitsrechte zu erweitern und auch ein allgemeines Persönlichkeitsrecht gesetzlich anzuerkennen. Beides muss nicht auf die natürlichen Personen beschränkt bleiben, sondern kann wie im deutschen Recht auch auf juristische Personen und in gewissem Umfang sogar auf andere Organisationen bezogen werden.

Damit ist jedoch lediglich gesagt, dass weder das geltende Recht noch sonstige grundsätzliche Überlegungen derartigen Erweiterungen des Schutzes in sachlicher und persönlicher Hinsicht im Weg stehen. Dagegen ist es nicht möglich, in dieser Frage einen logisch zwingend begründbaren Standpunkt einzunehmen. Vielmehr kommt es hier letztlich auf die wertende Gewichtung der Schutzinteressen der natürlichen Personen, der juristischen Personen und der Organisationen ohne den Status einer juristischen Person an. Diese muss dem Gesetzgeber vorbehalten bleiben. Es bleibt daher abzuwarten, welcher Weg in einem künftigen chinesischen Zivilgesetzbuch eingeschlagen wird. Denkbar ist auch, dass die Weiterentwicklung des Persönlichkeitsschutzes ganz oder teilweise der Rechtsprechung überlassen wird.

Literaturverzeichnis

Soweit die Quellen in chinesischer Sprache eine verwertbare Übersetzung des Titels ins Englische oder Deutsche enthalten oder in Datenbanken eine solche angegeben ist, wurde diese übernommen.

ADAMS, Ökonomische Theorie des Rechts: *Michael* ADAMS, Ökonomische Theorie des Rechts – Konzepte und Anwendungen, Frankfurt am Main 2002.

AHL, Justizauslegung: *Björn* AHL, Die Justizauslegung durch das Oberste Volksgericht der VR China – Eine Analyse der neuen Bestimmungen des Jahres 2007, in: Zeitschrift für Chinesisches Recht 2007, Nr. 3, S. 251–258.

ASCHE, Vereinsrecht: *Josephine* ASCHE, Vereinsrecht in der Volksrepublik China – Eine Einführung, in: Zeitschrift für Chinesisches Recht 2008, Nr. 3, S. 233–243.

AU, Wettbewerbsrecht: *Hans* AU, Das Wettbewerbsrecht der VR China: Wirtschaftspolitische Ziele und Gesetzesvollzug, Hamburg 2004.

Autorenkollektiv, Das sozialistische Recht: *Autorenkollektiv*, Marxistische Staats- und Rechtstheorie, Band 4: Das sozialistische Recht, Berlin/Köln 1976.

BAKAN, The corporation: *Joel* BAKAN, The corporation: The pathological pursuit of profit and power, New York 2004.

BASSEWITZ, Persönlichkeitsrecht: *Katharina von* BASSEWITZ, Persönlichkeitsrecht zwischen Kommerz und Menschenwürde – Lanham Act und Right of Publicity als Vorbild für Deutschland?, in: DAJV-Newsletter (Zeitschrift der Deutsch-Amerikanischen Juristen-Vereinigung) 2006, Nr. 1, S. 5–12.

BAUMANN, Sachenrecht: *Xiaoyan* BAUMANN: Das neue chinesische Sachenrecht. Seine Entwicklung unter Einfluss deutschen Rechts, Baden-Baden 2006.

BERNHARDT/HUANG, Civil Law in Qing and Republican China: *Kathryn* BERNHARDT/*Philip C. C.* HUANG, Civil Law in Qing and Republican China: The Issues, in: *Kathryn* BERNHARDT/*Philip C. C.* HUANG (Hrsg.), Civil Law in Qing and Republican China, Stanford 1994, S. 1–12.

BIRKIGT et al., Corporate Identity: *Klaus* BIRKIGT/*Marinus M.* STADLER/*Hans Joachim* FUNK (Hrsg.), Corporate Identity, München [11]2002.

BROX/WALKER, AT BGB: *Hans* BROX/*Wolf-Dietrich* WALKER, Allgemeiner Teil des BGB, Köln/München [32]2008.

BUSCAGLIA/RATLIFF, Law and Economics in Developing Countries: *Edgardo* BUSCAGLIA/*William* RATLIFF (Hrsg.): Law and Economics in Developing Countries, Stanford 2000.
Chinesische Übersetzung: ZHAO *Shiyong* (赵世勇)/LUO *Deming* (罗德明), 发展中国家的法与经济学, Beijing 2006.

BUXBAUM, Civil Procedure and Practice: *David C.* BUXBAUM, Some Aspects of Civil Procedure and Practice at the Trial Level in Tanshui and Hsinchu from 1789 to 1895, in: Journal of Asian Studies 1971, Nr. 2, S. 255–279.

CAEMMERER, Absolute Rechte: *Ernst von* CAEMMERER, Die absoluten Rechte in § 823 Abs. 1 BGB, in: Referate und Diskussionen zum Thema Grundprobleme der Haftung in § 823 Abs. 1 BGB, Karlsruhe 1961.

CAI, Archivierung und Überprüfung: CAI *Dingjian* (蔡定剑), Die Archivierung und Überprüfung gesetzlicher Bestimmungen steht einer Überprüfung von Verfassungsverstößen nicht gleich (法规备案审查还不等同违宪审查), in: China Newsweek (中国新闻周刊) 2006, Nr. 1, S. 84.

CAI/SUN, Beschränkung der Rechtsfähigkeit: *CAI Heng* (蔡恒)/*SUN Xiaojie* (孙晓洁), Die gesetzgeberische Umwälzung [in der Frage] der Beschränkung der Rechtsfähigkeit der Gesellschaft durch den Rahmen des [Gesellschafs-]Zwecks (den Geschäftsbereich) – Eine Diskussion ausgehend von § 12 des neuen Gesellschaftsgesetzes (公司权利能力受目的（经营）范围限制的立法变革 — 从新《公司法》第12条谈起), in: Truth Seeking (求实) 2006, S. 90–91.

CHEN, Chinese Law: *CHEN Jianfu*, Chinese Law. Towards an Understanding of Chinese Law, Its Nature and Development, Den Haag 1999.

CHEN, Context and Transformation: *CHEN Jianfu*, Chinese Law: Context and Transformation, Leiden/Boston 2008.

CHEN, Genossenschaft: *CHEN Xiaojun* (陈晓军), Untersuchung einiger rechtlicher Probleme der Genossenschaft (合作社若干法律问题探析), in: Academic Forum (学术论坛) 2007, Nr. 6, S. 130–135.

CHEN, Justizielle Auslegung: *CHEN Chunlong* (陈春龙), Status und Funktion der justiziellen Auslegung in China (中国司法解释的地位与功能), in: Chinese Legal Science (中国法学) 2003, Nr. 1, S. 24–32.

CHEN, Ohne Vermögen keine Persönlichkeit: *CHEN Hongjie* (陈洪杰), Ist [die These] „Ohne Vermögen keine Persönlichkeit" humanistisch oder materialistisch? ("无财产即无人格"是人文还是物文？), in: Journal of Heilongjiang Administrative Cadre Institute of Politics and Law (黑龙江省政法管理干部学院学报) 2007, Nr. 3, S. 118–121.

CHEN, Personenrechte: *CHEN Hanzhang* (陈汉章), Oberflächliche Studien zu den Personenrechten (浅论人身权), in: Chinese Legal Science (中国法学) 1986, Nr. 4, S. 16–23.

CHEN/LIU, Recht an der Bezeichnung: *CHEN Shugao* (陈书高)/*LIU Jinhui* (刘巾挥), Studien zu Rechtsproblemen des Rechts der Gesellschaft an ihrer Bezeichnung (公司名称权法律问题研究), in: Contemporary Law Review (当代法学) 2001, Nr. 5, S. 6–8.

CHEN/SHEN, Chinesische Zivilrechtswissenschaft: *CHEN Zhiwu* (陈志武)/*SHEN Kai* (沈凯), Anfänge und Entwicklung der chinesischen Zivilrechtswissenschaft – Die Geschichte der Entwicklung der chinesischen Zivilrechtswissenschaft seit dem 20. Jahrhundert (Teil 2) (中国民法学的萌芽与发展 — 20世纪以来中国民法学发展历史 [下]), in: Adult Higher Education Journal (成人高教学刊) 2001, Nr. 3, S. 36–38.

CHENG, Commercial Rights of Personality: *CHENG Hehong* (程合红), On Commercial Rights of Personality (商事人格权论), Beijing 2002.

CHENG, Commercial Usage: *CHENG Hehong* (程合红), Commercial Rights of Personality – Commercial Usage and Protection of Rights of Personality (商事人格权 — 人格权的商业利用与保护), in: Tribune of Political Science and Law (政法论坛) 2000, Nr. 5, S. 77–87.

DALDROP, Corporate Identity: *Norbert W.* DALDROP (Hrsg.), Kompendium Corporate Identity und Corporate Design, Stuttgart 1997.

DIETZ, Chinesisches Urheberrecht: *Adolf* DIETZ, Das chinesische Urheberrecht: Copyright oder droit d'auteur?, in: *Ulrich* LOEWENHEIM (Hrsg.), Festschrift für Wilhelm Nordemann, München 2004, S. 527–538.

Diskussionsbericht: *Unbekannter Verfasser*, Zusammenfassung einer Diskussionsveranstaltung zur Theorie der justiziellen Anwendung der Verfassung (宪法司法化理论研讨会综述), in: People's Congress Studying (人大研究) 2006, Nr. 4, S. 24–29.

DU, Anerkennung des Persönlichkeitsrechts der JP: *DU Jing* (杜晶), Über die Anerkennung des Persönlichkeitsrechts der juristischen Personen (论法人人格权之肯定), in: Graduate Law Review · CUPL [Abkürzung von: China University of Political Science and Law] (研究生法学) 2007, Nr. 2, S. 70–79.

ENNECCERUS/NIPPERDEY, AT des Bürgerlichen Rechts: *Ludwig* ENNECCERS/*Hans Carl* NIPPERDEY, Allgemeiner Teil des Bürgerlichen Rechts, Erster Halbband: Allgemeine Lehren, Personen, Rechtsobjekte, Tübingen [15]1959.

Erman/EHMANN: *Horst* EHMANN, Anhang § 12, in: Erman, Bürgerliches Gesetzbuch, Band 1, Köln [12]2008.

FAN/WANG, Corporation Law: FAN *Jian* (范健)/WANG *Jianwen* (王建文), Corporation Law (公司法), Beijing 2006.

FENG, Law and Economics Application in China: FENG *Yujun* (冯玉军) (Hrsg.), A Study of Law and Economics Application in China (中国法经济学应用研究), Beijing 2006.

FEUERSTEIN, Außervertragliches Haftungsrecht: *Mario* FEUERSTEIN, Grundlagen und Besonderheiten des außervertraglichen Haftungsrechts der VR China, Osnabrück 2001.

FIKENTSCHER/HEINEMANN, Schuldrecht: *Wolfgang* FIKENTSCHER/*Andreas* HEINEMANN, Schuldrecht, Berlin [10]2006.

FOMBRUN/RINDOVA, The Road to Transparency: *Charles I.* FOMBRUN/*Violina P.* RINDOVA, The Road to Transparency: Reputation Management at Royal Dutch/Shell, in: *Majken* SCHULTZ/*Mary Jo* HATCH/*Mogens Holten* LARSEN, The Expressive Organization, Oxford 2000, S. 77–96.

Forschungsbüro des OVG, Handbuch zu Gründen in Zivilfällen: *Forschungsbüro des Obersten Volksgerichts* (最高人民法院研究室) (Hrsg.), Handbuch des Obersten Volksgerichts über die Anwendung der „Bestimmungen zu Gründen in Zivilfällen" (最高人民法院《民事案件案由规定》适用手册), Beijing 2008.

FU, Zivilsubjekt: FU *Cuiying* (付翠英), Überlegungen zu Persönlichkeit, Rechtsfähigkeit und Zivilsubjekt – Die Wahl des chinesischen Zivilgesetzbuchs (人格・权利能力・民事主体辨思 —我国民法典的选择), in: Civil and Commercial Laws (民商法学) 2007, Nr. 1, S. 73–80.

GAO, Constitution Supervision: GAO *Jia* (高佳), Discussion on the Constitution Supervision of Our Country (我国的宪法监督制度), in: Journal of Hebei Polytechnic University (Social Sciences Edition) (河北理工大学学报 [社会科学版]) 2008, Nr. 1, S. 48–51.

GAO, Examination Mode: GAO *Zhihong* (高志宏), On the Examination Mode of Violating Constitution in China (再论我国违宪审查模式的选择), in: Journal of Beijing People's Police College (北京人民警察学院学报) 2006, Nr. 5, S. 16–20.

GE, Gründung gesellschaftlicher Körperschaften: GE *Yunsong* (葛云松), Über die Gründung gesellschaftlicher Körperschaften (论社会团体的成立), in: Peking University Law Review (北大法律评论) 1999, Nr. 2, S. 712–745.

GIERKE, Deutsches Privatrecht I: *Otto von* GIERKE, Deutsches Privatrecht, Erster Band, Leipzig 1895.

GOFFMAN, Wir alle spielen Theater: *Erving* GOFFMAN, Wir alle spielen Theater. Die Selbstdarstellung im Alltag, ungekürzte Taschenbuchausgabe November 1983, München [3]2005. Amerikanische Originalausgabe: The Presentation of Self in Everyday Life, New York 1959.

GÖTTING, Persönlichkeitsrechte als Vermögensrechte: *Horst-Peter* GÖTTING, Persönlichkeitsrechte als Vermögensrechte, Tübingen 1995.

GOTTWALD, Allgemeines Persönlichkeitsrecht: *Stefan* GOTTWALD, Das allgemeine Persönlichkeitsrecht. Ein zeitgeschichtliches Erklärungsmodell, Berlin/Baden-Baden 1996.

GUAN, Ersatz seelischer Schäden: GUAN *Jinhua* (关今华), Erneute Studien zur theoretischen Grundlage und zu den einschlägigen Gesetzen des Ersatzes für seelische Schäden in China (中国精神损害赔偿制度的理论基础和适用法律重读), in: Journal of National Procurators College (国家检察官学院学报) 2003, Nr. 1, S. 31–40.

GUO et al., Personenrecht: GUO *Mingrui* (郭明瑞)/FANG *Shaokun* (房绍坤)/TANG *Guangliang* (唐广良), Grundlegende Lehren des Zivil- und Handelsrechts 1: Grundzüge des Zivil- und Handelsrechts: Personenrecht (民商法原理〔一〕民商法总论 人身权法), Beijing 1999.

GUO/LIU, Economic Analysis: GUO *Zhenjie* (郭振杰)/LIU *Hongbo* (刘洪波), Merits and Demerits of the Economic Analysis of Jurisprudence Methodology (经济分析法学方法论的贡献及局限), in: Modern Law Science (现代法学) 2005, Nr. 3, S. 95–100.

HABISCH, Corporate Citizenship: *André* HABISCH, Corporate Citizenship, Berlin Heidelberg 2003.

HAN, Kaufmannspersönlichkeit: HAN *Xiuyi* (韩秀义), Über die Kaufmannspersönlichkeit (论商人人格), in: WANG *Baoshu* (王保树) (Hrsg.), Commercial Law Review (商事法论集) Vol. 10, Beijing 2006, S. 1–29.

HEILMANN, Politisches System: *Sebastian* HEILMANN, Das politische System der Volksrepublik China, Wiesbaden [2]2004.

HELLE, Besondere Persönlichkeitsrechte: *Jürgen* HELLE, Besondere Persönlichkeitsrechte im Privatrecht, Tübingen 1991.

HEUSER, Gesetzgebungsgesetz: *Robert* HEUSER, Kompetenzen, Verfahren und Überprüfung der Gesetzgebung: Das chinesische Gesetzgebungsgesetz vom 15. 3. 2000, in: China aktuell 8/2000, S. 937–949.

HEUSER, Neue Rechtsordnung: *Robert* HEUSER, Chinas Weg in eine neue Rechtsordnung – Strukturen und Perspektiven (1978–1988), in: Juristenzeitung 19/1988, S. 893–904.

HEUSER, Rechtskultur: *Robert* HEUSER, Einführung in die chinesische Rechtskultur, Hamburg [2]2002.

HEUSER, „Sozialistischer Rechtsstaat": *Robert* HEUSER, „Sozialistischer Rechtsstaat" und Verwaltungsrecht in der VR China (1982–2002), Hamburg 2003.

HEUSER, Weg des „chinesischen Rechtsstaats": *Robert* HEUSER, Der Weg des „chinesischen Rechtsstaats": In neuen Schuhen auf alten Pfaden?, in: China aktuell 11/2004, S. 1221–1224.

HEUSER, Wirtschaftsrecht: *Robert* HEUSER, Grundriss des chinesischen Wirtschaftsrechts, Hamburg 2006.

HOLBIG, Verfassungsänderungen: *Heike* HOLBIG, Auf dem Weg zur konstitutionellen Einparteienherrschaft? Die Verfassungsänderungen vom März 2004, in: China aktuell 3/2004, S. 259–268.

HU, General Personality Right: HU *Lüying* (胡吕银), On General Personality Right (一般人格权探析), in: Journal of Xuehai (学海) 2001, Nr. 5, S. 132–135.

HU, Juristische Personen: HU *Kangshen* (胡康申), Das chinesische System der juristischen Personen (我国的法人制度), in: Chinese Legal Science (中国法学) 1986, Nr. 5, S. 7–12.

HU, Review Of Constitutionality: HU *Jinguang* (胡锦光), Review Of Constitutionality And Analysis Of Concerning Concepts (违宪审查与相关概念辨析), in: Law Science Magazine (法学杂志) 2006, Nr. 4, S. 18–27.

HUBMANN, Persönlichkeitsrecht: *Heinrich* HUBMANN, Das Persönlichkeitsrecht, Köln [2]1967.

ISHIKAWA, Einflüsse des deutschen BGB: *Akira* ISHIKAWA, Einflüsse des deutschen BGB auf das japanische Zivilrecht bzw. die japanische Zivilrechtswissenschaft, in: *Michael* MARTINEK/*Patrick L.* SELLIER (Hrsg.): J. von Staudingers Kommentar zum Bürgerlichen Gesetzbuch mit Einführungsgesetz und Nebengesetzen. 100 Jahre BGB – 100 Jahre Staudinger. Beiträge zum Symposion vom 18.–20. Juni 1998 in München, Berlin 1999, S. 201–208.
Chinesische Übersetzung von CHEN *Weizuo* (陈卫佐) in: Private Law Review (私法) Teil 1, Band 2 (Beijing 2002), S. 343–352.

JIANG, Gesetze der VR China: JIANG *Ping* (江平) (Hrsg.), Kommentierte Gesamtausgabe der Gesetze der VR China (中华人民共和国法律全释), Beijing 2000.

JIANG, Juristische Personen: JIANG *Ping* (江平) (Hrsg.), Über das System der juristischen Personen (法人制度论), Beijing 1994.

JIANG, Persönlichkeitsrecht der JP: JIANG *Xueyue* (蒋学跃), Theoretische Grundlegung des Persönlichkeitsrechts der juristischen Personen – Eine Verteidigung der das Persönlichkeitsrecht der juristischen Person bejahenden Lehre (法人人格权的理论预设 — 为法人人格权肯定论作辩护), in: Seeker (求索) 2006, Nr. 9, S. 94–97.

JIANG, Zivilrecht: JIANG *Ping* (江平) (Hrsg.), Zivilrechtswissenschaft (民法学), Beijing 1999.

JIANG, Zivilrecht (2007): JIANG *Ping* (江平) (Hrsg.), Zivilrechtswissenschaft (民法学), Beijing 2007.[1171]

1171 Bei diesem Buch handelt es sich nicht um eine 2. Auflage von JIANG, Zivilrecht (1999). Zwar verwundert dies zunächst, da Titel und Herausgeber beider Bücher identisch sind. Jedoch unterscheiden sich die beiden Werke wesentlich voneinander: Nur das ältere der beiden widmet den Personenrechten einen eigenständigen Teil (Teil 5 [S. 278 ff.], bearbeitet von LI *Xihe* [李锡鹤]) und den in dieser Arbeit im Teil E behandelten „Organisationen, die nicht

JIANG/LI, Gesellschaftsrecht: *JIANG Ping* (江平)/*LI Guoguang* (李国光) (Hrsg.), Lehrbuch zum aktuellen Gesellschaftsrecht (最新公司法培训教程), Beijing 2005.

JIANG/LI, Gesellschaftsrechts-Erläuterung: *JIANG Ping* (江平)/*LI Guoguang* (李国光) (Hrsg.), Erläuterung schwieriger Fragen des aktuellen Gesellschaftsrechts (最新公司法疑难释解), Beijing 2005.

JIANG/LI, Gesellschaftsrechts-Kommentar: *JIANG Ping* (江平)/*LI Guoguang* (李国光) (Hrsg.), Kommentar zum aktuellen Gesellschaftsrecht (最新公司法条文释义), Beijing 2005.

JIANG/LONG, Wesen der JP: *JIANG Ping* (江平)/*LONG Weiqiu* (龙卫球), Studien zum Wesen der juristischen Person und ihrer grundlegenden Struktur – Ein Plädoyer für die Fiktionstheorie (法人本质及其基本构造研究 — 为拟制说辩护), in: Chinese Legal Science (中国法学) 1998, Nr. 3, S. 71–79.

JIANG/ZHANG, Zivilrecht: *JIANG Ping* (江平)/*ZHANG Chu* (张楚), Das Zivilrecht ist seinem Wesen nach Privatrecht (民法的本质特征是私法), in: Chinese Legal Science (中国法学) 1998, Nr. 6, S. 30–33.

JIN, Gewerbliche Aktivitäten nicht auf Gewinnerzielung ausgerichteter JP: *JIN Jinping* (金锦萍), Die Tatsache der gewerblichen Aktivitäten nicht auf Gewinnerzielung ausgerichteter juristischer Personen und die diesbezüglichen besonderen Regeln (论非营利法人从事商事活动的现实及其特殊规则), in: Civil and Commercial Laws (民商法学) 2007, Nr. 12, S. 19–26.

JIN, Nature of Cooperation: *JIN Haiping* (金海平), The Nature of Cooperation (合作社性质的法律分析), in: Hebei Law Science (河北法学) 2007, Nr. 9, S. 99–103.

JONES, Fourth Draft Civil Code: *William C. JONES*, A Translation of the Fourth Draft Civil Code (June 1982) of the People's Republic of China, in: Review of Socialist Law 10 (1984), S. 193–247.

JULIUS, Sachenrechtsgesetz: *Hinrich JULIUS*: China auf dem Weg zu einem Zivilgesetzbuch: Zur Nichtverabschiedung des Sachenrechtsgesetzes, in: Zeitschrift für Chinesisches Recht 2006, Nr. 3, S. 270–276.

JULIUS, Wirtschaftsrecht: *Hinrich JULIUS*, Die Praxis des chinesischen Wirtschaftsrechts, in: China aktuell 7/2003, S. 852 ff.

KASER, Der römische Anteil am deutschen bürgerlichen Recht: *Max KASER*, Der römische Anteil am deutschen bürgerlichen Recht, in: Juristische Schulung 1967, Nr. 8, S. 337–344.

KINGSBURY, Community Service: *Kathleen KINGSBURY*, Community Service. China Inc. is realizing that to compete globally it needs to embrace CSR, in: Time Magazine v. 1. 10. 2007 (Vol. 170, Nr. 13), S. 58.

KLINGNER, Rechtsfähigkeit und allgemeines Persönlichkeitsrecht: *Klaus KLINGNER*, Rechtsfähigkeit und allgemeines Persönlichkeitsrecht, Diss. Kiel 1964.

KÖHLER, BGB AT: *Helmut KÖHLER*, BGB Allgemeiner Teil, München ^{31}2007.

KRAFT, Allgemeines Persönlichkeitsrecht der JP: *Alfons KRAFT*, Gedanken zum allgemeinen Persönlichkeitsrecht juristischer Personen, in: Festschrift für Heinrich Hubmann, Frankfurt am Main 1985, S. 201–219.

KREFT, Die soziale Kehrseite des Aufstiegs: *Heinrich KREFT*, China – Die soziale Kehrseite des Aufstiegs, in: Aus Politik und Zeitgeschichte (Beilage zur Wochenzeitung Das Parlament) 2006, Nr. 49, S. 15–20.

LARENZ, Methodenlehre: *Karl LARENZ*, Methodenlehre der Rechtswissenschaft, Berlin ^{6}1991.

LARENZ/CANARIS, Schuldrecht: *Karl LARENZ/Claus-Wilhelm CANARIS*, Lehrbuch des Schuldrechts, Zweiter Band, Besonderer Teil, 2. Halbband, München ^{13}1994.

LARENZ/WOLF, AT Bürgerliches Recht: *Karl LARENZ/Manfred WOLF*, Allgemeiner Teil des Bürgerlichen Rechts, München ^{9}2004.

---

juristische Personen sind 非法人组织" ein eigenes Kapitel (Kapitel 6 [S. 151 ff.], bearbeitet von *LIU Zhihui* [刘智慧]). Dagegen behandelt der für diese Themen einschlägige Abschnitt des neueren der beiden Bücher (Abschnitt 1, S. 1 ff., bearbeitet von *LI Yongjun* [李永军]) die Personenrechte deutlich knapper (S. 38, S. 70 ff.) und spart die Diskussion der Rechtssubjektivität der „Körperschaften, die nicht juristische Personen sind 非法人团体" (erwähnt auf S. 124) ganz aus.

LEI, Company Law: *LEI Xinghu* (雷兴虎) (Hrsg.), Company Law (公司法学), Beijing 2006.

LEUZE, Entwicklung des Persönlichkeitsrechts: *Dieter LEUZE*, Die Entwicklung des Persönlichkeitsrechts im 19. Jahrhundert – Zugleich ein Beitrag zum Verhältnis allgem. Persönlichkeitsrecht - Rechtsfähigkeit, Bielefeld 1962.

LI, Civil Law: *LI Yongjun* (李永军), General Introduction to Civil Law (民法总论), Beijing 2006.

LI, Economic Analysis: *LI Sanbao* (黎三保), The Economic Analysis on General Personality Right of Artificial Person (法人一般人格权的经济分析), in: Journal of Chongqing University of Science and Technology (Social Sciences Edition) (重庆科技学院学报 [社会科学版]) 2006, Nr. 2, S. 30–33.

LI, Geschäftsgeheimnis: *LI Yongming* (李永明), Das Geschäftsgeheimnis und sein gesetzlicher Schutz (商业秘密及其法律保护), in: CASS Journal of Law (法学研究) 1994, Nr. 3, S. 46–54.

LI, Legislation Pattern: *LI Yongjun* (李永军), Legislation Pattern on Personal Rights in China (论我国人格权的立法模式), in: Contemporary Law Review (当代法学) 2005, Nr. 6, S. 126–132; nochmals erschienen in: Civil and Commercial Laws (民商法学) 2006, Nr. 2, S. 21–26.

LI, Personenrechte: *LI Xihe* (李锡鹤), Einige Probleme der Theorie der Personenrechte (人身权理论的若干问题), in: *WANG Liming* (王利明) (Hrsg.), Das Zivilgesetzbuch · Studien zu wichtigen und schwierigen Fragen des Persönlichkeitsrechts (民法典 · 人格权法重大疑难问题研究), Beijing 2006, S. 377–400.

LI, Verfassung: *LI Jing* (李境), Prüfung von Verfassungsverstößen, Anwendbarkeit der Verfassung, Justizielle Anwendung der Verfassung – Besprechung ausgehend von der durch den Fall *QI Yuling* angestoßenen Diskussion (违宪审查 宪法适用 宪法司法化 — 从齐玉苓案引发的讨论谈起), in: Journal of West Anhui University (皖西学院学报) 2006, Nr. 4, S. 73–75.

LI, Verfassungsklage: *LI Xianggang* (李湘刚), Die Errichtung eines Systems der Verfassungsklage ist entscheidend, um der chinesischen Verfassung Autorität zu verschaffen (建立宪法诉讼制度是树立我国宪法权威的关键), in: Legal System and Society (法制与社会) 2006, Nr. 16, S. 184–185.

LI, Wesen der JP: *LI Xihe* (李锡鹤), Über das Wesen der juristischen Person (论法人的本质), in: Law Science (法学) 1997, Nr. 2, S. 16–18, 67.

LI, Zivilrecht: *LI Yongjun* (李永军) (Hrsg.), Zivilrecht (民法), Beijing 2008.[1172]

LI/LIU, Handelsregister: *LI Jinze* (李金泽)/*LIU Nan* (刘楠), Studien des gesetzlichen Systems des Handelsregisters (商业登记法律制度研究), in: *WANG Baoshu* (王保树) (Hrsg.), Commercial Law Review (商事法论集) Vol. 4, Beijing 2000, S. 1–40.

LI/TAN, Enterprises with Foreign Investment: *LI Zhengqing* (李正清)/*TAN Zhen* (谭臻), Guide to the Establishment and Management of the Enterprises with Foreign Investment (外商投资企业设立运营全程指南), Beijing 2006.

LI/ZHANG, Aktienkooperativunternehmen: *LI Chunguang* (李春光)/*ZHANG Haifu* (张海夫), Rechtliche Probleme der Aktienkooperativunternehmen und Perspektiven zu ihrer Lösung (论股份合作制企业的法律问题及治理愿景), in: Theory Horizon (理论界) 2007, Nr. 10, S. 81–83.

LI/ZHU, Recht am Kredit: *LI Xintian* (李新天)/*ZHU Qiongjuan* (朱琼娟), Über das „Recht des Einzelnen am Kredit“ – Zugleich zum Aufbau eines chinesischen rechtlichen Systems zum Recht des Einzelnen am Kredit (论“个人信用权” — 兼谈我国个人信用法制的构建), in: Chinese Legal Science (中国法学) 2003, Nr. 5, S. 94–102.

LIANG, Chinesisches Zivilrecht: *LIANG Huixing* (梁慧星), Das chinesische Zivilrecht: Woher es kommt, wohin es geht (中国民法：从何处来，向何处去), in: China Reform (中国改革) 2006, Nr. 7, S. 64–67.

LIANG, Draft: *LIANG Huixing* (梁慧星) (Hrsg.), A Propositional Version with Reasons for Civil Code Draft of China (中国民法典草案建议稿附理由 · 侵权行为编，继承编), Beijing 2004.

LIANG, Goodwill: *LIANG Shangshang* (梁上上), Über den Goodwill und das Recht am Goodwill (论商誉和商誉权), in: CASS Journal of Law (法学研究) 1993, Nr. 5, S. 38–44.

1172 Die Ausführungen zu den Persönlichkeitsrechten der natürlichen Personen (S. 42–47) hat *LI* fast wörtlich aus dem von ihm bearbeiteten Teil von *JIANG*, Zivilrecht (2007) (dort S. 70–75) übernommen.

LIANG, Rezeption: *LIANG Huixing* (梁慧星), Die Rezeption ausländischen Zivilrechts in China, in: Newsletter der Deutsch-Chinesischen Juristenvereinigung 2003, Nr. 2, S. 68–76 (übersetzt von *Björn* AHL/*Rebekka* ROSENFELDT/*Oliver* SIMON).

LIANG, Zivilrecht: *LIANG Huixing* (梁慧星), Das chinesische Zivilrecht: Sein gegenwärtiger Zustand und der Erlass eines Zivilgesetzbuches, in: *Robert* HEUSER (Hrsg.), Beiträge zum chinesischen Zivil- und Wirtschaftsrecht, Hamburg 2005, S. 13–27. (Erstmals erschienen in: Archiv für die civilistische Praxis, 194. Jg. [1994], S. 479 ff.; bei HEUSER mit aktualisierten Anmerkungen, vgl. dort Anm. 1.)

LILIENFELD-TOAL, Allgemeines Persönlichkeitsrecht der JP: *Roland von* LILIENFELD-TOAL, Das allgemeine Persönlichkeitsrecht juristischer Personen des Zivilrechts, Frankfurt am Main 2003.

LING, Contract Law: *LING Bing*, Contract Law in China, Hong Kong 2002.

LIU, Geltung der Verfassung im Privatrecht: *LIU Zhigang* (刘志刚), Rechtstheoretische Analyse der Geltung der Verfassung im Privatrecht (宪法"私法"适用的法理分析), in: CASS Journal of Law (法学研究) 2004, Nr. 2, S. 35–49.

LIU, Intellectual Property: *LIU Chuntian* (刘春田) (Hrsg.), Intellectual Property Law (知识产权法), Beijing ²2003.

LIU, Rechtsfähigkeit: *LIU Jingwei* (柳经纬), Einige grundlegende theoretische Fragen der Rechtsfähigkeit (权利能力的若干基本理论问题), in: Journal of Comparative Law (比较法研究) 2008, Nr. 1, S. 87–96.

LIU, Umweltinteressen: *LIU Changxing* (刘长兴), Der persönlichkeitsrechtliche Schutz von Umweltinteressen (环境利益的人格权法保护), in: Law Science (法学) 2003, Nr. 9, S. 106–108.

LIU, Virginity Right: *LIU Zhengxiang* (刘正祥), On the Civil Law Protection of Virginity Right – From the First Trial of Virginity Right Case in China (论贞操权的民法保护 — 由我国首列"贞操权判决"说起), in: Journal of Political Science and Law (政法学刊) 2008, Nr. 1, S. 58–62.

LIU, Zivilrecht: *LIU Kaixiang* (刘凯湘), Grundzüge des Zivilrechts (民法总论), Beijing ²2008.

LIU et al., Constitution: *LIU Li* (刘丽)/*DONG Ying* (董英)/*ZHAO Furong* (赵福荣), Study on the Jurisdiction of Constitution Course of Constitutional Law in China (浅论中国宪法的司法化进程), in: Journal of Hebei Normal University of Science & Technology (Social Science) (河北科技师范学院学报 [社会科学版]) 2006, Nr. 3, S. 89–94.

LIU/SHI, Constitutional Supervising: *LIU Guoli* (刘国利)/*SHI Xiujuan* (史秀娟), On the Organ of Constitutional Supervising and [its] Perfection (试论宪法监督机关及其完善), in: Journal of Inner Mongolia University for Nationalities (Social Sciences) (内蒙古民族大学学报 [社会科学版]) 2005, Nr. 1, S. 86–91.

LOOSCHELDERS, Schuldrecht BT: *Dirk* LOOSCHELDERS, Schuldrecht Besonderer Teil, Köln/München ²2008.

LÜ, Rechtsbehelf: *LÜ Xiaoming* (吕晓明), Über einen prozessualen Rechtsbehelf für die Grundrechte der chinesischen Bürger (论我国公民基本权利的诉讼救济), in: Journal of Shandong Administration Institute & Shandong Economic Management Personnel Institute (山东行政学院山东省经济管理干部学院学报) 2006, Nr. 1, S. 69–71, 77.

LU, Von JP begangene Straftaten: *LU Yide* (陆翼德), Versuch über das Überschneidungsverhältnis straf- und zivilrechtlicher Elemente bei von juristischen Personen begangenen Straftaten (试论法人犯罪中刑、民两种性质的交叉关系), in: Chinese Legal Science (中国法学) 1986, Nr. 6, S. 24–29.

LUBMAN, Bird in a Cage: *Stanley B.* LUBMAN, Bird in a Cage. Legal Reform in China After Mao, Stanford 1999.

MA, Civil Law: *MA Junju* (马俊驹) (Hrsg.), Civil Law (民法学), Beijing 2007.

MA, Genossenschaft: *MA Yuejin* (马跃进), Die rechtlichen Eigenschaften der Genossenschaft (合作社的法律属性), in: CASS Journal of Law (法学研究) 2007, Nr. 6, S. 31–43.

MA, Persönlichkeit und Vermögen: *MA Junju* (马俊驹), Das Verhältnis von Persönlichkeit und Vermögen – Zugleich zum umfassenden Vermögensbegriff des französischen Zivilrechts (人格与财产的关系 — 兼论法国民法的"总体财产"理论), in: Civil and Commercial Laws (民商法学) 2006, Nr. 5, S. 24–33.

MA, Recht auf Privatsphäre: *MA Te* (马特), Kollisionen von Rechten im System des Rechts auf Privatsphäre (隐私权制度中的权利冲突), in: Civil and Commercial Laws (民商法学) 2006, Nr. 5, S. 80–83.

MA/MEI, Immaterialgüter: *MA Junju* (马俊驹)/*MEI Xiaying* (梅夏应), Probleme der Theorie und Gesetzgebung der Immaterialgüter (无形财产的理论和立法问题), in: Chinese Legal Science (中国法学) 2001, Nr. 2, S. 102–111.

MA/YU, Schutz des Persönlichkeitsrechts der JP: *MA Junju* (马俊驹)/*YU Yanman* (余延满), Versuch über das Persönlichkeitsrecht der juristischen Person und seinen zivilrechtlichen Schutz (试论法人人格权及其民法保护), in: Law and Social Development (法制与社会发展) 1995, Nr. 4, S. 14–21.

MALLOY, Law and Market Economy: *Robin Paul MALLOY*, Law and Market Economy: Reinterpreting the Values of Law and Economics, Cambridge 2000.
Chinesische Übersetzung: *QIAN Hongdao* (钱弘道)/*ZHU Sumei* (朱素梅), 法律和市场经济 — 法律经济学价值的重新诠释, Beijing 2005.

MANTHE, Bürgerliches Recht: *Ulrich MANTHE*, Bürgerliches Recht und Bürgerliches Gesetzbuch in der Volksrepublik China, in: Jahrbuch für Ostrecht 28 (1987), S. 11–30.

MANTHE, Rechtsentwicklung: *Ulrich MANTHE*, Die Rechtsentwicklung Chinas im 20. Jahrhundert, in: Berliner China-Hefte Nr. 22, Mai 2002, S. 3–18.

MARTIN, Entwicklung des Persönlichkeitsrechts: *Klaus MARTIN*, Das allgemeine Persönlichkeitsrecht in seiner historischen Entwicklung, Hamburg 2007.

MARX, Das Licht im Inneren des Kopfes: *Wolfgang MARX*, Das Licht im Inneren des Kopfes, in: Merkur 2007, Heft 12 (Nr. 703), S. 1176–1179.

MEDICUS, AT BGB: *Dieter MEDICUS*, Allgemeiner Teil des BGB, Heidelberg ^{9}2006.

MEDICUS, Bürgerliches Recht: *Dieter MEDICUS*, Bürgerliches Recht, Köln u.a. ^{21}2007.

MEW: Karl Marx, Friedrich Engels: Werke, herausgegeben vom Institut für Marxismus-Leninismus beim ZK der SED, Bd. 1–43, Berlin 1956 ff.

MI, Reform des Zivilrechts: *MI Jian* (米建), Zu einigen Problemen der gegenwärtigen Reform des chinesischen Zivilrechts, in: Newsletter der Deutsch-Chinesischen Juristenvereinigung 2003, Nr. 1, S. 1–8 (übersetzt von *Knut Benjamin PISSLER*).

MO, Überprüfung von Verfassungsverstößen: *MO Jihong* (莫纪宏) (Hrsg.), Theorie und Praxis der Überprüfung von Verfassungsverstößen (违宪审查的理论与实践), Beijing 2006.

MünchKomm/*RIXECKER*: *Roland RIXECKER*, Das Allgemeine Persönlichkeitsrecht (Anhang zu § 12), in: Münchener Kommentar zum Bürgerlichen Gesetzbuch, Band 1, 1. Halbband, München ^{5}2006.

MünchKomm/*WAGNER*: *Gerhard WAGNER*, § 823, in: Münchener Kommentar zum Bürgerlichen Gesetzbuch, Band 5, München ^{4}2004.

MÜNKLER, Stiftungen: *Herfried MÜNKLER*, Anstifter, Unruhestifter – Wie Stiftungen Veränderungen bewegen, in: Merkur 2007, Heft 3 (Nr. 695), S. 200–209.

MÜNZEL, Anmerkungen zur Revision des Partnerschaftsunternehmensgesetzes: *Frank MÜNZEL*, Einige Anmerkungen zur Revision des Partnerschaftsunternehmensgesetzes, in: Zeitschrift für Chinesisches Recht 2006, Nr. 4, S. 405, 406.

MÜNZEL, Das reine Recht: *Frank MÜNZEL*, Das reine Recht: Xie Huaishi, 1919–2003, in: Newsletter der Deutsch-Chinesischen Juristenvereinigung 2003, Nr. 2, S. 65–67.

MÜNZEL, Zivilgesetzbuch: *Frank MÜNZEL*, Arbeiten am chinesischen Zivilgesetzbuch, in: Rabels Zeitschrift für ausländisches und internationales Privatrecht, Bd. 46 (1982), S. 424, 425.

NI/SIMON, Deliktsrecht: *NI Ningjun/Oliver SIMON*, Einführung in das chinesische Deliktsrecht, in: *SHAO Jiandong* (邵建东)/*Eva DREWES* (Hrsg.), Chinesisches Zivil- und Wirtschaftsrecht, Hamburg 2001, S. 69–93.

Palandt/*Bearbeiter*: Palandt, Kommentar zum Bürgerlichen Gesetzbuch, München ^{68}2009.

PAWLOWSKI, Allgemeines Persönlichkeitsrecht: *Hans-Martin PAWLOWSKI*, Allgemeines Persönlichkeitsrecht oder Schutz der Persönlichkeitsrechte? – Zur Struktur zivilrechtlicher Denkformen –, in:

Ernst-Joachim LAMPE (Hrsg.), Persönlichkeit, Familie, Eigentum. Grundrechte aus der Sicht der Sozial- und Verhaltenswissenschaften, Opladen 1987.

PAWLOWSKI, AT BGB: *Hans-Martin* PAWLOWSKI, Allgemeiner Teil des BGB, Heidelberg [7]2003.

PENG, Erläuterung des Verfassungsänderungsentwurfs: PENG *Zhen* (彭真), Erläuterung des „Entwurfs zur Änderung der Verfassung der VR China" [aus dem Jahr 1982, Anm. d. Verf.] (关于《中华人民共和国宪法修改草案》的说明), in: JIANG *Ping* (江平) (Hrsg.), Vollständige Kommentierung der Gesetze der VR China (中华人民共和国法律全释), Beijing 2000, Band 1, S. 5–11.

PENG/ZHU, Seelische Schäden der JP: PENG *Luyao* (彭路瑶)/ZHU *Wei* (朱薇), Über den Ersatz seelischer Schäden bei juristischen Personen (论法人的精神损害赔偿), in: Legal System and Society (法制与社会) 2006, Nr. 4, S. 27, 28.

PIQUET, Carrefour des Traditions Juridiques: *Hélène* PIQUET: La Chine au Carrefour des Traditions Juridiques, Brüssel 2005.

PISSLER/HIPPEL, Stiftungsrecht: *Knut Benjamin* PISSLER/*Thomas von* HIPPEL, Stiftungsrecht in der VR China: Zwischen Zivilgesellschaft und Überwachungsstaat?, in: Rabels Zeitschrift für ausländisches und internationales Privatrecht, Bd. 70 (2006), S. 89–137.

PLEYER, Zentralplanwirtschaft und Zivilrecht: *Klemens* PLEYER, Zentralplanwirtschaft und Zivilrecht – Juristische Untersuchungen zur Wirtschaftsordnung in der SBZ, Stuttgart 1965.

QI, Ehrenschutz: QI *Xiaokun*, Zivilrechtlicher Ehrenschutz in Deutschland und China, Hamburg 2005.

QIN, Kodifizierung eines Zivilrechts in China: QIN *Lianyuan* (秦联元), Abhandlung über die zukünftige Kodifizierung eines Zivilrechts in China 〈zur Kenntnisnahme der heute [an der Gesetzgebung] Beteiligten〉 (论中国将纂民法〈并告今日当事者〉). Ursprünglich am 11. und 12. 7. 1907 in zwei Teilen in der Shanghaier Tageszeitung Shi Bao (时报) erschienen, Originaltext mit Übersetzung von *Oliver* SIMON und CHEN *Ting* (陈珽) in: Zeitschrift für Chinesisches Recht 2007, Nr. 1, S. 39–46.

QING, Recht am Kredit: QING *Gele* (清格乐), Über das Recht am Kredit (论信用权), in: Forward Position (前沿) 2006, Nr. 5, S. 150–153.

QUANTE, Allgemeines Persönlichkeitsrecht der JP: *Frank* QUANTE, Das allgemeine Persönlichkeitsrecht juristischer Personen. Eine zivilrechtliche Studie, Frankfurt am Main 1999.

RAN/DU, Review of Civil Law: RAN *Hao* (冉昊)/DU *Lihong* (杜丽红), The Way to Rule-of-law in New China: A Review of Civil Law in a History of 56 Years (新中国法制历程：民法56年), in: Journal of Nanjing University (Philosophy, Humanities and Social Sciences) (南京大学学报　哲学·人文科学·社会科学) 2005, Nr. 4, S. 66–75.

REICH, Sozialismus und Zivilrecht: *Norbert* REICH, Sozialismus und Zivilrecht, Frankfurt am Main 1972.

REN, Überlegenheit des Volkskongresssystems: REN *Yan* (任严), Über die Überlegenheit des chinesischen Volkskongresssystems – Zugleich ein Kommentar zum System der „Gewaltenteilung" (论我国人民代表大会制度的优越性 — 兼评"三权鼎立"制度), in: Chinese Legal Science (中国法学) 1990, Nr. 2, S. 3–12.

RICHTER, Umweltstrafrecht: *Thomas* RICHTER, Umweltstrafrecht in der Volksrepublik China, Freiburg im Breisgau 2002.

RÜTHERS/STADLER, AT BGB: *Bernd* RÜTHERS/*Astrid* STADLER, Allgemeiner Teil des BGB, München [15]2007.

SARKÖZY, Rechtssubjektivität großer Wirtschaftsorganisationen: *T.* SARKÖZY, Die Rechtssubjektivität großer Wirtschafsorganisationen, in: *Autorenkollektiv*, Organisations- und Rechtsformen großer Wirtschaftseinheiten im Sozialismus, Berlin 1982, S. 88–112.

SCHWAB, Einführung in das Zivilrecht: *Dieter* SCHWAB, Einführung in das Zivilrecht, Heidelberg [16]2005.

SENGER, Einführung: *Harro von* SENGER, Einführung in das chinesische Recht, München 1994.

SHAO, Juristenausbildung: SHAO *Jiandong* (邵建东), Die juristische Ausbildung in China, in: Newsletter der Deutsch-Chinesischen Juristenvereinigung 2000, Nr. 2, S. 38–45.

SHAO, Nichtkommerzielle Institutionen: SHAO *Binhua* (邵斌华), Analyse der Besonderheiten der Rechtssubjektivität der von Bürgern organisierten nichtkommerziellen Institutionen (民办非企业单位的民事主体特性分析), in: Shandong Justice (山东司法) 2007, Nr. 5, S. 102–106.

SHAO, Rezeption: SHAO *Jiandong* (邵建东), Die Rezeption des deutschen Zivilrechts im alten China, in: Juristenzeitung 2/1999, S. 80–86.

SHEN, Gesetzesauslegung: SHEN *Zongling* (沈宗灵), Über die Gesetzesauslegung (论法律解释), in: Chinese Legal Science (中国法学) 1993, Nr. 6, S. 57–64.

SHENG, Unternehmensbezeichnung: SHENG *Jiemin* (盛杰民), Rechtliche Überlegungen zum Recht an der Unternehmensbezeichnung (对企业名称权的法律思考), in: Studies in Law and Business (法商研究) 1997, Nr. 6, S. 53–56.

SHI, Corporation Law: SHI *Tiantao* (施天涛), Coporation Law (公司法论), Beijing ²2006.

SHI, Menschenrechte auf Chinesisch: SHI *Ming*, Menschenrechte auf Chinesisch, in: Le Monde diplomatique vom 9. 3. 2007; unter dem Titel „Von falschen Gründen, das Richtige zu wollen" erschienen in: Edition Le Monde diplomatique 2007, Nr. 1 (Themenheft über das moderne China), S. 77–79.

SHU, Civil Law: SHU *Ning* (舒宁) (Hrsg.), Sortierte chinesisch-englische Ausgabe von Gesetzen (中英文对照法律类编), Bd. 13: Civil Law (民法), Beijing 2003.

SHUI, Unabhängige Haftung der JP: SHUI *Bing* (税兵), Analyse der unabhängigen Haftung der juristischen Personen (法人独立责任辨析), in: Journal of Sichuan University (Social Science Edition) (四川大学学报 [哲学社会科学版]) 2005, Nr. 2, S. 118–125.

SIMON, Pandektensystematik oder Code Civil?: *Oliver* SIMON, Pandektensystematik oder Code Civil? Eine Abhandlung aus dem Jahre 1907 „Über die zukünftige Kodifikation eines Zivilrechts in China" von Qin Lianyuan, in: Zeitschrift für Chinesisches Recht 2007, Nr. 1, S. 27–38.

SLAPNICKA, Sozialistische Kollektivperson: *Helmut* SLAPNICKA, Die sozialistische Kollektivperson, Wien 1969.

Soergel/BEATER: *Axel* BEATER, Anhang IV § 823, in: Soergel, Bürgerliches Gesetzbuch, Band 12, Stuttgart ¹³2005.

SONG/WANG, Firmenrecht: SONG *Haiwei* (宋海伟)/WANG *Haifeng* (王海峰), Die Vervollkommnung des modernen chinesischen Firmenrechts[1173] (我国现代商号制度的完善), in: Forum für das Regieren durch das Gesetz (法治论坛) 2007, Nr. 1, S. 224–232.

SPENGLER, Modernität und Fremdbestimmung: *Tilman* SPENGLER, Modernität und Fremdbestimmung: Chinas Auseinandersetzung mit dem „Westen" und der eigenen Vergangenheit (19. und 20. Jahrhundert), in: *Wolfgang* BAUER (Hrsg.), China und die Fremden, München 1980, S. 197–237.

Staudinger/HABERMANN/WEICK: *Norbert* HABERMANN/*Günter* WEICK, Vorbemerkung zu § 1, in: J. von Staudingers Kommentar zum Bürgerlichen Gesetzbuch, Berlin 1995 (13. Bearbeitung).

Staudinger/HAGER: *Johannes* HAGER, § 823, in: J. von Staudingers Kommentar zum Bürgerlichen Gesetzbuch, Berlin 1999 (13. Bearbeitung).

Staudinger/WEICK: *Günter* WEICK, Einleitung zu §§ 21 ff., in: J. von Staudingers Kommentar zum Bürgerlichen Gesetzbuch, Berlin 2005 (Neubearbeitung).

STEINMANN, Justizielle Auslegung: *Matthias* STEINMANN, Bestimmungen des Obersten Volksgerichtes über die justizielle Auslegung, in: Newsletter der Deutsch-Chinesischen Juristenvereinigung 1997, Nr. 3, S. 95 f.

STRUPP, Strafgesetzbuch: *Michael* STRUPP, Das neue Strafgesetzbuch der VR China – Kommentar und Übersetzung, Hamburg 1998.

SU, Zivilrecht: SU *Haopeng* (苏号朋) (Hrsg.), Zivilrechtswissenschaft (民法学), Beijing 2007.

SUN, Recht der deliktischen Handlungen: SUN *Xianzhong* (孙宪忠), Kritische Bemerkungen zu einigen schwierigen Problemen bei der gegenwärtigen Erstellung eines Rechts der deliktischen Handlungen in China, in: Zeitschrift für Chinesisches Recht 2007, Nr. 2, S. 140–163 (übersetzt von *Oliver* SIMON).

1173 Wörtlicher: „der modernen chinesischen Ordnung der Firmen".

SUN, Wettbewerbsverhältnis: SUN *Xiangjun* (孙祥俊), Über das Wettbewerbsverhältnis im Gesetz gegen den unlauteren Wettbewerb (论反不正当竞争法中的竞争关系), in: Biweekly of Administration for Industry and Commerce (工商行政管理) 1999, Nr. 19, S. 18–21, Nr. 20, S. 30–32.

SUN/DU, Allgemeines Persönlichkeitsrecht der JP: SUN *Chongxiu* (孙重秀)/DU *Qinggui* (杜庆贵), Haben die juristischen Personen ein allgemeines Persönlichkeitsrecht? (法人是否有一般人格权), in: Academics in China (学术界) 2005, Nr. 5, S. 232–236.

SUN/YANG, Zehn Jahre AGZ: SUN *Wanzhong* (孙琬钟)/YANG *Zhenshan* (杨振山), Ein grundlegendes Gesetz von historischer Bedeutung – Zum 10. Jahrestag des Inkrafttretens der „Allgemeinen Grundsätze des Zivilrechts" (一部历史性的基本法律 — 纪念《民法通则》实施十周年), in: Chinese Legal Science (中国法学) 1997, Nr. 1, S. 3–10.

TAN, Legal Person's Right of Personality: TAN *Xiaobin* (谭小斌), On Legal Person's Right of Personality (法人人格权探微), in: Journal of Shaoyang University (Social Science) (邵阳学院学报 [社会科学版]) 2004, Nr. 3, S. 32–34.

TANG, „Rechteschwemme": TANG *Xianfeng* (唐先锋), Versuch einer Analyse des Phänomens der „Rechteschwemme" in China (试析国内的"权利泛化"现象), in: People's Congress Studying (人大研究) 2004, Nr. 7, S. 37–39.

TANG/GAO, Neuer AGZ-Kommentar: TANG *Dehua* (唐德华)/GAO *Shengping* (高圣平) (Hrsg.), Neuer Kommentar zu den Allgemeinen Grundsätzen des Zivilrechts und ergänzenden Vorschriften (民法通则及配套规定新释新解), Beijing ^{2}2003.

TAO, Entwurf des Zivilgesetzbuches: TAO *Xijin*, Einige Fragen bei der Arbeit am Entwurf des Zivilgesetzbuches, in: Rabels Zeitschrift für ausländisches und internationales Privatrecht, Bd. 46 (1982), S. 426–437 (übersetzt von *Frank* MÜNZEL).

TETZ, Verträge in der VR China: *Stefanie* TETZ, Abschluss und Wirksamkeit von Verträgen in der VR China, Hamburg 1994.

TIAN, Umweltpersönlichkeitsrechte: TIAN *Maoxing* (田茂兴), Die Einführung von Umweltpersönlichkeitsrechten und ihr gesetzlicher Inhalt (论环境人格权的确立及其法定内容), in: Science & Technology Information (科技信息) 2008, Nr. 30, S. 150–151.

TONG, AGZ: TONG *Rou* (佟柔) (Hrsg.), Kurze Abhandlung über die Allgemeinen Grundsätze des Zivilrechts der Volksrepublik China (中华人民共和国民法通则简论), Beijing 1986.

TONG, Gerichtliche Anwendbarkeit der Verfassung: TONG *Zhaohong* (童兆洪), Abriss über die Frage der gerichtlichen Anwendbarkeit der chinesischen Verfassung (略论我国宪法审判适用问题), in: Journal of the Party School of the Central Committee of the C.P.C (中共中央党校学报) 2003, Nr. 7, S. 112–118.

TONG, Prinzipien: TONG *Rou* (佟柔) (Hrsg.), Prinzipien des Zivilrechts (民法原理), Beijing 1983.

WANG, Anwendbarkeit der Verfassung: WANG *Xuedong* (王学栋), Theoretische Missverständnisse der justiziellen Anwendbarkeit der chinesischen Verfassung (我国宪法司法适用性的理论误区), in: Modern Law Science (现代法学) 2000, Nr. 6, S. 92–94.

WANG, Aufnahme: WANG *Tze-chièn* [nach der in der VR China gebräuchlichen Pinyin-Umschrift: WANG *Zejian*] (王泽鉴), Die Aufnahme des europäischen Rechts in China, in: Archiv für die civilistische Praxis, 166. Jg. (1966), Nr. 4, S. 343–351.

WANG, Draft: WANG *Liming* (王利明) (Hrsg.), A Propositional Version with Legislative Reasons for Civil Code Draft of China (中国民法典学者建议稿及立法理由・侵权行为编), Beijing 2005.

WANG, Name of firm: WANG *Yanping* (王艳萍), Discussion about the Protection of the Name of firm privileges and the Trademark privileges (试论企业名称权与商标权的保护), in: Pioneering with Science & Technology Monthly (科技创业月刊) 2007, Nr. 5, S. 149–150, 171.

WANG, Persönlichkeitsrecht: WANG *Liming* (王利明), Erforschung des Rechts des Persönlichkeitsrechts[1174] (人格权法研究), Beijing 2005.

1174 Dass dieser Titel in der deutschen Übersetzung so sonderbar klingt, hat folgenden Grund: Der chinesische Ausdruck für (subjektive) „Rechte" 权 hat mit dem chinesischen Wort für

Wang, Praktische Umsetzung der Verfassung: *Wang Lei* (王磊), Neue Untersuchung der praktischen Umsetzung der Verfassung (宪法实施的新探索), in: Social Sciences in China (中国社会科学) 2003, Nr. 2, S. 29–35.

Wang, Probleme des Persönlichkeitsrechts: *Wang Liming* (王利明), Untersuchung einiger Probleme des Persönlichkeitsrechts (人格权若干问题探讨), in: Law Science (法学) 1996, Nr. 4, S. 12–15.

Wang, Recht am Ruf: *Wang Liming* (王利明), Einige Probleme der Feststellung einer Verletzung des Rechts am Ruf (认定侵害名誉权的若干问题), in: CASS Journal of Law (法学研究) 1993, Nr. 1, S. 93–96.

Wang, Recht auf Selbstbestimmung über die Ehe: *Wang Shixian* (王世贤), Studien zum Recht auf Selbstbestimmung über die Ehe (婚姻自主权研究), in: *Wang Liming* (王利明) (Hrsg.), Das Zivilgesetzbuch · Studien zu wichtigen und schwierigen Fragen des Persönlichkeitsrechts (民法典 · 人格权法重大疑难问题研究), Beijing 2006, S. 481–496.

Wang, Verfassung: *Wang Zhenmin* (王振民), Kann die chinesische Verfassung Eingang in Gerichtsverfahren finden? (我国宪法可否进入诉讼), in: Studies in Law and Business (法商研究) 1999, Nr. 5, S. 28–36.

Wang et al., Kreditprüfungssystem: *Wang Rui* (王锐)/*Xiong Jian* (熊键)/*Huang Guiqin* (黄桂琴), Rechtswissenschaftliche Überlegungen zur Vervollkommnung des chinesischen Systems zur Prüfung des Kredits von Einzelpersonen (完善我国个人信用征信体系的法学思考), in: Chinese Legal Science (中国法学) 2002, Nr. 4, S. 84–96.

Wang et al., Vertragsrecht: *Wang Liming* (王利明)/*Fang Shaoshen* (房绍坤)/*Wang Yi* (王轶), Vertragsrecht (合同法), Beijing 2002.

Wang/Gong, Nichtvermögensschaden der JP: *Wang Quandi* (王全弟)/*Gong Jia* (龚佳), Über den Ersatz für Nichtvermögensschäden der juristischen Personen (论对法人的非财产损害赔偿), in: Law Science (法学) 2002, Nr. 3, S. 52–58.

Wei, Civil Law: *Wei Zhenying* (魏振瀛) (Hrsg.), Civil Law (民法), Beijing ²2006. Zitate mit dem Zusatz „(1. Aufl.)" beziehen sich auf die Erstauflage aus dem Jahr 2000.[1175]

Wei, Geschäftsgeheimnis: *Wei Zhi* (韦之), Das Geschäftsgeheimnis ist ein relatives Geheimnis (商业秘密是一种相对的秘密), in: Electronics Intellectual Property (电子知识产权) 1998, Nr. 5, S. 10–11.

Wei, Third Type of Civil Subjects: *Wei Shufa* (魏树发), On the Third Type of Civil Subjects Established in the Civil Law (我国民法典设立第三类民事主体之我见), in: Journal of Fujian Normal University (Philosophy and Social Sciences Edition) (福建师范大学学报 [哲学社会科学版]) 2006, Nr. 4, S. 28–34.

Wittman, Economic Analysis of the Law: *Donald A. Wittman* (Hrsg.), Economic Analysis of the Law: Selected Readings, Malden u. a. 2003.
Chinesische Übersetzung: *Su Li* (苏力) et al., 法律经济学文献精选, Beijing 2005.

Wolff, Arbeitsvertrag: *Lutz-Christian Wolff*, Der Arbeitsvertrag in der Volksrepublik China nach dem Arbeitsvertragssystem von 1986, Hamburg 1990.

Wolff, Disappearance of the *Ultra Vires* Doctrine: *Lutz-Christian Wolff*, The Disappearance of the *Ultra Vires* Doctrine in Greater China: Harmonized Legislative Action or (simply) an Accident of

---

„Recht" (wie englisch „law") 法 etymologisch nichts zu tun. - Vgl. den Hinweis von *Münzel*, Chinas Recht 12. 4.86/1 Anm. 1 Ziff. 2 Stichwort „Legal" zu einem ganz ähnlichen Übersetzungsproblem.

1175 Die Erstauflage wird deshalb neben der aktuellen Auflage herangezogen, weil die Personenrechte dort deutlich ausführlicher dargestellt werden als in der aktuellen Auflage: Das entsprechende Kapitel ist um knapp die Hälfte umfangreicher als in der aktuellen Auflage (43 Seiten [S. 631–673] statt nunmehr 29 Seiten [S. 641–669]). Trotz des Bearbeiterwechsels (1. Aufl.: *Wang Xiaoneng* [王小能], 2. Aufl.: *Wang Cheng* [王成]) sind aber keine grundsätzlichen inhaltlichen Widersprüche zwischen erster und zweiter Auflage ersichtlich; das Kapitel ist lediglich stark gekürzt worden. (Allerdings hat man das Kürzen an wenigstens einer Stelle übertrieben: Das Recht auf Selbstbestimmung über die Ehe bleibt nun gänzlich unberücksichtigt [vgl. oben Fn. 581].) Sofern zu einer bestimmten Frage beide Auflagen Stellung beziehen, wird die aktuelle Auflage zitiert.

History?, in: Northwestern Journal of International Law & Business, Volume 23, Nr. 3 (Spring 2003), S. 633–657.

WOLFF, Wirtschaftsrecht: *Lutz-Christian* WOLFF, Das internationale Wirtschaftsrecht der VR China, Frankfurt am Main ²2005.

WU, Geistiges Eigentum: *WU Handong* (吴汉东) (Hrsg.), Das Recht der geistigen Eigentumsrechte (知识产权法), Beijing ²2002.

WU, Goodwill: *WU Handong* (吴汉东), Über das Recht am Goodwill (论商誉权), in: Chinese Legal Science (中国法学) 2001, Nr. 3, S. 91–98.

WU, Immaterialgüterrecht: *WU Handong* (吴汉东), Einige theoretische Probleme des Immaterialgüterrechts (无形财产的若干理论问题), in: CASS Journal of Law (法学研究) 1997, Nr. 4, S. 79–85.

WU, Recht am Kredit: *WU Handong* (吴汉东), Über das Recht am Kredit (论信用权), in: Law Science (法学) 2001, Nr. 1, S. 41–48.

WU/DU, Right of Corporation's Personality: *WU Feng* (吴锋)/*DU Xiaozhi* (杜晓智), Research on The Right of Corporation's Personality (法人人格权研究), in: Journal of University of Science and Technology Beijing (Social Sciences Edition) (北京科技大学学报 [社会科学版]) 2001, Nr. 5, S. 78–83.

XIE, „Allgemeine Grundsätze des Wirtschaftsrechts": *XIE Cichang* (谢次昌), Vorschlag zum Erlass von „Allgemeinen Grundsätzen des Wirtschaftsrechts" (建议制定一部《经济法通则》), in: Chinese Legal Science (中国法学) 1991, Nr. 2, S. 12–13.

XIE, System der Zivilrechte: *XIE Huaishi* (谢怀栻), Über das System der Zivilrechte (论民事权利体系), in: CASS Journal of Law (法学研究) 1996, Nr. 2, S. 67–76.

XIONG/NIU, Enterprise Crime: *XIONG Xuanguo* (熊选国)/*NIU Keqian* (牛克乾), On the Structure of Subjects of Enterprise Crime (试论单位犯罪的主体结构), in: CASS Journal of Law (法学研究) 2003, Nr. 4, S. 90–97.

XU, Fragen: *XU Chongde* (许崇德), Fragen zur „justiziellen Anwendung der Verfassung" ("宪法司法化"质疑), in: Der Nationale Volkskongress (中国人大) 2006, Nr. 11, S. 44–45.

XU, Independent Personality of the Legal Person: *XU Jie* (徐洁), The Independent Personality of the Legal Person and Its Terms (论法人的独立人格及判断标准), in: Modern Law Science (现代法学) 2003, Nr. 1, S. 74–77.

XUE, Modelle des Persönlichkeitsrechts: *XUE Jun* (薛军), Die beiden grundlegenden theoretischen Modelle des Persönlichkeitsrechts und die chinesische Persönlichkeitsrechtsgesetzgebung (人格权的两种基本理论模式与中国的人格权立法), in: Studies in Law and Business (法商研究) 2004, Nr. 4, S. 63–75.

XUE, Ohne Vermögen keine Persönlichkeit: *XUE Jun* (薛军), Zweifel an [der These] „Ohne Vermögen keine Persönlichkeit" ("无财产即无人格"质疑), in: Law Science (法学) 2005, Nr. 2, S. 34–37.

XUE, Personal Rights of Legal Person: *XUE Jun* (薛军), Basic Theoretical Problems of Personal Rights of Legal Person (法人人格权的基本理论问题探析), in: Law Science (Journal of Northwest University of Politics and Law) (法律科学 [西北政法学院学报]) 2004, Nr. 1, S. 50–55.

XUE, Seelische Schäden: *XUE Bing* (薛冰), Über den Ersatz seelischer Schäden am Persönlichkeitsrecht der juristischen Person (论法人人格权之精神损害赔偿), in: Journal of Tianjin University of Commerce (天津商学院学报) 2006, Nr. 1, S. 48–52.

XUE/XU, Genossenschaft: *XUE Huiyu* (薛辉宇)/*XU Shufen* (许淑芬), Vergleichende Studie der Genossenschaft und der mit dieser in Zusammenhang stehenden Wirtschaftsorganisationen (合作社与相关经济组织比较研究), in: Research on Rule of Law (法治研究) 2008, Nr. 2, S. 68–71.

YAN/ZHAO, Recht an der Bezeichnung: *YAN Xiayu* (闫夏育)/*ZHAO Xia* (赵霞), Das Recht an der Bezeichnung (浅析名称权), in: Legal System And Society (法制与社会) 2008, Nr. 8, S. 21–22.

YANG, Five Problems of Tort Liability Law: YANG *Lixin* (杨立新), Five Problems Must be Solved in Drawing up Tort Liability Law (制定侵权责任法应着力解决的五个问题), in: Civil and Commercial Laws (民商法学) 2008, Nr. 10, S. 75–82.

Yang, Gesetzgebungsbericht: *Yang Lixin* (杨立新) (Hrsg.), Gesetzgebungsbericht zum chinesischen Recht des Persönlichkeitsrechts[1176] (中国人格权法立法报告), Beijing 2005.

Yang, Goodwill: *Yang Ling* (杨玲), Meine bescheidene Meinung über die rechtlichen Eigenschaften des Rechts am Goodwill (商誉权的法律属性刍议), in: Journal of Jianghan University (Social Sciences) (江汉大学学报 [社会科学版]) 2004, Nr. 1, S. 55–57.

Yang, Personal Right: *Yang Lixin* (杨立新), Monograph on Personal Right (人格权法专论), Beijing 2005.

Yang, Personal Right Law: *Yang Lixin* (杨立新), Personal Right Law (人身权法论), Beijing ^{3}2006.

Yang, Persönlichkeitsrecht: *Yang Lixin* (杨立新), Das Recht des Persönlichkeitsrechts[1177] (人格权法), Beijing 2005.[1178]

Yang, Recht auf Freiheit: *Yang Lixin* (杨立新), Die Verletzung des Rechts auf Freiheit und die zivilrechtlichen Rechtsbehelfe (自由权之侵害及其民法救济), in: CASS Journal of Law (法学研究) 1994, Nr. 4, S. 10–17.

Yang, Tort Law: *Yang Lixin* (杨立新), Tort Law (侵权法论), Beijing ^{3}2005.

Yang, Vom Vertrag zum Status: *Yang Lixin* (杨立新), Die Rückkehr vom Vertrag zum Status (从契约到身份的回归), Beijing 2007.

Yang et al., Personenrechte: *Yang Lixin* (杨立新)/*Huang Lin* (黄琳)/*Chen Yi* (陈怡)/*Yuan Xueshi* (袁雪石): Präzedenzfälle und Theorie des Rechts der Personenrechte (人身权法判例与学说), Changchun 2003.

Yang/Wang, Recht auf Selbstbestimmung über die Ehe: *Yang Dawen* (杨大文)/*Wang Shixian* (王世贤), Untersuchung zum Recht auf Selbstbestimmung über die Ehe (婚姻自主权检讨), in: Civil and Commercial Laws (民商法学) 2006, Nr. 6, S. 67–71.

Yang/Yin, Recht am Bild: *Yang Lixin* (杨立新)/*Yin Yan* (尹艳), Die Verletzung des Rechts am eigenen Bild und die zivilrechtliche Haftung dafür (侵害肖像权及其民事责任), in: CASS Journal of Law (法学研究) 1994, Nr. 1, S. 89–96.

Yang/Yuan, Recht an der Stimme: *Yang Lixin* (杨立新)/*Yuan Xueshi* (袁雪石), Über die Eigenständigkeit des Rechts an der Stimme und seinen zivilrechtlichen Schutz (论声音权的独立及其民法保护), in: Studies in Law and Business (法商研究) 2005, Nr. 4, S. 103–109.

Yao/Zhou, Zivilrechte: *Yao Hui* (姚辉)/*Zhou Yuntao* (周云涛), Über das verfassungsrechtswissenschaftliche Verständnis der Zivilrechte – Eine Betrachtung anhand des allgemeinen Persönlichkeitsrechts (关于民事权利的宪法学思维 — 以一般人格权为对象的观察), in: Civil and Commercial Laws (民商法学) 2007, Nr. 5, S. 37–44.

Yin, Allgemeines Persönlichkeitsrecht: *Yin Tian* (尹田), Über das allgemeine Persönlichkeitsrecht (论一般人格权), in: Rechtswissenschaft (法律科学) 2002, Nr. 4, S. 11–18.

Yin, Essence of Personality Right: *Yin Tian* (尹田), On the Essence of Personality Right (论人格权的本质 — 兼评我国民法草案关于人格权的规定), in: CASS Journal of Law (法学研究) 2003, Nr. 4, S. 3–14.

Yin, Nochmals: Ohne Vermögen keine Persönlichkeit: *Yin Tian* (尹田), Nochmals zu [der These] „Ohne Vermögen keine Persönlichkeit" (再论"无财产即无人格"), in: Law Science (法学) 2005, Nr. 2, S. 38–41.

Yin, Ohne Vermögen keine Persönlichkeit: *Yin Tian* (尹田), Ohne Vermögen keine Persönlichkeit – Anregungen für die Gegenwart aus der Lehre des französischen Zivilrechts vom weiten Vermögensbegriff (无财产即无人格 — 法国民法上广义财产理论的现代启示), in: Jurists Review (法学家) 2004, Nr. 2, S. 46–54.

1176 Vgl. oben Fn. 1174.

1177 Vgl. oben Fn. 1174.

1178 Aufbau und Inhalt dieses Buches entsprechen weitgehend *Yang*, Personal Right. Der augenfälligste Unterschied zwischen den beiden Darstellungen besteht darin, dass *Yang*, Personal Right zusätzlich noch das Recht auf Selbstbestimmung über die Ehe behandelt. Diese Differenz wird jedoch in keinem der beiden Bücher thematisiert.

YIN, Personal Right: *YIN Tian* (尹田), Legal Discussion on the Concrete Personal Right of Natural Person (自然人具体人格权的法律探讨), in: Journal of Henan Administrative Institute of Politics and Law (河南省政法管理干部学院学报) 2004, Nr. 3, S. 17–23.

YIN, Persönlichkeitsrecht der JP: *YIN Tian* (尹田), Über das Persönlichkeitsrecht der juristischen Personen (论法人人格权), in: CASS Journal of Law (法学研究) 2004, Nr. 4, S. 51–57.

YIN, Subject of Civil Law: *YIN Tian* (尹田), Theory and Legislation on the Subject of Civil Law (民事主体理论与立法研究), Beijing 2003.

YIN, Unincorporated Society: *YIN Tian* (尹田), The Legal Position of the Unincorporated Society (论非法人团体的法律地位), in: Modern Law Science (现代法学) 2003, Nr. 5, S. 12–16.

YU, Theorie der Privatrechte: *YU Jiang* (俞江), Die Theorie der Privatrechte in der chinesischen Zivilrechtswissenschaft der neueren Zeit (近代中国民法学中的私权理论) Beijing 2003.

YU/RAN, Constitutional Rights: *YU Yanman* (余延满)/*RAN Keping* (冉克平), On Protection of Public Order and Kind Custom for Constitutional Rights (论公序良俗对宪法权利的保护), in: Present-day Law Science (时代法学) 2006, Nr. 2, S. 9–16.

ZENG, Allgemeine Regeln des Zivilrechts: *ZENG Shixiong* (曾世雄), Gegenwart und Zukunft der allgemeinen Regeln des Zivilrechts (民法总则之现在与未来), Beijing 2001.

ZHANG, Cooperation: *ZHANG Guoping* (张国平), Corporation Types and Economic Attributes of Cooperation (合作社的法人类型和经济属性), in: Jianghai Academic Journal (江海学刊) 2007, Nr. 5, S. 131–136 (englische Zusammenfassung: S. 239).

ZHANG, Drittes Zivilsubjekt: *ZHANG Shengxian* (张胜先), Das dritte Zivilsubjekt – Legislatorische Überlegungen zu den Organisationen ohne den Status einer juristischen Person (第三民事主体—非法人组织的立法思考), in: Seeker (求索) 2002, Nr. 4, S. 73–75.

ZHANG, Ökonomische Analyse des Rechts auf Privatsphäre: *ZHANG Tianshang* (张天上), Ökonomische Analyse des Rechts auf Privatsphäre (隐私权的经济分析), in: Civil and Commercial Laws (民商法学) 2006, Nr. 6, S. 35–42.

ZHANG, Recht am Kredit: *ZHANG Peng* (张鹏), Studien zum Konzept des Rechts am Kredit (信用权概念研究), in: *WANG Liming* (王利明) (Hrsg.), Das Zivilgesetzbuch · Studien zu wichtigen und schwierigen Fragen des Persönlichkeitsrechts (民法典 · 人格权法重大疑难问题研究), Beijing 2006, S. 418–433.

ZHANG, Recht auf Privatsphäre: *ZHANG Xinbao* (张新宝), Studien zum Recht auf Privatsphäre (隐私权研究), in: CASS Journal of Law (法学研究) 1990, Nr. 3, S. 56–67.

ZHANG, Von Einheiten begangene Straftaten: *ZHANG Mu* (张目), Theorie und Praxis der von Einheiten begangenen Straftaten (单位犯罪的理论与实务), in: Chinese Criminal Science (中国刑事法杂志) 1998, Nr. 2, S. 15–18.

ZHAO, Drittes Zivilsubjekt: *ZHAO Qun* (赵群), Studien zu Problemen der Körperschaft ohne den Status einer juristischen Person als drittes Zivilsubjekt (非法人团体作为第三民事主体问题的研究), in: Chinese Legal Science (中国法学) 1999, Nr. 1, S. 92–97.

ZHENG, AGZ und Bürger: *ZHENG Li* (郑立), Die Allgemeinen Grundsätze des Zivilrechts und die Qualifikation des Bürgers als Zivilrechtssubjekt (民法通则与公民民事权利主体资格), in: Chinese Legal Science (中国法学) 1986, Nr. 1, S. 16–21.

ZHENG/XUE, Vermögensgesetz statt Sachenrechtsgesetz: *ZHENG Chengsi* (郑成思)/*XUE Hong* (薛虹), Nochmals zur Ausarbeitung eines Vermögensgesetzes statt eines Sachenrechtsgesetzes (再谈应当制定"财产法"而不是制定"物权法"), in: Private Law Review (私法) Teil 4, Band 1 (Beijing 2004), S. 7–10.

ZHONG, Persönlichkeitsrecht der JP: *ZHONG Ruidong* (钟瑞栋), Ablehnung des „Persönlichkeitsrechts der juristischen Personen" ("法人人格权"之否认), in: Xiamen University Law Review (厦门大学法律评论) 2004, Nr. 2, S. 208–234.

ZHOU, Corporation Law: *ZHOU Yousu* (周友苏) (Hrsg.), New Survey On Corporation Law (新公司法论), Beijing 2006.

ZHOU, Credit Right: *ZHOU Yuntao* (周云涛), Regarding Credit Right (存疑信用权), in: Journal of Political Science and Law (政法论丛) 2008, Nr. 2, S. 59–65.

ZHOU, Grundrechtsbindung der Gerichte: *ZHOU Wei* (周伟), Zur Grundrechtsbindung chinesischer Gerichte, in: Newsletter der Deutsch-Chinesischen Juristenvereinigung 2003, Nr. 1, S. 8–17 (übersetzt von *Björn AHL*).

ZHOU, Privacy Right Protection: *ZHOU Yueli* (周悦丽), On the System Reconstruction of the Legislation Code for the Privacy Right Protection (我国隐私权保护立法模式的选择与体系的构建), in: Academic Forum of Nan Du (Journal of the Humanities and Social Sciences) (南都学坛[人文社会科学学报]) 2004, Nr. 5, S. 96–100.

ZHOU, Verfassungsrecht in der Rechsprechungspraxis: *ZHOU Wei* (周伟), Studien zur Frage der Anwendung von Verfassungsrecht in der Rechtsprechungspraxis (宪法在审判实践中的适用问题研究), in: Inner Mongolia Social Sciences (内蒙古社会科学) 2000, Nr. 4, S. 14–18.

ZITELMANN, Internationales Privatrecht I: *Ernst ZITELMANN*, Internationales Privatrecht Band 1, Leipzig 1897.

Stichwortverzeichnis

Die Zahlen verweisen auf die Seiten dieses Buches, hochgestellte Zahlen dahinter auf die Fußnoten der jeweiligen Seite. Die wichtigste von mehreren Fundstellen ist fett gedruckt.

FSC
www.fsc.org
MIX
Papier | Fördert
gute Waldnutzung
FSC® C083411

Kolibri 360 GmbH
Ferdinand-Jühlke-Straße 7
99095 Erfurt, Deutschland
produktsicherheit@kolibri360.de